NEUKÖLLN BEWEGT SICH

Von Turnvater Jahn bis Tasmania

NEUKÖLLN BEWEGT SICH

Von Turnvater Jahn bis Tasmania

Udo Gößwald (Hg.)

MUSEUM FÜR STADTKULTUR
UND REGIONALGESCHICHTE
HEIMATMUSEUM NEUKÖLLN
1987 MUSEUMSPREIS DES EUROPARATES

Bezirksamt Neukölln von Berlin,
Abt. Bildung, Schule und Kultur/Kulturamt

INHALT

Vorwort
Udo Gößwald 6

Helden der Sports

Völlig losgelöst – Helden des Sports
Gunter Gebauer 9

Sport als Fernsehspektakel
Monika Bönisch 13

Sport ist unser Leben

Von der Maisbirne bis zum Staffelstab –
Objekte erzählen Neuköllner Sportgeschichte(n)
Kirstin Grunert 17

Rosl Persson – Ein Leben für den Sport
Bärbel Ruben 36

Politische Dimensionen des Sports

Friedrich Ludwig Jahn –
Eine Karriere in der Hasenheide
Christa Jančik 47

Arbeiterturn- und Sportvereine in Neukölln
Ursula Bach 55

Arbeitersportler und Widerstandskämpfer –
Werner Seelenbinder
Ursula Bach 64

„Neukölln muss schmuck aussehen!" –
Neukölln und die Olympischen Spiele 1936
Katja Döhnel 67

Ausgegrenzt – Der Sportler Rudolf Lewy
Raymond Wolff 73

Erziehung durch Sport

Schulsport – Von der Wehrertüchtigung
zum Fitnessprojekt
Ute Keller 77

Wie Fußball an die deutsche Schule kam
Rudolf Rogler 90

Straßenfußball gegen Gewalt –
Ein Projekt des KICK-Standorts Neukölln
Gunter Keil/Gerd Scheuerpflug 95

Der Ball ist Rund

Von Fußlümmeln zu Popstars – Eine kurze
Geschichte des deutschen Fußballs
Jörg Beier 99

Bewegungsfreiheit –
Frauenfußball in Neukölln
Verena Sarah Diehl 110

Hürtürkel und die Suche nach einem
deutschen Namen – Fußball und Migration
Victoria Schwenzer 116

Die Achterbahnfahrt der
Neuköllner Tasmanen
Jörg Beier 122

Elf Freunde müsst ihr sein – Porträts der
A-Jugend von Tasmania Gropiusstadt 1973
Jörg Beier 128

Zwei Sportlerkarrieren –
Christian Ziege und Carsten Ramelow
Matthias Wolf 140

Kneipensport

Es spielt, wer es kann –
Eine Exkursion durch Neuköllner Kneipen
Alexandra Penzel 145

Sportstätten, Akteure und Vereine

Der Sportpark an der Oderstraße
Holger Maraun 151

Die Neuköllner Sportfreunde 1907 –
Ein Leichtathletikverein mit Tradition
Monika Bönisch 158

„Es ist normal, anders zu sein" –
50 Jahre Versehrten-Sport-Verein Neukölln
Jutta Plewe 164

„Der Blick nach vorn bringt Erfolge" –
Ein Porträt des Schwimmtrainers
Norbert Warnatzsch
Oliver Schweinoch 172

Zahlen und Fakten 1949 bis 2003
Oliver Schweinoch 176

Vereinsporträts
Jörg Beier, Verena Sarah Diehl,
Oliver Schweinoch 178

Autorenverzeichnis 194

Bildnachweis 196

Register 197

Impressum 203

VORWORT

Sport: eine Erfolgsgeschichte?

Sport durchzieht unser Leben, ob wir es wollen oder nicht. Sport ist ein gewaltiges Angebot zur Identifikation, im Stadion, mehr noch vor dem Fernseher. Als Zuschauer heißt Sport in erster Linie sich entscheiden: für oder gegen die eine oder andere Mannschaft, für oder gegen den einen oder anderen Läufer, Springer, Fahrer, Reiter usw. Wenn wir nicht selbst Sport treiben, besteht unsere Hauptleistung im Urteilen. Erfolg misst sich dabei allerdings in Zahlen, die sich zumeist auf Zeit- oder Längeneinheiten beziehen. Da wir und die Schiedsrichter auf die Zeitmessung der Firma Swiss Timing angewiesen sind, die schon 1932 die Olympischen Spiele in Los Angeles mit Zeitmessern ausgestattet hat, ergibt es wenig Sinn, dass wir am Bildschirm die Zeit mit stoppen. Wir müssen denen schon vertrauen, auch wenn wir eigentlich wollten oder hätten schwören können, dass Merlene Ottey vor Gail Devers ins Ziel gekommen ist.

Können Sie sich noch erinnern, wie weit oder wie hoch Sie einmal gesprungen sind? Oder an Ihre Zeit im 100-Meter-Lauf? Ich weiß es noch. Ich kann mich aber auch an die miesen Umkleideräume und die schäbigen Duschen erinnern. Dass man sich, besonders in der Leichtathletik, trotz einiger Erfolge ziemlich einsam fühlte bei irgendwelchen Schulsportereignissen in Hamm-Uentrop oder Wanne-Eickel gehörte auch irgendwie dazu. Bei den Auswärtsspielen der Mittelstufen-Fußballmannschaft stand am Spielfeldrand immer nur der Schulhausmeister Hasselkus, unser Trainer, und rief: „Tom schicken." Das war damals mein bester Freund. Der konnte zwar nicht Fußballspielen, aber verdammt schnell laufen. Sport besteht eben auch aus Anekdoten der Jugendzeit und das wiederum hat viel mit Heimat zu tun. Jeder hat aus der Schulzeit ein eindeutig ihm zugeschriebenes Bild, das nicht selten mit den sportlichen Leistungen zu tun hatte. „Hic Rhodos. Hic salta." Hier musstest du dich beweisen.

Einer, der sich beweisen wollte und bis dato von keinerlei Erfolg gekrönt war, hieß Friedrich Ludwig Jahn. In der Hasenheide in Neukölln scharte er eines Tages ein paar Mannen um sich und spornte sie zur Ertüchtigung an allerlei Klettergerät an. Die weiß-beigen Leinenhosen der Turner müssen es dem romantischen Zeitgeist angetan haben, und fortan sprach man von Gleichheit und Freiheit und die Hasenheide erhielt den Ehrentitel „Wiege des deutschen Sports". „Turnvater" Jahn wurde zur ideologischen Projektionsfläche für Generationen deutscher Sportfunktionäre.

Neukölln war in den 1920er Jahren eine Stätte des Arbeitersports. Am berühmtesten war der ASV Fichte. Gegen die Gleichschaltung und Elimination der Juden aus ihren Reihen nach der Machtübernahme der Nazis haben sich auch bürgerliche Vereine gesträubt, solange sie es noch konnten. Viele Aktivisten des Widerstands nutzten die alten Strukturen der Arbeitervereine, die in der Illegalität erhalten blieben. Der Ringer Werner Seelenbinder, den die Nazis bei den Olympischen Spielen 1936 noch antreten ließen, wurde 1943 für seinen politischen Widerstand im Zuchthaus Brandenburg-Görden hingerichtet.

Der Sieg der deutschen Fußball-Nationalmannschaft 1954 in Bern läutete das Ende der Nachkriegszeit ein und aus dem einen Wunder wurde das nächste: das Wirtschaftswunder. Das Neuköllner Fußballwunder hieß Tasmania. Zwischen 1959 und 1964 wurden sie viermal Berliner Meister und spielten um die deutsche Meisterschaft. Ob Tasmania berechtigt nach Punkten schon 1963 in die neu gegründete Bundesliga statt Hertha BSC hätte einziehen dürfen, darüber streiten noch heute die Experten. Jedenfalls bekamen sie 1965 als Nachrücker für Hertha ihre Chance. Doch Wunder halten nicht ewiglich und so flog Tasmania als schlechteste Mannschaft aller Zeiten wieder aus der Liga.

Auch für Berlin und Neukölln begann nach dem Mauerbau der Abstieg. Mit ein paar Gutwetterperioden zwischendrin, aber so im Großen und Ganzen mussten sich die Leute in Neukölln ziemlich durchboxen. Der Sport war und ist für viele ein Ort des sozialen Zusammenhalts, ein Auftrag zur Solidarität und Gemeinschaft. Sozial Schwache, Behinderte und vor allem Kinder wurden nach Kräften und mit viel ehrenamtlichem Engagement unterstützt. Auch ein paar Stars haben hier Schweißtropfen vergossen: Ralf und Graciano Rocchigiani sowie Oktay Urkal starteten in „Meyers Boxcamp" bei den Neuköllner Sportfreunden ihre Karriere. Carsten Ramelow und Christian Ziege trainierten in ihrer Jugendzeit in Neukölln. Mithat Demirel wurde zum Spielmacher beim Basketballklub Alba Berlin. Neukölln bewegt sich. In dem Projekt KICK wird versucht, Jugendlichen durch die Förderung unter anderem von Straßenfußball eine sinnvolle Freizeitbeschäftigung zu ermöglichen. Auch türkische Sportvereine denken darüber nach, wie sie sich mehr für die Integration von Jugendlichen verschiedener Nationalitäten engagieren können.

Eine männliche Neuköllner Erfolgsgeschichte könnte so aussehen: C- und B- Jugend in der Fußballabteilung des TSV Rudow, mit der A-Jugend bei Tasmania Gropiusstadt in die Bundesliga aufgestiegen, Fachabitur, Stürmer bei Borussia Mönchengladbach, U-21-Auswahl, Berufung in die Nationalmannschaft, Wechsel zu Galatasaray Istanbul, später Spieler beim FC Liverpool.

Und die weibliche? Die geht so: Mittelstreckenläuferin bei den Sportfreunden Neukölln, mit 17 Trainerin bei Grün-Weiß für Mädchenfußball, Abitur am Albert-Schweitzer-Gymnasium, dann Studium der Filmrestauration an der Fachhochschule für Technik und Wirtschaft in Berlin, anschließend ein Gastsemester an der Filmhochschule in London, Abschluss an der Kunstschule in Luzern, Eröffnung eines Dokumentarfilmstudios in der Weiberwirtschaft in der Hermannstraße. Dann erhält sie den Auftrag, einen Film über die Jugendarbeit von Tasmania Gropiusstadt für das Heimatmuseum Neukölln zu drehen und bekommt dafür den Adolf-Grimme-Preis.

Sind das keine Erfolgsgeschichten?

Das Zustandekommen dieses Buchs und der gleichnamigen Ausstellung verdanken wir einem Museumsteam, dass mit großer Ausdauer und hohem Geschick eine Strecke zurückgelegt hat, die mit einem 3.000-m-Hindernislauf zu vergleichen ist. Durch das Arbeitsamt Berlin-Süd wurden wieder einige ABM-Stellen ermöglicht, die es uns erlaubten, besondere Schwerpunkte aufzuarbeiten. Allen, die an diesem Projekt mitgewirkt haben, den Autorinnen und Autoren, den Kuratoren, den Redakteuren, den Gestaltern, Medienspezialisten, dem Sportmuseum Berlin und natürlich den Leihgebern aus der Neuköllner Bevölkerung sowie den Neuköllner Sportvereinen möchte ich vielmals danken, dass sie zum Gelingen dieser Publikation und der Ausstellung beigetragen haben.

Udo Gößwald

DSF 8

HELDEN DES SPORTS

VÖLLIG LOSGELÖST – HELDEN DES SPORTS

Seit langer Zeit ist der Sport, der in der Moderne ursprünglich von Spielregeln und nicht von Ethik geregelt wurde, unter moralische Kategorien gestellt worden. Man hat es als selbstverständlich hingestellt, dass große Sportler auch große Persönlichkeiten sind. Ihre Siege sollen eine Vorbildwirkung fürs Leben garantieren. Man hat das Fairplay, die Lebensfreude und die Freundschaften gefeiert, die den Sport auch heute noch prägen können, aber man hat darüber die andere Seite vergessen: das Egozentrische, die Siegesversessenheit, den Herrschaftswillen. Mit der Entdeckung von Doping liegt jetzt *diese* Seite des Sports im Lichte der Öffentlichkeit, und nun kehrt man die Wertungen einfach um. War früher der Sieger aufgrund seines Triumphes ein Guter, so steht er jetzt erst einmal bis zum Nachweis des Gegenteils unter dem Verdacht, möglicherweise betrogen zu haben.

Es passt aber schlecht zusammen, dass man sie sowohl des Größten als auch des Gemeinsten für fähig hält. Noch eigenartiger ist, dass die Einschätzung der Topathleten als potentielle Sünder, die auch von der Erfahrung ständig bestätigt wird, kaum jemanden von der Bewunderung und Verehrung seiner Sporthelden abhält. Das Dopingproblem zeigt eine tiefe Unstimmigkeit im Heroismus des Sports an.

An die Stelle der naiven Sicht, die den Athleten als edlen Menschen wahrnimmt, ist nun der potentielle Hochstapler getreten, den man jagen muss. Dopingproben sind so etwas wie kriminalistische Früherkennungsmethoden. Negativlisten werden den Athleten vorgehalten wie Quarantänebestimmungen einer Gruppe von Aussätzigen. Die Beschaffenheit eines Athletenkörpers wird genauer analysiert als das Fleisch, das wir essen. Wohin ist der Sport gekommen, mit dieser Blut- und Urinküche auf der Rückseite eines immer prunkvolleren Gebäudes? Während die pädagogische Schäferwelt des guten Athleten ein naiver Traum war, führt der kriminalistische Blick zu einem unerträglichen Misstrauen jener Welt gegenüber, deren Anziehungskraft eigentlich in der vorbehaltlosen Begeisterung liegt. Obwohl niemand die Berechtigung der Kontrolle ernsthaft bestreiten kann, spürt das Publikum, dass etwas falsch gelaufen ist und wird der Meldungen über Doping überdrüssig; es möchte nur noch von seinem Sport unterhalten werden.

Aber was ist falsch gelaufen? Bei der Jagd auf Dopingsünder scheint es doch nur darum zu gehen, einen möglichen Vorteil zu beseitigen, den sich die Doper erschleichen, so lange sie unerkannt bleiben. Man sieht Doping als eine *rationale* Handlung von irregeleiteten Athleten an: eine zweckgerichtete Erschleichung eines Vorteils. Man erreicht, so glaubt man, einen sauberen Sport dadurch, dass man diesen Vorteil vernichtet und in einen Nachteil (eine Sperre) umwandelt. So *könnte* es sein, wenn denn die Voraussetzungen dieser Behauptung stimmen: dass Doping eine Schuld ist, die einzig dem Sünder und seinen Helfern anzulasten ist; und wenn es wirklich die unterstellte Rationalität besitzt. Aber beide Annahmen greifen zu kurz, daher sieht die Jagd auf Dopingsünder zwar energisch aus, beruhigt das Publikum, führt aber nicht zum Ziel.

Wenn man die Rationalität einer Handlung beurteilen will, muss man den Rahmen, in dem sie stattfindet, mitbedenken. Der Sport beruht auf einer anderen Grundlage als ökonomische Handlungsfelder, er hat eine *eigene* Logik. Bei ihm geht es darum, etwas Großes hervorzubringen; er beruht auf Glauben – auf dem Glauben an die große Leistung, das außergewöhnliche Individuum, das einmalige Ereignis. Seine Welt ist viel zerbrechlicher als die Ökonomie; sie verlangt eine höhere Bereitschaft, die Regeln anzuerkennen, sie hinzunehmen, sie zu respektieren.

Wer sich in einem solchen Kontext einen Vorteil verschafft, indem er diesen Glauben unterläuft, handelt nicht zweckrational, sondern zerstörerisch. Umgekehrt verhält sich derjenige, der die Gebote des Sports beachtet, in Übereinstimmung mit seinem Glauben; er handelt glaubenskonform. Das Problem des Dopings hat mit Rationalität im üblichen Sinne nichts zu tun. Sondern es geht einzig darum, dass der Dopingsünder *nicht* seinem Glauben konform handelt und doch in der durch den Glauben konstituierten Welt handelt. Es ist ein Widerspruch, der die ganze Welt des Sports bedroht.

Will man diese Bedrohung in ihrer Tragweite verstehen, muss man sich fragen, worin die Verfehlung des gedopten Sportlers eigentlich besteht. Sie ist nicht einfach eine Regelverletzung, wie sie von einem Steuerbetrüger oder Verkehrssünder begangen wird. Wer Steuern hinterzieht, will Geld sparen; wer durch die Innenstadt rast und andere Menschen gefährdet, will schneller vorankommen. Diese Regelverletzungen haben eine – kriminelle – Rationalität, die aber den Sinn von Steuerabgaben und Verkehrsregelung nicht prinzipiell in Frage stellt. Es geht ihnen einzig darum, sich einen unerlaubten Vorteil durch punktuelle Regelmissachtung zu verschaffen. Hingegen ist die Schuld des Dopingsünders ungleich größer. Er verletzt das zentrale Gebot der Welt, in der er lebt: das Gebot, das seinem Sport, ja vielleicht seinem Leben einen Sinn gibt. Es entscheidet über die Wirklichkeit dessen, was es in dieser Welt an Höchstem gibt – die Wirklichkeit der Spitzenleistung. Der Sport lebt von der Hochachtung und dem Staunen vor der außergewöhnlichen Tat. Wenn die Leistungen keine wirklichen Leistungen, die Siege keine wirklichen Siege mehr sind und das Übermenschliche nicht mehr als übermenschlich gelten kann, bleibt nichts vom Spitzensport.

Doping ist das schlimmste aller Vergehen im Sport, weil es dessen ganze Welt in Frage stellt. Eine fragwürdige Großartigkeit ist keine mehr, und Sport ohne Großartigkeit ist kein Sport, den man lieben und für den man leiden kann. Nur was als Großes glaubwürdig ist, kann Menschen in den Bann schlagen. Das Drama erschüttert, weil der große tragische Konflikt glaubwürdig ist, die Situation, in die ein Mensch kommen *kann* und die seine Möglichkeit als Mensch in Frage stellt. Im Sport ist es nicht die Möglichkeit, sondern die Tatsächlichkeit, Faktizität des Handelns, die Größe gibt.

Welch merkwürdige Helden, die den Glauben an den Sport zerstören! Sie können dies unmöglich *wollen*. Sie müssten sich ständig sagen: Diese Begeisterung gilt nicht mir – ich war es doch nicht, der die bejubelte Leistung vollbracht hat. Sie könnten, wenn sie auch nur halbwegs bei Verstand sind, ihr eigenes Heldentum und ihren Ruhm niemals genießen. Aber sie haben alle – bis zu ihrer Entdeckung – ihren Triumph ausgekostet, von Ben Johnson über Florence Griffith-Joyner bis Kelly White. Die Frage stellt sich nicht für die Sportler der zweiten Reihe, die zur Droge greifen, um überhaupt im Feld nur mithalten zu können, sondern für jene Athleten, die zu allerhöchsten Leistungen fähig und Objekte kultischer Verehrung sind. Der Glaube an ihr Heldentum steht höher als ihr Glaube an den Sport.

Im Zentrum des Dopingproblems finden wir einen abweichenden Glauben: Der Dopingsünder ist von außen gesehen ein unauffällig Glaubender, aber in seinem Inneren gibt es noch etwas anderes, einen zweiten Glauben, der im Laufe seiner Karriere immer stärker wird und der den ersten verdunkelt. Von irgendeinem Zeitpunkt an führt dieser, wie bei einem Ketzer, zu einer Abspaltung und wirkt sich auf den ursprünglichen Glauben zerstörerisch aus: Der Glaube an sich selbst, an das eigene Heldentum löst ihn aus seinen Bindungen an die Werte des Sports. Anders als bei einem Ketzer geschieht dies nicht dadurch, dass er sich eine eigene, private Vision des Heils in den Kopf gesetzt hat. Sondern der Dopingsünder handelt lange Zeit in völliger Übereinstimmung mit seiner Umgebung, unterstützt und bestärkt von allen, die ihn „oben" sehen wollen. Das Dopingproblem zeigt, wohin eine Gesellschaft geraten ist, die den Sporthelden vergöttert.

Im aktuellen Sport werden Athleten, die höchste Leistungen vollbringen, in einer maßlosen Weise erhöht: Sie werden von Publikum und Medien mit einer ungeheuren symbolischen Macht und Größe ausgestattet; an diese Helden glauben nicht nur die Zuschauer, sondern auch die Fachleute, Trainer, Betreuer, Journalisten, die Konkurrenten und schließlich die Helden selbst. Der Heldenglaube ist das Fundament der Kraft, des Willens und der Überzeugung von der eigenen Unbesiegbarkeit der Athleten. Er macht sie zu mythischen Gestalten, die das Wunderbare hervorbringen können. Durch diese Fähigkeit unterscheidet sich der Sport von allen anderen Gebieten, in denen große Persönlichkeiten öffentlich wirken. Einzige Ausnahme ist das Showbusiness, das in unmittelbarer Nachbarschaft zum Sport ähnlich wundertätige Helden hervorbringt. Zwar gibt es herausragende Persönlichkeiten auch in Politik und Wirtschaft; sie sind mit *wirklicher* Macht ausgestattet und sind viel ernster zu nehmen als die symbolische Konstruktion des allmächtigen Athleten. Politische und wirtschaftliche Macht muss aber geteilt, ausgehandelt, legitimiert, austariert werden; sie wird nicht in direkter Aktion, sondern in Institutionen wirksam; sie stößt auf die Gegenwehr der Kritik und muss mit Kompromissen leben, statt sich rein zu entfalten. Ihre Inhaber stehen unter moralischen Anforderungen, an deren Maßstab alle ihre Handlungen gemessen werden.

Im Sport ist hingegen eine eigentümliche Entwicklung eingetreten. Der Glaube an die Helden ist stärker und stärker geworden; die Heroen des Sports sind heute mit einer größeren Fülle symbolischer Macht ausgestattet worden als je zuvor. Bedenken, die man gegen sie erheben kann, werden beiseite gewischt oder gar nicht erst zur Kenntnis genommen. Grobe Regelverstöße, Betrugsversuche, Schädigungen des Gegners werden kurz angemerkt und nach kurzer Zeit verharmlost – der Sieg gibt den Helden recht. Auch wenn eine kritische Presse von sexueller Belästigung, Misshandlungen von Schwachen, Trunkenheit am Steuer und Fahrerflucht berichtet, reißt der nächste große Sieg die Gemeinde der Bewunderer wieder mit. An Sporthelden werden heute praktisch keine moralischen Anforderungen gestellt – man will sie als grenzenlose Heroen wahrnehmen. Ein großer Sportler begeistert das Publikum nicht nur durch ein hinreißendes Spiel, sondern auch durch die Zahl und Zeugung seiner unehelichen Kinder. Nirgendwo *erscheint* der Mensch heute so eindeutig und positiv machtvoll wie in der Welt der realen Körpermacht des Sports und der Welt der fiktionalen Superkörper des Films.

Arnold Schwarzeneggers Triumph in Kalifornien zeigt, wie der Kritik, die einem Politiker entgegen schlägt, angesichts seines sowohl im Sport als auch im Showbusiness erworbenen Heldentums gleichsam die Giftzähne ausfallen. Sexskandale können eine Politikerkarriere zerstören – bei einem Spitzensportler nimmt man sie als Beigabe hin. Die Helden des Sports haben ihren Raum *oberhalb* der Sphäre des Menschlichen; moralische Anforderungen reichen nicht bis dorthin.

In diesen Über-Raum sind die großen Athleten kraft des Glaubens an ihre körperliche Überlegenheit aufgestiegen. Für diesen Glauben zählt einzig die große Tat, das Heroische. Die

Unerreichbarkeit der Helden in ihrem Raum macht die gewaltige Stärke und Anziehungskraft des Sports in einer Zeit aus, in der das Publikum an nichts Weltliches mehr glauben mag. Hier versammelt sich die Sehnsucht und Inbrunst des gegenwärtigen Zeitalters. Nirgendwo kommen sich die Menschen und das Göttliche so nah wie hier. Der Glauben an den Helden, der ursprünglich jenem an den Sport nachgeordnet war, beherrscht die Aufmerksamkeit der Öffentlichkeit. Man fragt nicht mehr, was die Helden dem Sport schulden; man übersieht, dass sie künstliche Gebilde sind, die aus dem Glauben an den Sport entstanden sind. In ihrer scheinbar unangreifbaren Position entfalten sie verheerende Wirkungen für den Sport, dem sie alles verdanken.

Wenn man an die Anforderungen erinnert, die der Sport an seine Helden richtet, bedeutet dies nicht eine Rückkehr zur Moralisierung. Der Sport hat sich seit langem von moralischen Belangen abgekoppelt und sich reinen Spielregeln unterstellt; dies macht gerade seine Stärke aus, seine Freudigkeit, seinen Nietzscheanismus. Hierin liegt seine Leistung: dass er in der Moderne die Figur wieder aufgenommen hat, die die griechische Antike faszinierte – den Helden der athletischen Kraft, der sich aufschwingt, in die Nachfolge des Gottes einzutreten. Aber immer blieb er rückgebunden an den Respekt vor Gott, dem er sich geweiht hatte; immer war er gehalten, die von diesem aufgegebenen Gebote zu beachten. Er blieb Sterblicher, der kraft seines Glaubens und Handelns Teilhabe am Gott gewinnen konnte.

Der moderne Sportheld hat nichts mehr über sich; er bleibt in der Erinnerung, nicht wegen seiner *zeitlosen* Schönheit wie bei den Griechen; bei ihm verbindet sich das Heroische mit dem Motiv des *zeitabhängigen* Wachstums. Auch das maßlose Fortschreiten, das Vergrößern der Zahl kann seinen Reiz haben wie bei Don Giovanni, dem Helden des Erotischen („1003 in Spanien …"), aber es fehlt ihm die Bindung, der Respekt vor einer überpersönlichen Norm.

Im durch und durch weltlichen Sport gibt es keinen Gott, an den sich die Athleten binden könnten. Aber dieser verlangt etwas von den Athleten: Erst kommt der Sport mit seinen Anforderungen, seinen zu respektierenden Regeln, die notwendig sind, um den Glauben aufrecht zu erhalten; dann kommen die aus dem geregelten Sport geborenen Helden.

In unserer Zeit vereint die Zuschauer, die Medien und die Athleten das Verlangen, die Sporthelden in ihrem Über-Raum aus allen Bindungen loszulösen. Alle drängen sie dahin, die Bedingungen, die den Star überhaupt erst möglich machen, zu verdrängen. Sie versetzen den Heroen in einen Schwebezustand des Glaubens einzig an sich selber: Er soll sich permanent hochrüsten, sich um jeden Preis mit immer mehr Kraft ausstatten, um den Ansturm der Konkurrenten abzuwehren. Wem es an Stärke fehlt, stürzt in die Tiefe der gewöhnlichen Menschen ab. Wer aber einmal im Über-Raum zu Hause ist und sich dem Glauben an sich selbst und nicht mehr dem Sport verpflichtet fühlt, hält die Verteidigung seines Status für seine wesentliche Aufgabe. Er nimmt eine Art Bürgerrecht im Über-Raum für sich in Anspruch. So verkehrt sich das ursprüngliche Verhältnis in sein Gegenteil: Zuerst musste der Athlet eine höhere Position aus *eigener* Stärke gewinnen. Nun nimmt er sich in seiner Heroenposition die Handlung heraus, die seine Zugehörigkeit im Über-Raum absichert. Voraussetzung dafür ist der Glauben, dass einem diese Position zusteht: ein Anspruch des Ichs auf Heldentum.

Um diesen Anspruch zu erheben, braucht der Athlet Zuspruch, Unterstützung, Ermutigung. Er wird nicht von ihm allein erhoben; kein Einzelner kann ihn erfinden. Sondern er entsteht aus dem Zusammenwirken der Athleten mit Trainern, Journalisten, Medien und dem Umfeld. Kein Sportler könnte von sich aus auf die Idee kommen, seinen Glauben an sich selbst absolut zu setzen, wenn er nicht schon ein Denken vorfinden würde, das er sich für seine Zwecke aneignet. Die Wirkung dieses Denkens kann man so beschreiben: Wenn Menschen keine Verpflichtung anerkennen, wenn sie sich an nichts binden außer an die Idee ihrer selbst und die keine anderen Anforderungen an sich stellen, als diese Idee zu verwirklichen, setzen sie sich selbst als kleinen Gott ein.

Gunter Gebauer

SPORT ALS FERNSEHSPEKTAKEL

Seit es Fernsehen für alle gibt, lassen sich Sportereignisse ohne den geringsten Ansatz von sportlicher Eigenbetätigung verfolgen, nicht einmal Eintrittskarten muss man erwerben, An- und Abfahrt entfallen. Den Emotionen, der Begeisterung wie der Enttäuschung tut es keinen Abbruch, dass das große Publikum fehlt, das im Einzelfall jeweils mitreißt oder zu prügeln anfängt – man kann auch vor dem Fernseher aufspringen, in die Hände klatschen, sich an die Stirn schlagen, herumtanzen und ähnliches.

Vor dem Fernsehen gab es Zeitungen und Gazetten, in denen Text und Bild unbewegt waren und sich daher zum Aufheben und Sammeln großer Sportereignisse eigneten, vornehm ausgedrückt, zum Dokumentieren.

Das Fernsehen hat gegenüber allen anderen Varianten des Sportkonsums drei unübertroffene Vorteile: 1. man hat in der Regel die beste Aussicht, 2. ist live dabei, ohne es verdient zu haben, 3. man kann den Ton abschalten. Es gibt also gute Gründe für die Bequemlichkeit. Dafür, dass es für den Großteil der übergewichtigen, diabetischen und cholesterinbelasteten Erwachsenen kaum etwas Ungesünderes gibt als das Sportwochenende vor dem Fernseher, ist der Trend zum Wohnzimmersport ungebrochen, zumal man dort ungeächtet und straffrei zahllose Zigaretten, Biere, Süßigkeiten und sonstiges Fast-Food verzehren kann, was an den realen Stätten der Sportereignisse so ungehemmt (zu Recht) nicht mehr möglich ist.

Sobald der Sport etwas mit Gesundheit zu tun hat, wird er unattraktiv. Der von Ärzten und Krankenkassen gepredigte und verordnete städtische Sport erinnert an rohen Spinat und Lebertran: je unangenehmer, desto wirksamer. Diese im Sport enthaltene Strafandrohung fällt im Fernsehsport weg, der schon deshalb bis zum Abschlaffen entspannt.

Es ist eine Frage der Perspektive, ob der Sport mehr von seiner Ausübung oder mehr von seiner Darstellung lebt. Die Zeiten, in denen nach dem Sinn des Sports gefragt, seine erzieherischen, charakterbildenden Potentiale oder sein Nutzen für Volk und Vaterland propagiert wurden, sind ohnehin vorbei. Sport ist Quotenbringer, hat immensen Unterhaltungswert und enorme Wirtschaftskraft, ein Global Player, dessen Mächtigkeit sich vor allem hinter den Kulissen entfaltet.

Sportgucken ist dermaßen populär, dass sommers wie winters ganze Wochenenden von Sportübertragungen ausgefüllt werden; dazu kommen Dauerveranstaltungen wie Olympische Spiele, Weltmeisterschaften, die Tour de France usw. usw. Der wahre Fan schaltet natürlich noch das Internet mit ein, doch selbst die Flut von Zuschauerkommentaren via Telefon, Post, Fax will nicht abreißen und behauptet ein reges, waches, keineswegs unkritisches Interesse seitens des Publikums. Die Tatsache aber, dass sich dieses Publikum nicht unerheblich aus Sportmuffeln bzw. ganz und gar unsportlichen Menschen zusammensetzt, sollte doch zu denken geben. Offenbar hat Sport eine Faszination für den Betrachter, die weder mit Gesundheit noch vorrangig mit passivem Voyeurismus zu tun hat.

10.30 ZDF SPORTextra

Noch ist nicht Frühling: Wintersport satt – zu Eis und zu Schnee

Deutschlands Eis-Sprinterin Anni Friesinger

Wintersport. Das heutige „ZDF SPORTextra" ist wieder ein bunter Gemischtwaren-Laden: Zunächst trifft Michael Steinbrecher Gunda Niemann-Stirnemann. Ab ca. 10.55 Uhr berichtet Peter Leissl vom Langlauf-Weltcup in Pragelato. Heute gibt's Sprint-Wettkämpfe der Damen und Herren. Gegen 12.30 Uhr kommentiert Wolf-Dieter Poschmann die Eisschnelllauf-Weltmeisterschaften in Seoul. ▶ 13.00 8-788-947

Schnell macht der Spruch von „Brot und Spielen" die Runde, wenn man diese Entwicklung hinterfragt, ein Bei-Laune-Halten geplagter Volksmassen. Doch diese unverhohlen klischeehafte Unterstellung hat noch keinen davon abgehalten, die Zuschauerquote bei solchen Spielen zu erhöhen. Da durch diesen Gemeinplatz aber das alte Rom ins Spiel gebracht wird und also die Antike nicht fern ist, kann es nicht schaden, sich den kultischen Ursprung des Sports ins Gedächtnis zu rufen.

Die geistige wie körperliche Auseinandersetzung mit Natur und Gottheiten, dem Unberechenbaren und Unbeherrschbaren sozusagen, machte aus Kult- und Weihestätten Sportstätten, nicht umgekehrt. Das sich Messen in Schnelligkeit, Ausdauer, Kraft, Geschicklichkeit sowohl in Einzelleistungen wie auch in Mannschaftsspielen und Tänzen verkörperte einst die kultischen Eigenschaften des Sports. Die Betonung lag auf Zelebrieren und Zeremonie, dem Festlichen und Feierlichen des Daseins, weshalb die Anwesenheit von Zuschauermassen bei den Sportveranstaltungen notwendig dazugehörte im Unterschied zu den geheimen religiösen Ritualen der Eingeweihten und Priester. Im Griechenland der Antike gab es Stadien zum Teil für 30.000 Zuschauer, es gab Vereine mit Sportwart und Präsidenten und sogar einen Weltsportbund (Herakles-Verband).

Dass es bei aller Idealisierung einen unaufhaltsamen Zug zur Profanisierung, zur Entweihung und Entzauberung des Sports gab, weiß man sowohl von Euripides, der im Athleten das schlimmste aller Übel sah, als auch von Hippokrates, der gegen die nur auf Sieg versessenen Athleten wetterte, deren Gesundheit und sportliche Höchstform äußerst labil seien.[1] Es gibt keinen weltbewegenden Grund, am gegenwärtigen Profisport zu verzweifeln, es ist alles schon mal da gewesen, Doping wahrscheinlich auch.

Was also macht die Faszination des sportlichen Wettkampfs heutzutage für den Zuschauer aus, selbst oder gerade im Fernsehen?

Angenommen, es hätte etwas mit dem Aufführungs-, mit dem Inszenierungscharakter der sportlichen Leistungsshow zu tun, mit Ritualen, Mimik, Gestik, mit Akteuren und Publikum. Die großen weltweit übertragenen Sportereignisse von Olympia-Format mit ihrer Mischung aus Oper, antikem Drama und Frohnleichnamsprozession sind bei aller Profit-Trivialität immer noch spektakulär. Trotz der minutiösen Planung, die nichts dem Zufall überlässt, ist es gerade dieser Zufall, der beim Wettkampf selbst für das spontane Element, für die Überraschung sorgen soll. Ein erwarteter Sieg ist für das Publikum eher enttäuschend, es schlägt die Stunde der Außenseiter und Wunderkinder. Der Aufbau von Illusionen und Emotionen gelingt weltweit nicht zuletzt durch filmische Mittel, die zu den theatralischen Aspekten des Sports hinzukommen.

Die Verbindung von Sport und Theater ist bereits im Mikrokosmos der sportlichen Organisation – der Vereinsebene – präsent. Theateraufführungen sind für die alljährlichen Stiftungsfeste der Rixdorfer/Neuköllner Sport- und Turnvereine geradezu konstituierend und bis tief in die 1930er Jahre hinein ein prägendes Element der Jugendarbeit im Sport. Kann sein, dass es beim Sport um tiefenwirksame Lebensdramatik geht – an der Oberfläche haben wir es heute mit Fernsehkameras zu tun. Diese Instrumente steuern die Wahrnehmung auf ihre Weise. Wenngleich der Ort des Sportgeschehens für alle Teilnehmenden und Nichtteilnehmenden feststeht, so verändert sich die Perspektive, das Feld des absuchenden Auges. Die Kamera ermöglicht Einblicke, die der real Anwesende bei dem Ereignis nie hätte. Endlose Zeitlupenwiederholungen dienen der Beweisführung, der Analyse und Argumentation, seltener der Freude an der Leistung. Stürze und sonstige Missgeschicke werden wieder und wieder gezeigt; ob sie zur Ursachenforschung beitragen, sei dahingestellt.

Die verlangsamte Großeinstellung auf die flatternd entgleisenden Gesichtsmuskeln beim Sprint sind eine Sache, die Zeitlupe des Zieleinlaufs eine andere: Bei ersterem ist die Frage nach dem Sinn völlig sinnlos, bei letzterem liegt der Sinn und Zweck auf der Hand. Man mag darüber diskutieren – die filmische Wiederholbarkeit von Abläufen im Sport, sei es im Ganzen oder in winzigen Segmenten bis hin zum Stillstand hat zu einem Stapel an Perspektiven geführt, zu einer Aufhäufung von Blickwinkeln und Blickrichtungen. Kaum ist der Athlet nach seinem Wettkampf bei den Reportern eingetroffen (bzw. von ihnen eingefangen worden), tropfnass vom Schwimmen oder nach Luft japsend vom Laufen, dazu noch betäubt vom Verlauf des Wettbewerbs, muss er sich auch schon die Wiederholung seines Auftritts ansehen und kommentieren, all dies unter den Augen der Fernsehzuschauer auf ihren Sofas, Sesseln und Polstergruppen, den Fans in Clubs und Kneipen. Zum Heer der Laien gesellt sich der fachmännische Blick von Trainern, Juroren und Funktionären. Damit nicht genug, dient das Interview unmittelbar nach dem Wettkampf auch als Test der Vermarktungstauglichkeit des Athleten. Wer da meint, die sportliche Leistung sei ausschlaggebend, der träumt, es ist der Auftritt des Athleten vor den Medien, vor dem Publikum, seine Fähigkeit zur Selbstinszenierung, die dem Sponsorenblick standhält oder nicht.

Der Blick auf den Blick der anderen, der zusätzliche Einsichten verspricht, bleibt dem Echtzuschauer im Unterschied zum Fernsehzuschauer erspart, der Eintrittspreis dagegen nicht. Was er allerdings dem komfortverwöhnten Sofasportler voraus hat, ist die Freiheit des Blicks bzw. des Blickwinkels, die Unschärfe im Detail nimmt er in Kauf. Verschont bleibt er auch von der Lenkung durch das Ohr; was sich ein Couchsportler an Kommentaren, Interviews und Meinungen zwangsläufig mit dem Fernsehsport ins Hirn lädt, kann auf Dauer ermüden, es sei denn, er dreht den Ton ab.

Was die Atmosphäre eines Sportereignisses angeht – ein Ausdruck, der sich klar auf das reale Geschehen bezieht –, so wird sie im Fernsehen gern beschworen und eher unabsichtlich transportiert. Was unter anderem daran liegt, dass Atmosphäre derart komplex zusammensetzt ist, dass sie nur unmittelbar erlebt, überzeugend reproduziert oder mittelbar heraufbeschworen werden kann. Es hat zum Beispiel hin und wieder fernsehübertragene Wettkampfsituationen gegeben, die kraft ihrer Erzählung, nicht ihrer Bilder überzeugt und überlebt haben (vgl. Bruno Morawetz, „Wo bleibt Behle?" Legendäre Berichterstattung vom Ski-Langlauf in Lake Placid, 1980).

Bei großen, wichtigen Veranstaltungen ist der Athlet Akteur sowohl in sportlicher als auch in darstellerischer, schauspielerischer Hinsicht. Die Tatsache, dass er über seine sportliche Leistung hinaus etwas repräsentiert, das die Zuschauer inspirieren, hinreißen und begeistern kann, spricht für den kultischen Ursprung des Sports (siehe oben) und seiner Theatralik, ist also keineswegs neu. Was sich speziell durch das Medium von Film und Fernsehen verändert hat, ist die Lenkung des Zuschauerblicks nicht durch die Akteure, sondern von Seiten der Medienregie. Und die wiederum nimmt Rücksicht auf die Interessen diverser Beteiligter, ein interessengesteuerter Blick auf Organisatoren, Sponsoren etc. Die Übersicht über diese Interessen behält eigentlich niemand, alles stellt sich irgendwie ein oder verschwindet einfach, der erläuternde Kommentar hinkt stets hinterher.

Zum Glück muss man sagen, halten Chaos und Zufall das Erlebnis offen, und so freut man sich schon auf die nächste Übertragung, frei nach dem Motto: Dabeisein ist alles.

Monika Bönisch

Fotografien: Bruno Braun, Berlin 2004

Anmerkung
[1] Diem, Carl: Weltgeschichte des Sports und der Leibeserziehung, Stuttgart 1960.

SPORT IST UNSER LEBEN

VON DER MAISBIRNE BIS ZUM STAFFELSTAB

Objekte erzählen Neuköllner Sportgeschichte(n)

Können persönliche Erlebnisse und Erinnerungsstücke von Sportlern und Sportbegeisterten etwas über die Bedeutung des modernen Sports in der Gesellschaft aussagen? Dieser Frage wird anhand von Objekten und Geschichten, die sich um sie ranken, nachgegangen. Viele Neuköllner stellten uns Exponate zur Verfügung und berichteten über Erinnerungen und Ereignisse, die sie mit ihnen verbinden. So werden die Objekte Zeugen einer sportlichen Laufbahn oder eines jahrelangen Interesses an Sport. Auch wenn die Geschichten nur einen kleinen Ausschnitt der Realität beschreiben, so wird doch an ihnen die Sportgeschichte des Bezirks lebendig. Die Objekte repräsentieren die Geschichten der Menschen, verleihen diesen darüber hinaus eine individuelle Bedeutung. So dokumentieren die ausgewählten Exponate die einzigartige Rolle des Sports sowohl in der Gesellschaft als auch im Leben der Menschen.

Basketball
Wenn ein Ball zur Leidenschaft wird

Der rotbraune Ball mit den fünfzehn Unterschriften erinnert Hartmuth Kurzhals an das Jahr 1963. Da fing es an – wie ein Fieber: Basketball.

Mit dreizehn Jahren spielte er zum ersten Mal. Wenn sein Trainer vom Turn- und Sportverein (TuS) Neukölln 1865 e.V. keine Zeit hatte, übernahm er selbst das Coaching. Später wurde er Spielertrainer und betreute bis zu vier Mannschaften, organisierte Turniere, war Schiedsrichter und Kampfrichterwart, spielte in der Ersten Herrenmannschaft. Häufig nahm er an überregionalen und sogar internationalen Spielen teil. Er war Pressewart und beteiligte sich an der Herausgabe der Basketball-Infos, dem Sprachrohr der Basketball-Abteilung des Vereins.

Hartmuth Kurzhals war zunächst Mitglied eines Schwimmvereins, bevor er 1957 in die Turn- und Leichtathletikabteilung des TuS eintrat. Nach dem Training sah er oft den älteren Leichtathleten zu, die Basketball spielten. Sofort fing er Feuer – wie auch andere Jugendliche. Aus einer zusammengewürfelten Gruppe von Studenten und Gymnasiasten wurde schließlich eine Basketballtruppe ins Leben gerufen. 1964 sollten es bereits vier Mannschaften sein. Die Spieler waren nicht nur erfolgreich, sie agierten auch mit viel Freude.

Mit siebzehn Jahren begann Hartmuth Kurzhals, die erste Mädchengruppe im Basketballspiel anzuleiten. Er besuchte Trainer- und Kampfrichter-Lehrgänge und betreute bis zu vier Gruppen, die zweimal wöchentlich trainierten. Turnen, Leichtathletik und Schwimmen musste er schließlich aufgeben, vom Basketball jedoch hielt ihn auch sein Studium nicht ab.

• Basketball, 1998

In den 70er Jahren baute der Verein eine D-Jugend-Mannschaft auf und nahm an landesweiten Turnieren teil. Bisher galten sie offiziell als Leichtathleten, doch die Basketballtruppe war inzwischen auf 35 Spieler angewachsen. So lag es nahe, eine neue Abteilung zu gründen, was im März 1975 auch geschah. Seitdem haben sich die Basketballer den Ruf einer fast autonomen Truppe mit unkonventioneller Spielweise bewahrt, damit gaben sie der Sportart in Neukölln beträchtlichen Auftrieb. Basketball errang ein hohes Maß an Popularität, obwohl er sich nach 1945 als recht elitärer Sport in den Universitätsstädten entwickelt hatte. Ende der 80er Jahre war er zum Volkssport geworden.

Die Nachwuchsförderung gehörte immer zu den Grundlagen der Arbeit. Früher als andere Neuköllner Vereine erkannte man hier den Wert neuer Talente für den sportlichen Wettbewerb. Darauf gründete sich der überregionale Erfolg des TuS im Basketball, doch der Sport als Freizeitbeschäftigung für jeden stand weiter im Mittelpunkt. 1994 wurde vom Bezirk mit Hilfe der Leffers Sportstiftung ein Förderprogramm ins Leben gerufen, um Kindern eine sinnvolle Beschäftigung zu ermöglichen. Bis heute können sie in der Halle der Albert-Schweitzer-Schule Basketball spielen, ohne Vereinsmitglieder zu sein. Auch hier organisierte und leitete Hartmuth Kurzhals mit anderen Trainern die Spielnachmittage. So wurden erfolgreiche Nachwuchssportler geformt, die irgendwann dem Verein beitraten – manche schafften es sogar bis in die Profiligen, wie Mithat Demirel, der heute Spielmacher bei Alba Berlin ist. Mittlerweile haben sich auch andere Vereine der Jugendlichen angenommen und versprechen teilweise attraktivere Aufstiegschancen, auch weil ihnen mehr Geld zur Verfügung steht.

Trotz einiger Leistungsschwankungen Ende der 90er Jahre gehörte die Basketball-Abteilung des TuS im Jahr 2000 zu den zehn größten Vereinen des Deutschen Basketballbundes (DBB). Zugleich konnten die Mitglieder in diesem Jahr stolz auf ihr 25-jähriges Jubiläum zurückblicken. Hartmuth Kurzhals organisierte ein „binnenorientiertes Jubelfest", in dessen Mittelpunkt ein Wiedersehen der Ehemaligen und ein Wettbewerb der „langjährigen, aufgrund ihrer Spielweise stilprägenden, noch aktiven Mitglieder"[1] standen. Für Überraschung sorgte ein Vertreter des Berliner Basketballverbandes. Als Präsent überreichte er der Abteilung einen Basketball, der 1998 während der 13. Damen-Basketball-Weltmeisterschaft in Berlin von den deutschen Nationalspielerinnen signiert worden war. Für Hunderte von Trainingsstunden, erfolgreiche Nachwuchsbetreuung, perfekte Organisation von Sportveranstaltungen und Festen wurde Hartmuth Kurzhals mit dem Ball „wie mit einem Pokal" belohnt – ein bleibendes Zeichen der Anerkennung.

Im Frühjahr 2003 verließ er den Verein – Gründe waren unter anderen die dauernde Überlastung durch den anspruchsvollen Beruf als Leiter eines sportorientierten Partizipationsprojekts und als Koordinator einer vorberuflichen Qualifizierungsmaßnahme für benachteiligte Jugendliche sowie oftmals über 70 Stunden ehrenamtlicher Arbeit im Monat. Nach kurzer Ruhepause begann Hartmuth Kurzhals jedoch wieder zu spielen und an Turnieren teilzunehmen, jetzt in einem anderen Verein. Nach über vierzig Jahren kann er nicht einfach vom Basketball lassen und vom Kämpfen um einen Sieg auch nicht.

Der Beitrag basiert auf einem Gespräch mit Hartmuth Kurzhals.

Anmerkung
[1] Kurzhals, Hartmuth: „25 Jahre TuS Neukölln Basketball-Abteilung. Ein kleiner Rückblick auf die Jubelfest-Aktivitäten". In: World of TuS Basket, Ausgabe Nr. 30/31, Berlin 2000.

● Maisbirne, Anfang 1970er Jahre

Boxen
Das Sirren der Springseile

Wir sind zu Besuch beim Training der letzten Box-Abteilung des Bezirks – bei den Neuköllner Sportfreunden (NSF) in der Bezirkssporthalle an der Oderstraße. Zahlreiche Berühmtheiten starteten hier ihre Boxkarriere, so Ralf und Graciano Rocchigiani und Oktay Urkal, Silbermedaillengewinner bei den Olympischen Spielen 1996 in Atlanta.

Begrüßt werden wir von Günter Meyer, dem Vorsitzenden der Boxabteilung und dem Oberhaupt in „Meyers Boxcamp". Er sorgt unter anderem für den reibungslosen Ablauf der Kampfveranstaltungen und erklärt uns an diesem Abend geduldig die Trainingsabläufe.

Die Leistungsgruppe, die fortgeschrittenen Amateure ab sechzehn Jahren, bereiten sich auf das Training vor. Seit drei Jahren ist ein russischer Trainer für die multinationale Gruppe aus Albanern, Türken, Arabern, Kasachen und Russen verantwortlich. Deutsche sind in dieser Trainingsstufe gerade nicht dabei. Jungs trainieren gemeinsam mit Mädchen, darunter ist auch die Berliner Box-Meisterin Natali Kalinowski aus Kasachstan. Trainer Schnabel, der schon seit 1974 dabei ist, betreut im Nebenraum die Jüngeren und Anfänger, deren Hoffnung es ist, eines Tages in die Gruppe der Leistungsboxer aufgenommen zu werden. Doch der Trainingsplan ist unerbittlich: tägliches, anstrengendes Üben und am Wochenende oft noch Kampfveranstaltungen. Jeder Trainingstag hat ein festgelegtes Ritual. Zunächst werden draußen im Stadion ein paar Runden zur Erwärmung gelaufen. Wenn alle zurückgekehrt sind, beginnt das Konditions-

● Berliner Juniorenmeister des Jahres 1978. Die Boxer im weißen Dress sind die damaligen Mitglieder der Neuköllner Sportfreunde (v.l.n.r.) Klaus Niketta, Peter Suckrow, Iljas Itter sowie Graciano und Ralf Rocchigiani. Hier mussten sich die Rocchigiani-Brüder noch ein Paar Boxschuhe teilen. Später erlangten sie als Box-Profis einigen Ruhm – sie wurden Weltmeister. Zu der Zeit waren sie jedoch keine NSF-Mitglieder mehr.

training, bei dem es auf die Wiederholung ankommt, immer die gleichen Übungen in variierter Abfolge.

Es ist sehr ruhig in der Halle. Der Trainer unterbricht die Stille mit kurzen, leisen Anweisungen. Die Kombattanten greifen zum Springseil, messerscharf sirren Springseile aus Stahl durch die stickige Luft der Halle. Einige Zeit später werden im Wechsel Liegestützen, Lockerungsübungen, Angriffs- und Verteidigungstechniken sowie verschiedene Koordinationsübungen durchgeführt. Hierfür finden sich die Sportler in Zweiergruppen zusammen und üben Verteidigungsschläge, dann lassen sie sich schnell fallen und beginnen mit Liegestützen. Abwechselnd hört man das Ächzen der Sportler im Liegestütz und die harten Schläge auf die Maisbirnen. Alle wirken sehr konzentriert, selbst in den kurzen Pausen. Unbeirrt von der Monotonie der Wiederholung springt und boxt die Gruppe, lockert sich auf, ohne müde zu werden. Uns wird klar, wie fit die Jugendlichen sein müssen, um ein solches Pensum bewältigen zu können.

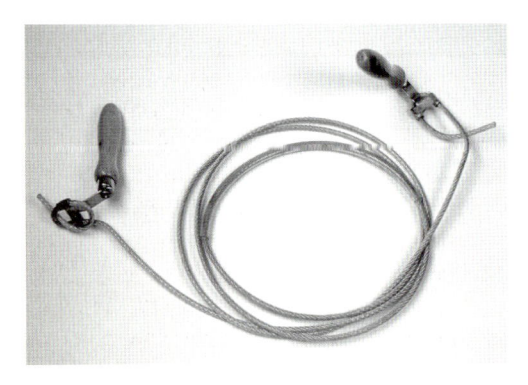

Bei Joyce Carol Oates findet sich eine Anmerkung zum Boxtraining: „Was das Training anbelangt, gibt es eine gewisse Verwandtschaft zwischen dem Künstler und dem Boxer. Es ist dieselbe fanatische Unterwerfung der eigenen Persönlichkeit unter ein selbstgewähltes Schicksal. Man könnte das zeitgebundene öffentliche Spektakel eines Boxkampfes mit der Veröffentlichung eines Buches vergleichen. Was an diesem Prozess öffentlich ist, ist allein das letzte Stadium, dem eine langwierige, mühsame, erschöpfende und oft zur Verzweiflung treibende Zeit der Vorbereitung vorausgeht."[1]

Anmerkung
[1] Vgl. Oates, Joyce Carol: Über Boxen, Zürich 1988, S. 30.

• Springseil, ca. 2000

• Schlittschuhe, um 1930

Eislauf
Frau Blechs braune Schlittschuhe

Die alten Schlittschuhe hebt Herr Kloss bis heute auf. Seine Nachbarin Erna Blech hatte sie in den 70er Jahren seiner Frau geschenkt. 1968 war das Ehepaar Kloss in die Hobrechtstraße 67 gezogen, wo Frau Blech schon lange gelebt hatte, zunächst noch mit ihrem Mann Wilhelm, einem Buchbinder. Nach dessen Tod in den späten 40er Jahren blieb sie allein. Gern erinnerte sie sich an die Zeit vor dem Zweiten Weltkrieg, als sie oft gemeinsam in Neukölln Schlittschuh liefen. Beide waren sie sportlich und bewegten sich gern. Man sieht den Schlittschuhen an, dass sie häufig benutzt wurden, die Eisen sind von den Schwüngen auf dem Eis fast rund geschliffen. Als ihr Wilhelm starb, wollte Erna die Schlittschuhe nicht mehr benutzen, sorgsam wurden sie verwahrt.

Erna Blech hatte ein gutes Verhältnis zur Familie Kloss, passte auf die Kinder auf und lud die Nachbarn zu sich ein. Oft wollte sie ihnen etwas schenken, Erinnerungsstücke aus ihrem

Leben, die sie jedoch nie annehmen wollten. Eines Tages brachte sie die Schlittschuhe mit. Dieses Mal gab Frau Kloss nach und nahm das Geschenk an. Doch obwohl die Schuhe noch stabil und gepflegt waren und gut passten, hat sie die Schuhe nie benutzt. Die Familie Kloss zog 1980 nach Rudow, ein paar Jahre später starb Erna Blech. Ihr Besitz ging an die Stadtmission, da es keine Erben gab. So hätte sich die letzte Verbindung zu ihrer Geschichte gelöst, wenn die Schlittschuhe nicht gewesen wären. Sie wurden zum einzigen Erinnerungsstück, denn Herr Kloss hatte sie beim Umzug mitgenommen. Er fand, dass die „Deutsche Wertarbeit" wirklich zu schade war zum Wegwerfen.

Der Beitrag basiert auf einem Gespräch mit Günter Kloss.

- Heimrudergerät VOGATOR, 1974

Fitness
VOGATOR, das Heimrudergerät für höchste Ansprüche

Das Rudergerät, einst Blickfang des Trimm-dich-Raums in der Dieselstraße, ist längst ein Museumsstück geworden. Es symbolisiert den Wertewandel einer Sportbewegung. Als das Hochhaus an der Köllnischen Heide 1974 fertiggestellt war, wollte die Berliner Wohn- und Geschäftshaus GmbH (BeWoGe) ihre Gemeinnützigkeit mit dem Gesundheitsaspekt verbinden und richtete im Erdgeschoss einen Trimm-dich-Raum für die Mieter ein. Damit erhöhte sich die Attraktivität der Wohnanlage, denn an sozialer Infrastruktur war im Kiez nicht viel vorhanden.

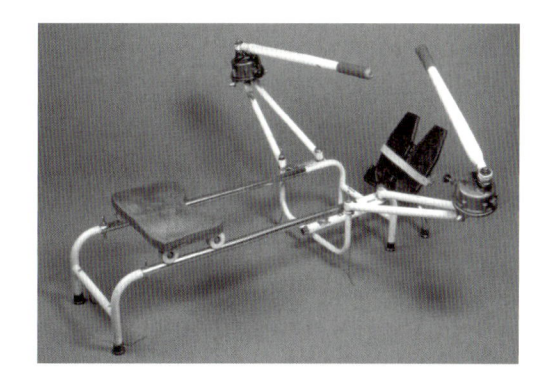

Moderne Expander- und Impander-Zugmaschinen, so genannte Streckbänke, wurden an den Wänden befestigt, es gab ein Ergometer, ein mechanisches Laufband, Geräte zum Training der Armmuskulatur und eben das Rudergerät. In den ersten Jahren war der Raum bei den Mietern sehr beliebt. Doch dann wurden immer mehr kommerzielle Sport-Studios eröffnet und die Fitnessbewegung aus den USA erreichte auch Berlin. Um Kunden anzulocken und zu binden, wurden ständig neue Geräte entwickelt, damit auch die letzte, bisher unbeachtete Muskelgruppe trainiert werden konnte. Der Trimm-dich-Raum in der Dieselstraße dagegen wurde immer weniger, später gar nicht mehr genutzt, bis er 2003 zu einem Mietercafé umgebaut wurde und das Rudergerät ins Museum gelangte.

Das zusammenlegbare, hydraulische Heim-Rudergerät VOGATOR galt 1974 als der letzte Schrei und seine Begleitbroschüre versprach, dass es geeignet sei, für den „besten Sport, den es gibt, den, der nahezu alle Körpermuskeln trainiert, der nicht nur die Schultern kräftigt und entwickelt, sondern auch die Arm-, Brust- und Bauchmuskulatur, sowie Oberschenkel und Waden […]. Es gibt keine andere Sportart, die so einzigartig und universell in ihrer Wirkung ist"[1]. Gleichzeitig wurde die Gleichgültigkeit gegen den eigenen Körper angeprangert, denn „nicht zuletzt hiervon wird Ihr Äußeres und Ihre körperliche und seelische Gesundheit entscheidend beeinflußt. Sie sollten sich schnellstens diesem Teil Ihres Ichs zuwenden, der unter Übergewicht und einer zu früh erschlafften und gealterten Haut erstickt"[2]. Und der damals „erfolgreichste Bodybuilder der Welt" und heutige Gouverneur Kaliforniens, Arnold Schwarzenegger, schrieb in seinem Trainingsbuch für Frauen 1982: „Selbst das Gehirn profitiert. Eine verbesserte Sauerstoffversorgung der Gehirnzellen macht Sie leistungsfähiger, so daß Sie aufnahmefähiger sind und rationeller denken können. Regelmäßiges Training ist geeignet, schädlichen Streß und Angstgefühle abzubauen, die sonst zu Ermüdungserscheinungen und vorzeitigem Altern führen."[3]

Bis hier stimmten die Intentionen der Fitness-Studiobetreiber mit denen der Mieter-Sport-Initiative überein. Nach langer Vernachlässigung sollte dem Körper eine neue Aufmerksamkeit zuteil werden, die auf einem kulturellen Wertewandel beruhte. So wie ein muskulöser Körper früher Zeichen eines von Schwerstarbeit bestimmten Lebens war, galt er nun als Zeichen für den Luxus, eine aufwändige Sport- und Freizeitkultur betreiben zu können. Die modernen Sportstudios wurden zu Werkstätten idealer Körper, deren scheinbare Nützlichkeit allmählich unabdingbar für weite Teile der Gesellschaft wurde.

Doch Kraftsportler und Bodybuilder, die einst den Fitnessboom mit begründeten, sind heute in der Minderheit. Die Zeiten, als ausschließlich Fitness, Kraftsport und Bodybuilding betrieben wurden, sind vorbei. Insofern sind die Geräte des ehemaligen Trimm-dich-Raums Museumsobjekte geworden, denn ihr Anliegen erscheint heute historisch und eindimensional. Nur Kraft und Ausdauer reichen heute nicht mehr. In den Fitness-Studios werden inzwischen ganze Lebenskonzepte angeboten, die Erfolg, Gesundheit, Attraktivität und Lebensglück versprechen.

Anmerkungen
[1] Vgl. die Broschüre des Gold-Rad-Werks Köln zu ihrem Gold-Rad VOGATOR, dem zusammenlegbaren Heim-Rudergerät, o.O., o.J.
[2] Ebd.
[3] Vgl. Schwarzenegger, A.: Bodybuilding für Frauen. Das perfekte Programm für körperliche Fitneß und Schönheit von dem erfolgreichsten Bodybuilder der Welt, München 1982, S. 36.

• Fernsehapparat, 1954

Fußball
Unser erstes Kind

Der kleine braune Fernseher stammt aus der Anfangszeit des neuen Mediums, als die meisten Menschen noch auf Radiosendungen oder öffentliche Fernsehstuben angewiesen waren, um sich über Sportereignisse wie die Olympischen Spiele oder Fußball-Weltmeisterschaften zu informieren.

Günter Klepke lernte seine Frau im Mai 1954 kennen. Dann ging alles sehr schnell. Das Geschenk zur Verlobung sollte ein fabrikneuer Fernseher sein, im Juni 1954 wurde er gekauft. Damit gehörten die beiden zu den frühen Besitzern eines Fernsehgeräts. Am ersten Weihnachtstag 1952 war die erste Fernsehsendung des damaligen Nordwestdeutschen Rundfunks ausgestrahlt worden und bis zum Jahresende 1953 waren in Deutschland 4.000 Fernsehgeräte verkauft. Einen Boom erlebte das Fernsehen am 2. Juni 1953 mit den Krönungsfeierlichkeiten für Elisabeth II., die als erste internationale Direktübertragung ausgestrahlt wurden. Ein Jahr später folgte der zweite Höhepunkt mit der 5. Fußball-Weltmeisterschaft in der Schweiz, ein wichtiger Anschaffungsgrund für Günter Klepke, hatte er doch damit die Möglichkeit, zum ersten Mal in den eigenen vier Wänden mit dabei zu sein.

Damals arbeitete er im Gardeschützenweg (Lichterfelde) beim „Labour Service" oder der „Schwarzen Garde", wie sie sich wegen ihrer schwarzen Uniformen scherzhaft nannten, einem deutschen Bewachungsservice für die Alliierten. Direkt gegenüber befand sich im Souterrain ein Fernsehgeschäft. Dort kauften die frisch Verlobten gemeinsam den Fernseher mit der bemerkenswerten Bilddiagonale von 36 Zentimentern. Anschließend fuhren sie mit der S-Bahn von Neukölln in Richtung Jungfernheide zu Günter Klepkes Mutter, bei der sie noch wohnten. Dabei schauten sie aus dem Fenster und zählten die Antennen auf den Dächern, was damals noch gelang. 1955 gab es in Deutschland bereits 200.000 angemeldete TV-Geräte und auf den Dächern entstanden regelrechte Antennen-Wälder.

Doch so einfach war der Kauf nicht. Das Gerät kostete die stattliche Summe von fast 1.000 DM und so war nur eine Ratenzahlung möglich. Es dauerte genau neun Monate, bis der Fernsehapparat ihnen ganz gehörte. Gemeinsam schauten sie zu Hause die Fußballweltmeisterschaft, auch das legendäre Spiel, das die Berner Helden kürte und mit dem das neue Selbstverständnis der jungen Bundesrepublik seinen Anfang nahm.

Die Klepkes zogen später mehrmals um und obwohl sie schon längst einen neuen Fernseher besaßen, nahmen sie ihren ersten jedes Mal mit. Ende der 60er Jahre war er noch funktionstüchtig, trotzdem wanderte er nun auf den Dachboden. Zum Wegwerfen konnten sie sich immer noch nicht durchringen. Etwas, was eine so bedeutende Rolle zu Beginn ihrer Ehe gespielt hatte, ließ sich nicht einfach wegwerfen. Schließlich war es die erste gemeinsame Anschaffung und das „erste Kind" der Familie.

Der Beitrag basiert auf einem Gespräch mit Günter Klepke.

Gymnastik/Jazzdance
… und abends Sport!

Turnen und Singen gehörten zusammen, daran erinnert sich Regina Seegardel gern. Beim Vereinseintritt wurde jedem neuen Mitglied ein Liederbuch überreicht, das zu jeder Turnstunde, zu den Wanderungen und auch zu den Vorbereitungen der Turnfeste mitgenommen wurde. Vor allem den Walzer „Tanz mit der Dorle, walz mit der Dorle …" liebte sie als Kind sehr, weil man

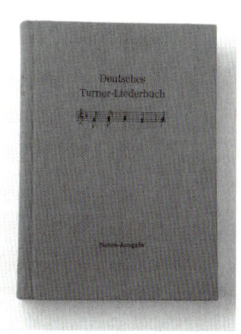

• Liederbuch, 1958

nach ihm wunderbar tanzen konnte. Früher turnte sie am liebsten an den Ringen, am Stufenbarren und am Boden. Durch ihren Bruder kam sie zum Vorgängerverein des Turn- und Sportclub (TSC) Berlin, der spielte dort Basketball, sie trainierte in der Halle der Fritz-Karsen-Schule. Seit über 50 Jahren ist sie nun Vereinsmitglied.

Die Turnveranstaltungen haben sich im Laufe der Zeit erheblich verändert. In Reginas Kindheit in den 50er Jahren wurde ein Turntag häufig mit einem Spiel abgeschlossen, es wurde gesungen und getanzt. Auf die Verbindung von Bewegung und musischen Elementen wurde großer Wert gelegt. Viele Vereine hatten einen eigenen Chor, Musik und Gesang gehörten zum Vereinsleben – auf Turnabenden und auf Festen. Doch schon Anfang der 60er Jahre verlor die Musik an Bedeutung, das Turnen dominierte fortan.

Im August 1961, als die Berliner Mauer die Stadt plötzlich teilte, konnte die Übungsleiterin der Mädchengruppe nicht mehr von Baumschulenweg herüberkommen. Wie sollte es weitergehen? Regina hatte die Übungsleiterin ab und zu vertreten und obwohl sie erst 16 Jahre alt war, übernahm sie diese Funktion nun ganz. Fortan organisierte sie Veranstaltungen, Wettkämpfe, Ausflüge, absolvierte eine Kampfrichter- sowie eine Übungsleiterausbildung und übernahm im Verein verschiedene Ämter. Als sie von Neukölln nach Spandau zog, nahm sie den langen abendlichen Weg mit der U-Bahn auf sich: bis zu vier Mal wöchentlich, anfangs oft mit Kind und Hund im Schlepptau, zwanzig Jahre lang. Erst 1986 zog sie wieder nach Neukölln zurück.

1967, mit 22 Jahren, übernahm sie die erste Frauengymnastikgruppe und gründete 1975 eine weitere für diejenigen Mütter, die ihre Kinder zum Turnen brachten. Im Jugendturnen wurde zunächst noch klassisch geturnt, dann wechselten die jungen Frauen zum Beat- und Jazzdance. Die Musik gewann damit wieder an Gewicht.

Die Einrichtung einer Gymnastikgruppe nur für Frauen war immer noch sehr fortschrittlich, denn in den 60er Jahren konnten nur wenige von ihnen Zeit für sich beanspruchen. Gemeinsame Wochenendausflüge und -reisen mussten erkämpft werden und oft brachte eine Frau ihr

Kind oder den Hund mit, oder ein Ehemann tauchte „ganz zufällig" auf. Regina prägte die Parole: „Das ist unser Tag, ohne Mann, ohne Kind, ohne Hund!" Das Ziel der Fahrten wurde fortan geheim gehalten und den Männern in einem verschlossenen Briefumschlag mitgeteilt, den sie erst nach der Abfahrt ihrer Frauen öffnen durften. Als Regina 1966 heiratete, bat der 1. Vorsitzende des Vereins ihren Mann, dass sie weiter Gruppen betreuen dürfe. Das findet sie heute noch empörend, denn sie hätte sich den Sport von niemandem verbieten lassen.

Wichtig war ihr stets, dass Sport auch den weniger Begabten Erfolgserlebnisse und Spaß brachte, dass man auch mit „den kleinen Träumerchen, die man ein wenig anschubsen muss", umzugehen lernt. Doch ihre Auffassung von „Breitensport vor Leistungssport" wurde im Verein nicht immer geteilt.

Mit ihren Kindergruppen feierte sie zahllose Feste, dazu wurden Turnübungen einstudiert. Alle Eltern waren zu den Vorführungen eingeladen, Musik gab es auch. Bei der alljährlichen Weihnachtsfeier wurden traditionell Beutel voller Süßigkeiten verschenkt. Die hat sie in Blitzaktionen schon mal selbst gepackt, in ihrer Wohnung standen dann bis zu 300 Tüten auf Tapeziertischen, alles duftete nach Lebkuchen, Orangen und Schokolade: „Vor allem musste man aufpassen, dass in die Tüten genau das Gleiche kam, das war den Kindern wichtig und mir auch."

Rückblickend stellt sie fest, dass sich der Sport zur einzigen Beständigkeit in ihrem Leben entwickelt hat. Mehrmals wechselte sie den Beruf, den Wohnort und zweimal den Mann, der Sport im TSC durchzieht jedoch alle Lebensphasen. Obwohl sie heute wegen ihres Berufs wenig Zeit hat, betreut sie immer noch zwei Frauengruppen, so auch die Gruppe, die sie 1975 gründete. Denn soziale Kontakte sind für sie ein lebenswichtiger Motor.

Der Text basiert auf einem Gespräch mit Regina Seegardel.

● Die Beat- und Jazz-Tanzgruppe des TSC Berlin 1883 e.V. bei einem Auftritt, 1976. Rechts stehend ist Regina Seegardel zu erkennen.

Von der Maisbirne zum Staffelstab – Objekte erzählen Neuköllner Sportgeschichte(n)

Handball
Der Kalfaktor

Eine beeindruckende Sammlung von Wimpeln hat Helmut Müller im Laufe der Jahre in seinem Keller angesammelt. Jeder einzelne von ihnen steht für ein Handball-Turnier, das er begleitet hat. Handball nimmt unter den Spielsportarten einen der vordersten Ränge in der Gunst der Berliner Sportler ein. Berlin war nicht nur viele Jahre lang Hochburg, sondern auch Geburtsstätte des Handballspiels. Max Heise, brandenburgischer Kreisturnwart der Deutschen Turnerschaft, führte es 1917 in den Frauenabteilungen ein.

Helmut Müller, Jahrgang 1933, war in seiner Jugend dem Schwimm-Club Neukölln verbunden, wurde mit 17 Rettungsschwimmer und blieb es bis 1958. Er arbeitete auch im Stadtbad in der Ganghoferstraße und im Sommerbad Columbiadamm. Dann aber kam das Studium und der anspruchsvolle Beruf des Orthopädie-Schuhmachermeisters verhinderte die weitere sportliche Arbeit.

Erst durch seinen Sohn Fabian wurde er zu einem langjährigen Begleiter der Neuköllner Handballer. Fabian spielte im Turn- und Sportverein (TSV) Rudow 1888 Berlin. Die Handballabteilung des Vereins war eine der ältesten, 1928 vom Vorgängerverein TV „Jahn" Rudow gegründet. Die Rudower Handballer errangen in der Vergangenheit insbesondere im Jugendbereich fast 150 Berliner Meisterschaften und Pokalsiege. Fabian bekam bald die Gelegenheit, in der E-Jugend des Vereins mitzuspielen. Alle zwei Jahre stieg er in die nächst höhere Jugendliga auf. Als die Handballer des TSV Rudow 1986/87 Berliner Meister in der C-Jugend wurden, war er mit dabei, genau wie 1989, als sie den Deutschen Vizemeistertitel der B-Jugend gewannen, seine höchste Auszeichnung. Zwei Jahre später musste auch er wegen seiner Ausbildung aussteigen.

Zwischen 1982 und 1991 begleitete Helmut Müller die C-Jugendgruppen (Alter 12/13), nicht nur, wenn Erfolge gefeiert wurden. Bei fast allen Trainingsabenden und Wettkämpfen war er dabei, ohne dass seine Funktion eindeutig war. Er war weder Freizeitspieler noch Trainer, eher eine Art Kalfaktor, wie er sich gern selbst bezeichnet.

• Freundschaftswimpel, 1980er Jahre

• Die Deutschen Handball-Vizemeister in der B-Jugend, 1989. Fabian, der Sohn Helmut Müllers, ist 2. v.l. in der oberen Reihe.

Obwohl er ein Laie des Handballspiels blieb, fand er immer mehr Gefallen daran, dabei zu sein, zu organisieren und zu betreuen, zu planen oder Ratschläge zu geben. Er betrieb erfolgreich das damals noch ungebräuchliche Sponsoring, trieb bei Neuköllner Firmen Geld für Turniere, Kleidung, Sportgeräte oder auch für Feste auf.

Auswärtsspiele übten einen besonderen Reiz auf Helmut Müller aus und so arrangierte er für die C-Jugend-Mannschaft Fahrten zu Turnieren nach Ungarn, in die damalige DDR sowie in andere Bundesländer. Nach den Spielen tauschten die Mannschaften traditionell Geschenke aus, überwiegend Wimpel. Und so kam seine umfangreiche Sammlung zustande. Fremd- und inländische Wimpel erzählen von Reisen, die nicht nur für Helmut Müller einen hohen Stellenwert hatten, sondern auch die jungen Sportler enger zusammenschweißten und neue Mitglieder problemlos integrierten.

Nach der Wende 1989 standen für die Fahrten weniger Mittel zur Verfügung, die Arbeit wurde mühsamer. Helmut Müller gab 1991 die Unterstützung der C-Jugendgruppen auf. Vorher aber organisierte er gemeinsam mit dem Vorsitzenden der Handball-Abteilung und dem Jugendwart in Neukölln ein großes Turnier mit Jugend-Mannschaften aus Litauen und Ungarn. Auch hier kümmerte er sich hauptsächlich um die „praktische Seite": Er besorgte Geld und brachte alle Teilnehmer und ihre Angehörigen bei den Vereinsmitgliedern unter. Die Veranstaltung, auf deren Organisation er heute noch stolz ist, wurde ein großer Erfolg.

Der Beitrag basiert auf einem Gespräch mit Helmut Müller.

- Staffelstäbe, 1982 und 1987

- Der erste 100-Kilometer-Staffellauf am 4. Mai 1978 im Stadion an der Lipschitzallee.

Leichtathletik
Ein Staffellauf über 100 Kilometer

Einer der beiden Staffelstäbe ist abgegriffen und hat eine eingebrannte Beschriftung. Der andere scheint kaum gebraucht, das Logo der Sportveranstaltung ist aufgedruckt. Die Stäbe stammen aus den Jahren 1982 und 1987 und kamen bei Neuköllner Sportveranstaltungen zum Einsatz. Sie verweisen auf eine lange Tradition von Staffelläufen des Leichtathletik-Vereins LC Stolpertruppe. Der Staffelstab von 1982 soll die Mannschaft, die ihn trug, zum Sieg geführt haben.

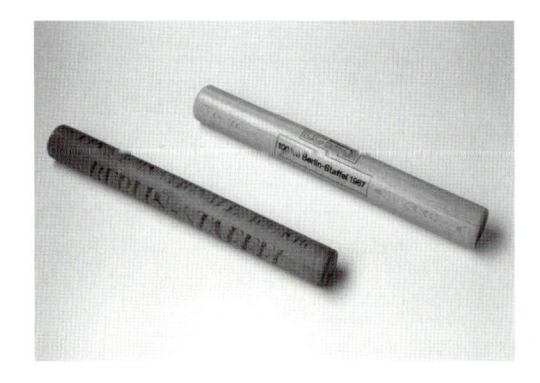

Der erste Staffellauf fand Himmelfahrt 1978 statt. Eine lose Interessengruppe, die bisher in Rudow für ihr Sportabzeichen trainiert hatte, initiierte den Lauf, der über 100 Kilometer ging. Das waren für Männer 10 mal 10.000 Meter, immerhin 25 Stadion-Runden, und 5 mal 10.000 Meter für die Frauen. Damit war die 100-km-Berlin-Staffel geboren, die eine Alternative zu den üblichen Zechtouren am „Vatertag" sein sollte. Bis heute wird die Veranstaltung vom Verein LC Stolpertruppe organisiert, der sich 1980 aus der ehemaligen Interessengruppe gegründet hatte. Jedes Jahr zu Himmelfahrt finden sich Sportler zusammen, die meisten von ihnen aus Berliner Vereinen. Treffpunkt ist der Sportplatz an der Lipschitzallee in der Gropiusstadt. Jugend- und Schulmannschaften nehmen ohne Startgeld teil.

Ungewöhnlich ist, dass für jeden Staffellauf neue Stäbe gekauft und mit den aktuellen Abzeichen versehen werden. Nicht alle Stäbe werden nach dem Lauf wieder zurückgegeben, inzwischen sind sie zu beliebten Souvenirs geworden. Bei den ersten Staffelläufen wurden noch schwere Vollholzstäbe benutzt, die mit jedem Kilometer für die Sportler schwerer wurden. Der Stab von 1982 war zwar noch aus Vollholz, aber schon aus leichterem Material. 1987 liefen die Teilnehmer mit einem ausgefrästen Leichtholz-Stab, wodurch sich das Gewicht erheblich reduzierte.

2003 fand bereits der 25-jährige Jubiläumslauf statt und wachsende Teilnehmerzahlen zeigen, wie beliebt er geworden ist. Wie die Staffelstäbe, die technisch ausgereifter wurden, sind auch die

Wettläufe inzwischen perfekt organisiert. Auch die Zuschauerzahlen steigen, denn die Veranstaltung integriert nun ganze Familien. Die einzige Neuerung ist: Seit einigen Jahren laufen die Männer ebenfalls wie die Frauen nur noch 5 mal 10.000 Meter. Für die Läufer bedeutet das Dabeisein fast alles, Meisterschaft wird zwar angestrebt, aber das Wichtigste ist das Engagement für die Gruppe und dass der Lauf vielleicht auch eine Station auf dem Weg zum großen Berlin-Marathon ist.

Der Beitrag basiert auf einem Gespräch mit Lothar Heinrich, Pressewart des LC Stolpertruppe.

Radrennsport
Der gefürchtetste Flieger Berlins

Das Rennrad hängt noch immer an der Garagenwand, sorgfältig abgedeckt, als warte es auf den nächsten Einsatz. Alfred Freitag, Ale genannt, wurde 1934 geboren und begann schon mit vierzehn Jahren, Radrennen in Neukölln zu fahren. Er war 1948 in den Verein RVg Luisenstadt eingetreten und fuhr für die Jugendsparte Straßenrennen, etwa durch die Hermannstraße, Sonnenallee und Karl-Marx-Straße, sowie auf den zahlreichen Berliner Radrennbahnen. Im gleichen Jahr errang er die ersten Erfolge auf der Radrennbahn im Stadion Neukölln, seine Stärken waren Vierer-Vereins-Mannschaftsrennen und 75-km-Mannschaftsfahren, dabei war er oft das Zugpferd der Gruppe. Seine Spezialität war außerdem das Fliegerrennen. So bezeichnete man die Wettbewerbe der Bahnradsprinter. Sie wurden im 19. Jahrhundert eingeführt, in einer Zeit ohne Flug- und Autoverkehr, wo die „Flieger" tatsächlich die schnellsten Menschen der Welt waren.

Ales Leidenschaft für das Radrennen war ausgeprägt, er fuhr begeistert, manchmal verbissen und sehr ausdauernd. Morgens stand er fast immer um vier auf, um trainieren zu können. Unterwegs gab es keine Pausen, die Pedale wurden damals noch an den Füßen festgeschnallt, allein anzuhalten war schwer. Nach drei, manchmal vier Stunden kehrte er nach Hause zurück. Er wuchs bei seiner Mutter in einfachsten Verhältnissen auf. Da die Situation nach dem Zweiten Weltkrieg durch Mangel in allen Lebenslagen geprägt war, waren die Radrennen eine willkommene Gelegenheit, sich etwas zum Lebensunterhalt dazu zu gewinnen. Als Preise winkten Naturalien wie Braten, Torten, einmal sogar ein Eimer Zwiebelsaft, später waren es Küchengeräte. Durch seine häufigen Erfolge gelangte Alfred in den Besitz unzähliger Mixer, Kaffeemaschinen, Töpfe und Pfannen.

Anfang der 50er Jahre waren die jungen Rennfahrer, wie der Großteil der Bevölkerung auch, sehr abgemagert und gegen die Kälte während der Rennen im Winter halfen nur Zeitungen, die unter die enge Radrennkleidung gestopft wurden. Welche Rolle die Preise in Form von Nahrungsmitteln spielten, zeigt folgende Geschichte eines Rennens von 1951. Für die Siegermannschaft wurde pro Teilnehmer eine kalte Ente ausgelobt. Als die jungen Männer diese nach dem verdienten Sieg abholen wollten, bekam jeder von ihnen einen großen Topf mit Bowle vorgesetzt. Die langen Gesichter wurden noch länger, als man ihnen erklärte, dass „Kalte Ente" nach Meinung der Preisrichter die korrekte Bezeichnung für das Mischgetränk sei.

Mangel herrschte nicht nur in der Ernährungslage, sondern auch bei der Versorgung mit Fahrradersatzteilen. Es gab zwar inoffizielle Warenlager, in denen „weitsichtige" Zwischenhändler schon langfristig Waren gehortet hatten. Dort konnten die Fahrradhändler mit Bezugsschein Waren erstehen, doch Reifen, Schläuche

• Rennrad, um 1972

und Trikots zum Beispiel waren beständig Mangelware. Umso wichtiger war die Pflege des eigenen Fahrrads. Da die Radrennen den Broterwerb jedoch nicht sicherstellten, begann Alfred 1952 in der Kreuzberger Zweigstelle von „Fahrrad-Mietzner" in der Admiralstraße als Fahrradmonteur zu arbeiten. Mitunter etwas eigenwillig und derbe, lag ihm die Verkaufsarbeit im Laden nicht sehr. Wegen seiner „brubbeligen" Art kam er mit den Geschäftsinhabern nicht besonders gut aus. Nach eineinhalb Jahren wechselte er in ein anderes Fahrradgeschäft. Doch auch dort hielt es ihn nicht lange. Es gelang ihm nie, die Ausbildung zum Radmechaniker zu beenden.

Inzwischen fuhr er in der Erwachsenen-Amateur-Liga erfolgreich, unter anderem auch während der Sechs-Tage-Rennen. In den 50er Jahren hatten diese wenig gemeinsam mit den Volksfesten von heute. Es waren harte Ausdauerprüfungen über sechs volle Tage und Nächte und sie fanden oft unter Bedingungen statt, die man heutzutage für unzumutbar erklären würde. Ale Freitag gewann häufig die Flieger-Rennen, man sprach sogar von dem an jedem Renntag fälligen „Freitag-Sieg". Er wurde zum gefürchtetsten Flieger Berlins. Doch leben konnte man davon nicht. Durch die Vermittlung des Bürgermeisters Kurt Exner nahm er 1958 eine Anstellung als Essenausfahrer in der Hebammenlehranstalt im Krankenhaus Mariendorfer Weg an. Bald gelang es ihm, zum Krankenpfleger aufzusteigen. Als das Verfahren der Laparoskopie (Bauchspiegelung) auf seiner Arbeitsstelle entwickelt wurde, wurde er sich zum versierten Medizin-Fotografen. Doch auch hier gelang es ihm nicht, die Anerkennung seiner Fähigkeiten durchzusetzen, da er nie eine Aus- oder Weiterbildung absolvierte. Er war im Krankenhaus trotzdem hoch angesehen und bekam zu jedem Geburtstag Dankesbriefe seines leitenden Professors, der ihn in einem Fall mit einem Auszug aus Marc Aurels „Selbstbetrachtungen" beglückwünschen wollte und was gleichzeitig als Einschätzung zu lesen ist: „Welche Gemütsruhe gewinnt der Mann, der sich nicht darum kümmert, was der andere sagt, tut oder denkt, sondern nur darum, was er selber tut, damit gerade dies gerecht und gottgefällig ist. Es entspricht doch wirklich nicht dem Wesen eines guten Menschen, nach den schwarzen Stellen im Charakter anderer auszuspähen; vielmehr muß er schnurgerade auf sein Ziel losgehen, ohne rechts und links zu blicken."[1]

• Die Sieger Freitag und Haupt in der Gruppe der 14–16-Jährigen beim Rundstrecken-Rennen der Amateure „Rund in Neukölln", 1949.

• Vierer-Mannschaftsrennen mit Alfred Freitag an der Spitze auf der Werner-Seelenbinder-Kampfbahn im Stadion Neukölln, 1951. Die anderen Fahrer sind Günther Stolp, Hans Schliebener und Horst Sylvestrzak.

Den Radrennsport hatte Ale 1960 aufgegeben, denn die Arbeit ließ nicht mehr genug Zeit zum Trainieren. Die große Zeit dieses Sports ging auch zu Ende, er war bis in die 60er Jahre hinein ein Publikumsmagnet wie heute die Formel-Eins-

Rennen. Erst 1972 schwang Alfred Freitag sich wieder in den Fahrradsattel. Gemeinsam mit seiner Frau und den alten Aktiven der vergangenen Zeiten wurden sonntags bei jedem Wetter Radtouren in Berlin veranstaltet. Dafür hatte er sich noch ein neues Rennrad selbst zusammengebaut, das jetzt unbenutzt in der Garage hängt. 1999 starb Ale Freitag 65-jährig – sein nicht abtrainiertes Radfahrerherz hatte aufgegeben.

Der Beitrag beruht auf Gesprächen mit Christel Freitag und Horst Rese.

Anmerkung
[1] Aurel, Marc: Selbstbetrachtungen, IV. Buch, Vers 18, Frankfurt a.M. 1997.

Schwimmen
Wie ein Fisch im Wasser

Die Dreiecksbadehose mit Zugband und Knöpfen an der Seite saß nicht besonders gut. Sie sog sich mit Wasser voll und beim Sprung ins Wasser verrutschte sie. Als Hans, 1934 geboren, sie im Alter von knapp zwei Jahren trug, war seine Schwester Ruth noch nicht auf der Welt, doch sollte sie es später sein, die die Badehose als Erinnerung an ihr gemeinsames Schwimmen aufbewahrte.

Ruth Stübert, geborene Wegat, war erst einen Tag alt und der Verein nach dem Krieg offiziell noch nicht wieder zugelassen, als sie am 22. Januar 1949 in die Gemeinschaft der Schwimm-Union-Neukölln (S.U.N.) aufgenommen wurde. Ihre ganze Familie war dort Mitglied: ihre Eltern, Bruder Hans, Tante, Onkel und Cousin nahmen aktiv am Vereinsleben teil. Diese Tradition hatten die Großeltern begründet. Die dreijährige Ruth machte während der Einweihung des Columbia-Bades ihre erste Bekanntschaft mit dem Schwimmen. Es hatte zunächst eine abschreckende Wirkung auf sie. Mit fünf Jahren begann sie mit dem Schwimmunterricht, mit sechs nahm sie bereits an ihrem ersten Wettkampf im Stadtbad in der Ganghoferstraße teil.

Im Sommer zog es die Familie in die Neuköllner Freibäder – zum Beispiel an den Kanal an der

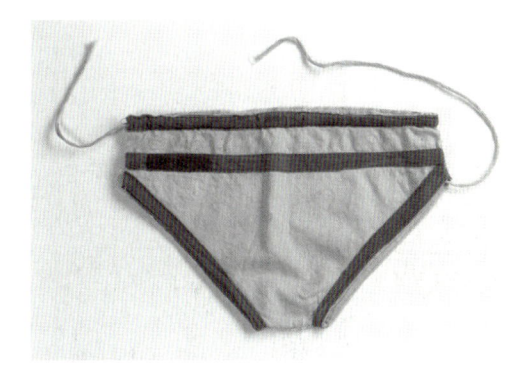

● Flieger-Hauptfahren der Amateure im Sportpalast, 14. Oktober 1953. Alfred Freitag beim Rad-an-Rad-Kampf mit seinem Gegner W. Malitz. Erst auf der letzten Zielseite kämpfte Freitag ihn mit einem Gewaltspurt unter ohrenbetäubendem Beifall der Zuschauer nieder.

● Badehose, 1930er Jahre

Grenzallee –, im Winter zweimal wöchentlich ins Stadtbad. Der Unterschied war enorm, denn das Wasser dort war warm. In den Freibädern gab es keine beheizten Becken und für die Kinder war es oft eine große Überwindung, ins kalte Wasser zu steigen. Bei weniger als 18 Grad Lufttemperatur musste das Training ausfallen. Zusätzliche Trainingsstunden gab es ab 1963 für herausragende Vereinsmitglieder in der Schwimmhalle an der Finckensteinallee, die damals zu den Andrew Barracks der US-amerikanischen Alliierten gehörte – Ruth war dabei.

Auch sie machte schlechte Erfahrungen mit den Badeanzügen aus Baumwolle für Mädchen und hat ihren ersten, der aus neuem Material bestand, bis heute aufbewahrt: Das Wasser perlte vom Stoff einfach ab. Heute schwimmt sie gern im „Haifischanzug", der den Körper vom Hals bis zu den Füßen umhüllt und mit dem man wie ein Fisch durchs Wasser gleiten kann. Auch die Methoden des Schwimm-Trainings veränderten sich: „Als Kind sprang man einfach ins Wasser und der Trainer gab vor, wie viele Bahnen oder Meter zu schwimmen waren. Wenn man eher als die anderen fertig war, schwamm man einfach noch zwei Bahnen weiter." Heute ist das Training durchorganisiert, es gibt Techniktraining, Intervalltraining und maßgeschneiderte Trainingspläne.

Nach zehnjähriger Pause, die dem Beruf und der eigenen Familie geschuldet war, fing Ruth wieder mit dem Training an. Sie wurde eine begeisterte und erfolgreiche Schwimmerin im Master-Bereich. Als die Kinder groß genug waren, gingen auch sie mit ins beheizte Wasserbecken. Ihre beide Söhne spielen heute Wasserball in der SG Neukölln und so hat sich der Familien-Kreis ein weiteres Mal geschlossen.

Ruth arbeitet als Masseurin für die Herren-Wasserball-Mannschaft des Vereins. Sie betreut die Spieler an zwei Trainingsabenden in der Woche, während der Wettkämpfe und im Trainingslager auch an den Wochenenden. Das Wichtigste für sie ist die Kameradschaft im Verein: „An dieser Beschäftigung werde ich festhalten, bis ich umkippe …"

Bleibt da noch Zeit zum Schwimmen? Offenbar, denn sie nimmt an vielen lokalen und überregionalen Wettkämpfen teil, so den Berliner Meisterschaften, den Norddeutschen und Deutschen Meisterschaften. Dann folgen im Jahreswechsel Europa- oder Weltmeisterschaften, Mannschaftsmeisterschaften, Vor- und Endkämpfe. Die Saison geht von Mai bis November. Dazwischen finden noch zahlreiche landesweite, landesoffene nationale und internationale Wettkämpfe statt. Ruth könnte jedes Wochenende um die Wette schwimmen, aber ab Oktober gehört sie ganz den Wasserballern.

Auch zu Hause ist Ruths Leidenschaft präsent: An zwei Wänden des Wohnzimmers sind acht Stangen befestigt, an denen die Medaillen in dicken Bündeln hängen. Regale umrahmen sie, auf denen die gewonnenen Pokale stehen. Eine Trophäe sticht durch ihre ungewöhnliche Form heraus: Der ursprüngliche Wanderpokal des Vereins hatte es Ruth besonders angetan. Da sie häufig in sämtlichen Schwimm-Kategorien Medaillen gewann und ihre Mitstreiter auch mal wieder ein Erfolgserlebnis haben wollten, lobte der Verein den Pokal als Ehrenpreis aus: Sollte

• Ruth Wegats Bruder Hans in der Dreiecksbadehose während eines Ausflugs an die Ostsee, Sommer 1935.

• Badeanzug von Ruth Wegat, Anfang 1990er Jahre

Ruth in der Schwimmart ihrer Wahl gewinnen, würde der Preis ihr gehören – gegen den Verzicht auf Starts in anderen Kategorien. Sie wählte 200 Meter Lagen und gewann. Seitdem steht der Pokal für den Verzicht auf einem Ehrenplatz.

Der Beitrag basiert auf einem Gespräch mit Ruth Stübert.

- Ruth Stübert, geb. Wegat, beim Startsprung während der Deutschen Meisterschaften der Master, 1991

- Pokal mit Füllhorn und Engel, um 1900

Dreieinigkeit macht stark

Der Pokal hat seinen Ehrenplatz wirklich verdient, ist er doch Symbol für ein Unglück und gleichzeitig für den erfolgreichen Zusammenschluss dreier Vereine.

Die Schwimm-Union-Neukölln (gegr. 1898), die Freien Schwimmer Neukölln (1904) und der Schwimm-Club Neukölln (1949) schlossen sich 1997 in der Schwimm-Gemeinschaft (SG) Neukölln zusammen. Die SG ist demnach zwar ein relativ junger Verein, doch die Stammvereine waren schon seit Jahrzehnten miteinander verbunden. Sie nutzten gemeinsam das 1959 eröffnete Schwimmbad Britz am Kleiberweg, 1969 schlossen sie sich zu einer Startgemeinschaft zusammen, um bei Wettkämpfen erfolgreicher abzuschließen und Trainingsflächen effektiver nutzen zu können.

Als am 7. Oktober 1972 ein Großbrand das Vereinsheim, die Umkleidekabinen und alle Unterkünfte auf dem Gelände des Schwimmbads Britz vernichtete, wurden auch die dort aufbewahrten Urkunden, Fotos und Pokale zerstört. Der Legende zufolge wurden nur wenige Überbleibsel des Brandes aus den Trümmern geborgen. Die Reste dreier Pokale waren im Feuer miteinander verschmolzen. Das Faszinierende daran: Es war von jedem damaligen Neuköllner Schwimmverein ein Pokal, der nun mit den beiden anderen verbunden war.

Schaut man sich die Pokale genauer an, kann man feine Schweißnähte auf der Rückseite erkennen, was die Vermutung nahe legt, dass sie im Nachhinein aneinander fixiert wurden. Das würde den Mythos jedoch erheblich schmälern, denn in der Vorstellung der Vereinsmitglieder wurde mit den verschmolzenen Pokalen die Fusion symbolisch vorweggenommen. Der so entstandene neue „Pokal" der Schwimmgemeinschaft hat heute noch einen immensen Wert für die Mitglieder des Vereins und in der Gaststätte des 1977 neu eröffneten Vereinsheims an exponierter Stelle seinen Platz.

• Drei Pokale, 1973

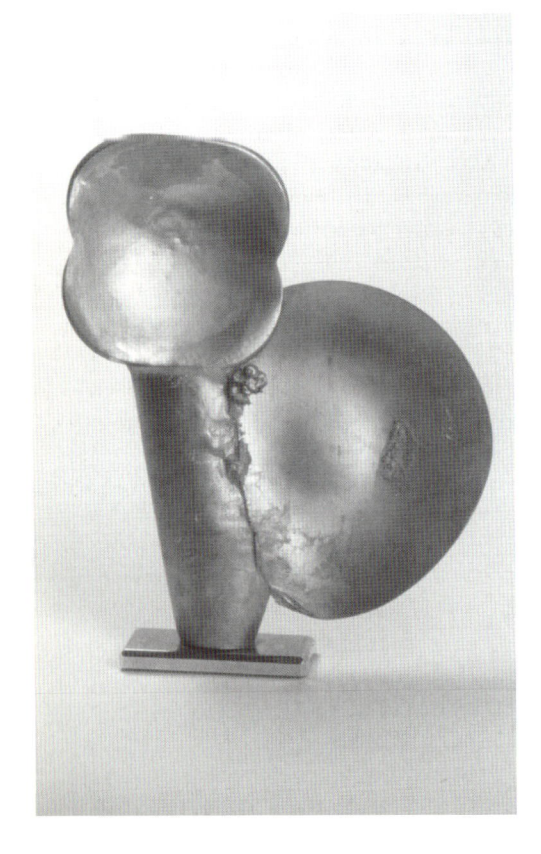

Sportspiele
Schleuderball – Ringtennis – Faustball: Wer weiß, wie's geht?

Sportspiele erfreuen sich auf der ganzen Welt anhaltend großer Beliebtheit, die Verbindung der spielerischen Komponente, dem freudvollen und ungebändigten Bewegungsdrang nachgeben zu können, mit dem sportlichen Element, dem Leistungswillen und -vergleich, machen ihren besonderen Reiz aus. Große Anziehungskraft geht auch von der typischen Spannungssteigerung im Spiel aus, wie auch von der Unberechenbarkeit des Wettkampfausgangs, denn unkalkulierbare Faktoren haben viel stärkeren Einfluss als in anderen Sportarten. Daneben ist das Mitmachen meist einfach, da leicht verständliche und weithin bekannte Regeln den Einstieg erleichtern. Die wichtigsten bekanntesten Sportspiele werden in diesem Band behandelt und sind den meisten in ihren Grundregeln vertraut. An dieser Stelle sollen drei eher ungewöhnliche Sportspiele und ihre Grundregeln vorgestellt werden, die inzwischen fast in Vergessenheit geraten sind. Faust- und Schleuderball werden in Neukölln noch in einigen Vereinen und bei Turnfesten gespielt, Ringtennis ist dagegen in Berlin nicht mehr als offiziell gespielte Sportart vertreten.

• Faustball-Leine, 1990er Jahre

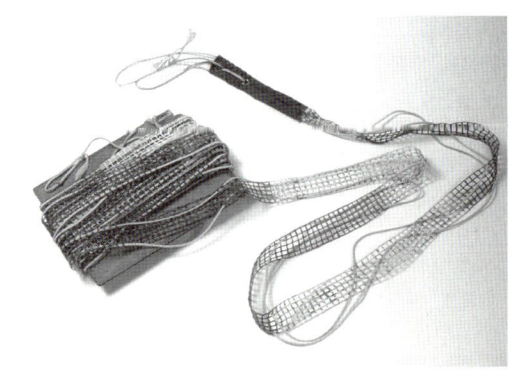

Faustball

Für das Spiel ist außer dem Ball eine Faustball-Leine erforderlich. Sie ist acht Meter lang, sechs Zentimeter breit und wie ein Tennis- oder Volleyballnetz gearbeitet. Früher wurde meist nur eine Schnur benutzt, doch die konnte man leicht übersehen. Die Leine wird auf einer Höhe von zwei Metern befestigt und teilt dabei das Spielfeld in zwei gleich große Felder.

Eine Mannschaft gibt an, das heißt, ein Spieler schlägt den Faustball (Hohlball mit weicher Lederhülle, einem Gewicht von 300–350 g und

Umfang von 65–71 cm) mit der Faust oder dem Arm aus dem Eigenfeld frei über die Leine ins Gegenfeld. Der Ball darf dabei nur mit der geschlossenen Faust ohne gespreizten Daumen geschlagen werden, wobei der Ball nur eine Hand oder einen Arm des Schlägers berühren darf. Jede Mannschaft (à fünf Spieler) hat die Aufgabe, den über die Leine geschlagenen Ball wieder zurückzuschlagen, und zwar so lange, bis ein Fehler gemacht wird, der den Spielgang beendet. Jeder ist dabei bemüht, den Ball so über die Leine zu schlagen, dass dem Gegner der Rückschlag möglichst erschwert wird. Jeder Fehler der einen Mannschaft wird der anderen als Vorteil mit einem Punkt angerechnet. Gewonnen hat diejenige Mannschaft, die in einer Spielzeit von zweimal 15 Minuten die meisten Vorteile erzielt.

Faustball, das auch als Grundlage für das spätere Volleyball diente, scheint heute auf Deutschland begrenzt zu sein. Es ist italienischer Herkunft und schon Goethe berichtete 1786 von einem Faustballspiel in Verona. Der Ursprung liegt vermutlich in der Antike, wie ein Bericht des Plautus aus dem 3. Jh. v. Chr. zeigt.[1] Auch wenn dieses Faustballspiel damals anders ausgesehen haben mag – die heutige Variante erfreut sich nach wie vor großer Beliebtheit in den Turnvereinen.

[1] Vgl. 1865–1990. 125 Jahre Turn- und Sportverein Neukölln 1865 e.V., Berlin 1990. S. 81.

• Wurfring, 2003

Ringtennis

Auch ein Wurfring unterliegt amtlichen Regeln: Er soll aus Schwammgummi und von einer festen Gummischicht umgeben sein. Sein Gewicht beträgt etwa 225 g. Der Durchmesser des Gummis beträgt 3 cm, die lichte Weite 11,8 cm.

Der Leitgedanke des Spiels ist es, den Ring so über das Netz ins gegnerische Feld zu werfen, dass ihn der Gegner nicht fangen und zurückwerfen kann. Es spielen zwei Gegner bzw. Doppel gegeneinander. Die Regeln ähneln denen des Tennis. Das Spielfeld ist 12,2 m lang und 5,5 m breit, ein Spiel dauert zweimal zwölf Minuten für Doppel und Herren, zweimal acht Minuten für Frauen und Jugendliche. Das Werfen und Fangen ist relativ schwierig, auch hier gibt es viele Regeln: So muss der geworfene Ring mindestens 15 cm steigen, im Abwurf darf er zwar jede Lage haben, nicht jedoch trudeln oder sich überschlagen. Auch darf der Gegner beim Abwurf nicht getäuscht werden. Es ist zum Beispiel verboten, langsam anzusetzen und dann schnell abzustoßen oder die Abwurfbewegung zu unterbrechen. Der Ring muss mit der gleichen Hand geworfen werden, mit der er auch gefangen wurde, und beim Fangen ist nur eine Hand zulässig. Die Anforderungen an einen Spieler sind also vielfältig, darunter sind Ausdauer, Reaktionsvermögen und Schnelligkeit. Außer motorischen Fähigkeiten ist die Konzentration auf das Spielgeschehen wichtig, da nicht nach Gewinnsätzen, sondern auf Zeit gespielt wird.

Ringtennis ist heute in Berlin kaum noch in Erinnerung. 1927 hatte ein Herr Schneider das Spiel in Karlsruhe eingeführt, nachdem er es während einer Schiffsreise sah, bei der das seinerzeit bekannte „Decktennis" gespielt wurde. Er übernahm die Regeln mit kleinen Änderungen und auch heute noch wird im Wesentlichen wie „an Deck" gespielt.

• Schleuderball, 1970er Jahre

Schleuderball

Der Ball hat vor dem Spiel (da das Spiel auch draußen gespielt werden kann und der Ball eventuell Feuchtigkeit aufnimmt) ein Gewicht von 1,5 kg, für Jugendliche 1 kg, er darf nicht zu fest gefüllt sein; sein Umfang beträgt 65–70 cm. Die Schlaufe darf vor dem Spiel nicht länger als 28 cm und nicht unter 1,5 cm breit sein. Die Ballhülle besteht aus Leder, die Schlaufe führt durch die Achse des Balls als Riemen ohne Ende hindurch.

Zwei Mannschaften mit je acht Spielern haben die Aufgabe, innerhalb eines schmalen Spielfelds einen Ball über das Tor (hintere Grenze) des Gegners zu schleudern und das eigene Tor vor gegnerischen Angriffen zu verteidigen. Das Spielfeld ist ein Rechteck von 80–110 Metern Länge und 15 Metern Breite. Die Spieldauer beträgt zweimal 20 Minuten mit einer Pause von fünf Minuten. Der Ball darf nur durch Schleudern oder – falls er gefangen wird – durch Werfen aus dem Stand dem Tor des Gegners näher gebracht werden. Fliegt oder rollt der Ball über die Torlinie und berührt innerhalb der Verlängerung der Seitenlinien den Boden, so ist ein Tor gewonnen. Wird der Ball jedoch hinter der Torlinie gefangen, so kann weitergespielt werden, wenn der Ball durch Zurückwerfen mindestens bis auf die Torlinie gebracht wird. Es ist verboten, den Gegner am Fangen, Werfen oder Laufen zu hindern, kein Gegner darf der Abwurfstelle näher als drei Meter kommen, solange der Werfer den Ball noch in der Hand hält.

Während der Deutschen Turnfeste oder Landesturnfeste belegen die Teilnehmer vier von 20 Disziplinen. Wer sich für ein Sportspiel entscheidet, darf die konkrete Spielart wählen, Schleuderball ist immer sehr beliebt. Häufig treten die Sportler während des Turnfests an fünf Tagen hintereinander an, was an der großen Anzahl der teilnehmenden Mannschaften liegt. Mehr als 120 Anmeldungen sind nicht selten.

Es werden auch reine Schleuderball-Wettkämpfe veranstaltet, wobei es keine Beschränkung nach Alter oder Geschlecht gibt, das heißt, Kinder, Eltern und Großeltern können eine Mannschaft bilden. Schleuderball ist deshalb ein Familienspiel und historisch eng mit dem Treibballspiel verwandt, dass ursprünglich auf der Straße gespielt wurde.

Der Beitrag basiert auf Gesprächen mit Gerhard Hein, der das Archiv der Berliner Turnerschaft (BT) betreut, und den Amtlichen Spielregeln für Turnspiele, hrsg. vom Deutschen Turnerbund, Frankfurt/Main, Heft 1 (1953), 4 (1952), 5 (1957).

• Gläserne Jonglierkeulen, 1936

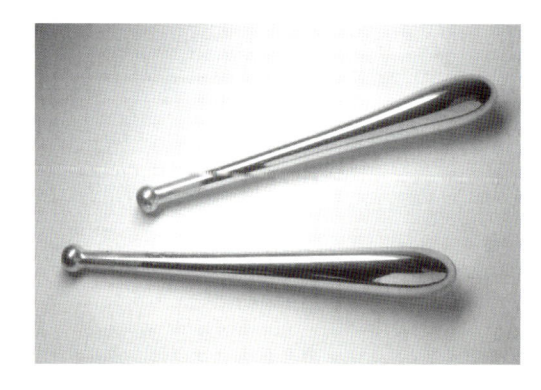

Turnen
Ein gläsernes Trostpflaster

Die silbernen Glaskeulen waren als Trostpflaster für einen schicksalhaften Beinbruch der Turnerin Else Weiß gedacht. Obwohl das Material eine große Zerbrechlichkeit suggeriert und ungewöhnlich für dieses Turngerät ist, haben sie sich beim Turnen stabiler erwiesen als die Knochen der Sportlerin. Die Keulen liegen bis heute unversehrt im Archiv der Berliner Turnerschaft (BT). Hier begann auch die Karriere von Else Weiß. 1917 war sie mit sechs Jahren in den

Von der Maisbirne zum Staffelstab – Objekte erzählen Neuköllner Sportgeschichte(n)

Verein eingetreten. Schnell stellte sich heraus, dass sie eine talentierte Turnerin und hervorragende Wettkämpferin in Leichtathletik und Faustball war. Mit viel Disziplin und Fleiß etablierte sie sich in den Siegerlisten und blieb jahrelang an der Spitze. Bei den Olympischen Spielen 1936 sollte sie ihren sportlichen Höhepunkt erreichen. Sie gehörte zu den Teilnehmerinnen der deutschen Landesvorführungen und war Mitglied der Olympia-Mannschaft im Geräteturnen. Durch alle Vorentscheide hatte sie sich gekämpft, als sie sich während des letzten Qualifikationswettkampfs ein Bein brach. Der Traum war aus. Als Trostpreis bekam sie die gläsernen Keulen – vielleicht auch als einen versöhnlichen Hinweis auf die Verletzlichkeit selbst des trainiertesten Körpers.

Die Teilnahme an den Olympischen Spielen blieb ihr jedoch nicht ganz verwehrt. Sie war trotz ihres Beinbruchs dabei und arbeitete als Kampfrichterin im Kampfgericht. Diese Tätigkeit inspirierte sie nach den Spielen dazu, sich stärker in der Organisation des Vereins zu engagieren. Von 1936 bis 1970 war Else Weiß Frauenturnwartin, außer von 1945 bis 1949, als die Alliierten alle Vereine aufgelöst hatten. Nach der Neugründung wurde sie außerdem stellvertretende Vorsitzende der BT, die ihren Sitz und Schwerpunkt in Neukölln hat, sowie des Berliner Turnerbundes. Sie war am Aufbau des Bundes nach dem Krieg maßgeblich beteiligt und bekleidete diese Position bis 1983. Daneben verdanken ihr viele talentierte Turnerinnen ihre Ausbildung und Erfolg, das Frauenturnen erhielt wichtige Impulse durch sie. 1996 starb sie im Alter von 85 Jahren. In den Augen des Vereins, der sie 1956 zum Ehrenmitglied ernannt hatte,
war sie eine große Bereicherung für den Turnsport in Neukölln. Turnvater Jahn wäre stolz auf sie gewesen.

Der Beitrag basiert auf Gesprächen mit Gerhard Hein.

Kirsten Grunert

Die Objekte wurden von Friedhelm Hoffmann fotografiert, Berlin 2004

Weiterführende Literatur
Elias, Norbert; Dunning, Eric: Sport im Zivilisationsprozess, Münster 1984.
Mandell, Richard D.: Sport. Eine illustrierte Kulturgeschichte, München 1986.
Sarkowicz, Hans (Hg.): Schneller. Höher. Weiter. Eine Geschichte des Sports, Frankfurt a.M./Leipzig 1996.
Stiehler, Günther; Konzag, Irmgard; Döbler, Hugo (Autorenkollektiv): Sportspiele. Theorie und Methodik der Sportspiele. Basketball, Fußball, Handball, Volleyball, Berlin 1988.
Zeitschrift für Kulturaustausch, Themenheft „Sport. Spiel ohne Grenzen", Heft 1, 2000.

• Damen-Gymnastikgruppe der Berliner Turnerschaft in Neukölln, 1949

• Else Weiß am Barren beim Olympia-Ausscheidungsturnen des Gaues Brandenburg, 1935

ROSL PERSSON
Ein Leben für den Sport

Flink erklimmt eine kleine Frau, 1,52 Meter groß, die fünf Etagen zu ihrer Wohnung am Weigandufer. Es fällt mir schwer zu glauben, dass ich es mit einer im Jahr 1908 in der Fuldastraße geborenen Rixdorferin zu tun habe. Auffallend sind ihre modische Frisur, die sportliche Kleidung und weißen Turnschuhe an den zierlichen Füßen.

Wache, lustige Augen strahlen Wärme und Verschmitztheit aus. Rosl Persson, geborene Pauli, treibt seit Kindesbeinen Sport und hat sich der gesunden Lebensweise verschrieben. Sie ist herumgekommen in Europa und wohnt doch zeitlebens in Neukölln bzw. Kreuzberg.

• Im Familienbad Rahnsdorf. Unter den Kindern in der ersten Reihe sitzt die zweijährige Rosl, vor sich einen Milchtopf. Die Eltern Elise und Emil Pauli (2. Reihe, 2.u.3.v.l.) stehen dahinter, die Mutter hat sich beim Vater eingehakt, um 1910

• Die Jugend liebte romantische Spiele. Rosl steht vor der Laubhütte und reicht einem „fahrenden Spielmann" einen Wasserkrug, an dem er sich laben kann, 1924

Auf dem Weg zur „Krümelriege"

Mutter Elise und Vater Emil waren sehr naturverbunden. Elise achtete früh darauf, dass die kleine Tochter genug frische Luft bekam. Als Rosl noch im Krabbelalter war, wurde sie auf das Blumenbrett am Küchenfenster gesetzt, gesichert durch einen am Fensterkreuz befestigten Gürtel. Ein kleiner Eimer mit Sand, Schippe und Buddelförmchen sorgten für eine Beschäftigung an der frischen Luft in Mutters betriebsamer Nähe.

Die Eltern schlossen sich Freunden an, die in den Berliner Gewässern badeten und sich an deren Ufern sonnten. Für die Einrichtung des Familienbades Rahnsdorf setzten sich auch Elise und Emil Pauli ein. Damals war es noch nicht selbstverständlich, dass Frauen und Männer zusammen am selben Strand badeten. Von seinen Brüdern erntete der Vater Vorwürfe, dass er sich für eine so „unsittliche" Sache einsetzen würde. Als das Bad dann eröffnet war, kamen andere Familienangehörige dann aber doch mit und genossen ebenfalls den Fortschritt. Diese ersten Eindrücke von tätiger Bewegung im Freien haben sich bei Rosl tief eingeprägt.

Emil Pauli, ein Schlossermeister, war ein starker Mann. Bevor er als Maschinenschlosser bei Siemens und Halske anheuerte, versuchte er sich als selbständiger Schmied in der Kreuzberger Oranienstraße. Rosl erinnert sich, wie er, neben dem offenen Feuer stehend, auf dem Amboss das Eisen schmiedete. Trotz seiner Leibesfülle stand er der aufkommenden Strömung zur Körperertüchtigung aufgeschlossen gegenüber. Er brachte viel Verständnis für den kindlichen Bewegungsdrang seiner Tochter auf. Damit sie auch in der Stube turnen konnte, schmiedete er ihr zwei eiserne Ringe und hängte sie an die Decke des Korridors. Der Grundstein für Rosls spätere turnerische Geschicklichkeit und artistische Karriere ist also schon in frühen Jahren gelegt worden.

Mit sechs Jahren nahm die Mutter die Tochter ins neue Stadtbad in der Ganghoferstraße mit. Sie sollte unbedingt schwimmen lernen, denn der Vater sorgte mit Reiseplänen für Aufregung in der Familie. Für seine Firma Siemens und Halske sollte der Maschinenmeister nach Bolivien gehen, um die dortige Werksfiliale einzurichten. Über den Ozean kam man in dieser Zeit nur per Schiff und so war es selbstverständlich, dass alle Familienangehörigen schwimmen können sollten. Rosl wurde vom Bademeister an den „Galgen" und die „Angel" genommen, lernte problemlos und ohne Angst schwimmen und war ihren späteren Schulkameradinnen damit ein Stück voraus. Der Auslandseinsatz des Vaters zerplatzte jedoch wie eine Seifenblase mit Ausbruch des Ersten Weltkriegs. Die Paulis zogen in die Neuköllner Warthestraße, Rosl besuchte die Volksschule in der Schillerpromenade. Kurzzeitig turnte sie in der „Krümelriege" des bürgerlichen Turnvereins Friesen. Die Kleine musste zwar vom Turnvater – damals gebräuchlich für Übungsleiter – auf die Geräte gehoben werden, hatte sie aber erst einmal Halt gefunden, turnte sie ganz famos: „Ich konnte alles sofort …", erinnert sie sich.

● Freie Körper in freier Natur, Aufnahme in einem privaten FKK-Bad bei Königs Wusterhausen, Rosl, 2. v. l. mit offenen Haaren und Mandoline, 1924; Foto: Josef Bayer

Turnen, FKK und der klassische Kraftakt

Ein halbes Jahr früher als gewöhnlich wurde Rosl Pauli die Volksschulreife bescheinigt. Sie verließ die Schule im März 1922 als Klassenbeste. Da der Pfarrer sich weigerte, das Mädchen so jung und ohne abgeschlossenen Konfirmandenunterricht einzusegnen, brach sie mit der Kirche. Der feierliche Eintritt ins Erwachsenenleben sollte aber trotzdem vollzogen werden. Die pragmatische Mutter wusste einen Ausweg: „Dann kriegst du eben Jugendweihe!" Das Ritual brachte Rosl der sozialistischen und kommunistischen Arbeiterjugend nahe; sie wurde Mitglied im Kommunistischen Jugendverband Deutschlands (KJVD). Während ihre Klassenkameradinnen noch die Schulbank drückten, arbeitete Rosl schon als kaufmännische jugendliche Angestellte im Kreditwarenhaus Jonas in der Belle-Alliance-Straße (heute Mehringdamm).

Am Wochenende ging es mit Gleichgesinnten auf Wanderschaft durch die Mark Brandenburg. Man traf sich samstagvormittags, meist am Görlitzer Bahnhof oder am Bahnhof Hermannstraße, wo die Mittenwalder Eisenbahn abfuhr. Sie erinnert sich: „Alle gingen auf Fahrt. Und die Junggenossen, die nicht früh mit konnten, da sie noch arbeiten mussten, kamen später nach. Ihre Brotbeutel haben wir schon mitgenommen. Und hat man selbst mal eine Gruppe verpasst, dann schloss man sich eben einer anderen an. Es ging sehr kameradschaftlich zu. Und wer arbeitslos war und kein Geld hatte, für den wurden die Groschen zusammengelegt, damit er das Fahrgeld hatte. Wir haben gezeltet, ein Feuer gemacht und im großen ‚Hordentopf' Gries oder andere Sachen gekocht, Obst wurde am Wegesrand gesammelt. Wir kehrten nicht in Gasthäusern ein. Das Geld dafür hatten wir nicht. Die Zelte haben nicht immer für alle gereicht. So wurde umschichtig geschlafen, eine Gruppe saß am Lagerfeuer und nach ein paar Stunden wurden die Schlafenden geweckt und standen auf. Nun konnten sich die anderen schlafen legen. Wir waren arm, aber sehr glücklich."

Was die Volksschule nicht hatte vermitteln können, hielt nun die Schule des Lebens bereit. Wissensdurstig besuchte Rosl Veranstaltungen

• Fichtesportler im Sonnenbad Neukölln, Rosl zeigt ihren 1-A-Handstand. Im Hintergrund die Duschanlage des Sonnenbads: eine Regentonne, um 1929

der Arbeiterjugend. Vorträge über die Gleichberechtigung von Mann und Frau, Sexualkunde und Freikörperkultur gaben ihr Aufklärung und Orientierung. 1924 lernte sie Adolf Koch[1] (1896–1970), einen Pionier der Freikörperkultur und FKK-Gymnastik, persönlich kennen. Adolf Koch hielt zu dieser Zeit Vorträge am Institut für Sexualwissenschaften von Dr. Magnus Hirschfeld (1868–1935) In den Zelten 9–10 in Tiergarten. Rosl nahm ihre Mutter zu einem dieser Abende mit. Koch propagierte das Nacktturnen und Baden von Jungen und Mädchen mit Erlaubnis der Eltern. Dabei berief er sich auf die ursprüngliche Bedeutung des griechischen Wortes gymnos: nackt. Für interessierte Teilnehmer lagen Listen bereit. Die Mutter sagte: „Ist ja alles gut und schön, aber da trägst du dich nicht ein!" Rosl bekennt: „Da habe ich das erste und einzige Mal meine Mutter belogen." Rosl schrieb ihren Namen heimlich auf die Liste und machte nun mit beim „Tanz in freier Gestaltung": „Wir waren frei erzogen und haben unsere Würde behalten. Wir haben uns weniger geziert als heute."

In der Körperkulturschule von Adolf Koch erwarb sie von 1924 bis 1927 die Lehrberechtigung als Gymnastiklehrerin. In ihrem Zeugnis heißt es unter anderem: „Fräulein Pauli hat an folgenden Lehrfächern ihre Kurse erfolgreich absolviert: Anatomie, Biologie, Psychologie, Unterrichtslehre, allgemeine Körperübungen und Gymnastik, Lebenskunde."[2]

In dieser Zeit wurde das „Licht-, Luft- und Sonnenbad" in der Karlsgartenstraße Freizeitoase für die fortschrittliche Arbeiterjugend. Das Bad war 1920 vom Verein für naturgemäße Lebens- und Heilweise Neukölln (Prießnitz-Verein) in der Fontanestraße Ecke Karlsgartenstraße errichtet worden. Bevor sie ihr neues Gelände in Besitz nehmen konnten, hatten die Jünger des Naturheilkundigen Vinzenz Prießnitz (1799–1851) auf einem Gelände am Dammweg verkehrt. Der Verein orientierte sich ab Mitte der 20er Jahre mehr und mehr an der erstarkenden Arbeitersportbewegung und schloss sich an das kommunistisch orientierte „Arbeiter-Sport- und Kulturkartell" an. Ende der 20er Jahre nahm er in seine Satzung auch die „Pflege einer freien Körperkultur durch Spiel, Sport und Gymnastik" auf.[3]

Fichtesportler, viele von ihnen arbeitslos, versammelten sich im Sommer auf dem 18.000 m² großen Gelände, spielten Faustball, turnten an Barren, Reck und Ringen, stemmten Hanteln und Gewichte. Das Sonnenbad war aufgeteilt in ein Familienbad sowie ein nach Geschlechtern getrenntes FKK-Gelände, das von einem hohen Zaun umgeben war. Neben dem Familienbad befand sich ein Wald, der heute zum Jahnpark in der Hasenheide gehört. Hier standen Gartentische und Stühle, es gab die übliche Kaffeeküche, in der man für einen Groschen heißes Kaffeewasser bekam.

Im Sonnenbad machte Rosl die Bekanntschaft mit Turnern und Akrobaten, deren Wohnwagen in der nahegelegenen Hasenheide standen. Meist war sie die einzige Frau, die mit ihnen trainierte. Sie schneiderte sich einen Turnbikini und Hans Thom, Akrobat bei den „Romanos", brachte ihr alles bei. Er war kräftig, strahlend und schön – Rosl war verliebt. In wechselnden Besetzungen traten sie in kleinen Kinos, die damals kleine Bühnen – Nudelbretter genannt – hatten, und Varietés auf. Mit Hans Thom und Max Preuß gehörte Rosl nun zum klassischen Kraftakt der „3 Siegberts".

• Rosl (Mitte) mit Sportkameraden am Erdbarren im Handstand, Sonnenbad Neukölln, Karlsgartenstraße, 1927

• Rosl in ausdrucksstarker Pose und selbstgeschneidertem Bikini im Sonnenbad Neukölln, 1927

Die „Geschwister Everest"

In der Liebe entschied sich Rosl dann doch für einen anderen. Er hieß Kurt Hüffner und hielt bereits vier Jahre lang die Berliner Meistertitel im griechisch-römischen Ringkampf und Gewichtheben. Kurt war erst 20, als er 1931 zur Arbeiterolympiade⁴ nach Wien geschickt wurde. In ärmlichen Verhältnissen in der Neuköllner Kopfstraße aufgewachsen, von Vater und Lehrer öfter mit dem Siebenstriemer oder Rohrstock gezüchtigt, hatte Kurt die Devise entwickelt: „Wer mich nicht liebt, soll mich hassen." Die 23-jährige verliebte Rosl nahm er auf seiner Rückfahrkarte mit. Sie hatten einen Plan: Nach den Wettkämpfen sollte es nicht wieder zurück in die Großstadt-Tristesse gehen, sie wollten was erleben und „wie die Vagabunden weiterziehen". „Vom Ehrgeiz getrieben", so Rosl, trat Kurt im internationalen Ringkampfturnier im griechisch-römischen Stil in der Federgewichtsklasse an und wurde „nur" Dritter. Rosl spendete Trost. Ein Höhepunkt der Wettkämpfe jedoch war für beide die Begegnung mit Kurt Hornfischer, dem späteren Olympiasieger im Schwergewicht.

„Als das Sportfest vorüber war, besuchte ich noch einen Onkel in Wien und als er von unseren Wanderplänen hörte, finanzierte er das Unternehmen mit 60 Schilling, das waren ganze 35 Mark, worüber wir uns sehr freuten, denn es war unser einziges Anfangskapital. Auf gings!"⁵ Zuerst zogen Rosl und Kurt durch die Steiermark und traten mit ihrer Akrobatennummer in Gasthäusern bei Tanzveranstaltungen ohne Gage auf. Nach dem Auftritt sammelten sie Geld im Publikum. Sie schliefen in preiswerten Herbergen oder beim Bauern im Stroh. Rosl erinnert sich:

„Wir waren auch in Kitzbühl, hier traten wir im vornehmen Franz-Reich-Casino auf und der Kellner sammelte mit einem silbernen Tablett unsere ‚Gage' ein. Wir gingen dann über die Grenze nach Italien. Damals kam kein Arbeiter als Tourist nach Italien, es lag so unerreichbar fern für unsere Altersgenossen wie heute vielleicht noch China. Nur durch unseren Sport hatten wir diese Gelegenheit, dorthin zu gelangen. Wir sind zu Fuß über den Brenner, erst nach Trient, dann ging es ein Stück mit dem Zug weiter. Wir sprachen kein Wort Italienisch. Im Zug trafen wir auf zwei Südtirolerinnen. Sie brachten

• Rosl und Kurt Hüffner als „Geschwister Everest", 30er Jahre

• Rosl als „klassischer Kraftakt" der 3 Siegberts (links: Max Preuß, Künstlername: Apolonia; rechts: Hans Thom), 1929. Max Preuß hatte seinen linken Arm im Ersten Weltkrieg verloren, was auf dem Künstlerfoto nicht zu sehen ist.

Engagement im Alfierie-Theater mit einem 25-köpfigen Orchester. Hier verdienten sie so viel, dass sie die Rückreise nach Berlin mit der Bahn antreten konnten.

Wieder zu Hause in Berlin blieben sie als „Geschwister Everest" ein Artistenpaar und traten in Zweiwochen- oder Monatsengagements in Hotels, Varietés und Kabaretts zwischen Hamburg und Stuttgart auf. Nach neun Jahren „wilder Ehe" gingen sie 1940 den Weg zum Standesamt. Kurt wurde zur Wehrmacht eingezogen. Das Traumpaar auf der Bühne bestand die Prüfungen der Ehe jedoch nicht. Im Krieg reichte Rosl die Scheidung ein.

uns zwei wichtige Sätze bei: ‚Noi siamo artisti. Voliamo dare una presentatione artistico.' In Italien mussten ihnen die Patroni gar nicht erst die Türen öffnen, denn die Gäste saßen vor den Cafés. Rosl und Kurt traten braun gebrannt und athletisch aussehend in wollenen Badeanzügen mit weißen Ledergürteln auf. In Brescia war die Menschenmenge, die sie umrang, so groß, dass die Straßenbahnen stehen bleiben mussten; Carabinieri lösten schließlich die protestierende Zuschauermenge auf. Vier Monate waren Rosl und Kurt auf der Walze. Als sie schon an den Heimweg dachten, bekamen sie in Turin ein

• Rosl und Kurt Hüffner in einer Matrosennummer, 30er Jahre

• Kurt Hüffner als Wehrmachtssoldat, um 1940

• Rosl mit Akkordeon, das sie über den Krieg retten konnte und das ihr beim Überleben half, 1943

Im Schwedischen Zirkus

Als Kurt zum Krieg eingezogen wurde, war es mit den „Geschwistern Everest" vorbei. Rosl hielt sich mit Büroarbeiten im Beamtenwohnungsbauverein Neukölln über Wasser und lebte in einer Notwohnung in der Allerstraße. In den ungezählten Bombennächten führte sie an der einen Hand ihre Hündin Bella, im anderen Arm trug sie ihr Akkordeon – beide konnte sie über den Krieg retten.

Rosl musste sich mit ihrer Mutter nach dem Krieg allein durchschlagen. Der Vater war bereits 1937 gestorben. Mutter Elise war nur noch ein Schatten ihrer selbst. Damit sie nicht verhungerte, machte es Rosl wie andere Berliner: Sie tauschte amerikanische Zigaretten gegen russischen Schnaps; für den Erlös konnte sie dringend benötigte Nahrungsmittel auf dem Schwarzmarkt kaufen. Auf einer dieser Touren kam sie mit Künstlern zusammen, die der Filmregisseur Kurt Hoffmann (später bekannt durch: „Ich denke oft an Piroschka", „Das Wirtshaus im Spessart" oder „Wir Wunderkinder") um sich versammelt hatte. Neukölln war bis Mitte Juni 1945 russisch besetzt. Hoffmann genoss das Vertrauen der Russen und stellte für sie Unterhaltungsprogramme zusammen. Rosl wurde mit ihrem Akkordeon engagiert und spielte unter anderem in der „Passage" den Csárdás für russische Soldaten und Offiziere. Das brachte ihr nicht nur Gagen, sondern auch die Lebensmittelkarte 1 ein. Obgleich der tägliche Kampf ums Überleben noch nicht ausgestanden war, dachte Rosl wieder ans Sporttreiben: „1946/47 fuhr ich schon wieder Faltboot. Wir nannten uns ‚Schweifsterne', das waren alles ehemalige Genossen aus der kommunistischen Jugendbewegung. Und ich habe auch bei Adolf Koch in der Hasenheide Gymnastikunterricht gegeben, habe die Höhensonne betreut. Ich hatte bei ihm auch das Massieren gelernt und ein Gewerbe angemeldet."

Adolf Koch, dessen „Bund für soziale Hygiene, Körperkultur und Gymnastik e.V." von den Nationalsozialisten im Mai 1934 verboten worden war, hatte den Krieg überlebt und ging an die Neugründung seines „Instituts für Körperkultur" in der Hasenheide 52.[6] Rosl beantragte im Oktober 1946 eine Gewerbegenehmigung als Gymnastik- und Akrobatiklehrerin. Überall dort, wo ihre ehemaligen Künstlerkollegen neue Engagements gefunden hatten, schaute sie vorbei, so auch im Theater am Schiffbauerdamm. Hier traf sie auf den Artisten Hans Kempa.[7] Er erzählte Rosl, dass die deutsche Besitzerin des schwedischen Zirkus „Astoria" eine Mitarbeiterin suchen würde. So ging Rosl 1951 nach Schweden, arbeitete jedoch nicht als Artistin, sondern „als Mädchen für alles". Im Zirkus war auch Sven Persson als Elektriker und Zeltmeister beschäftigt. Persson folgte Rosl nach Deutschland und blieb bei ihr; sie heirateten neun Jahre später. Rosl und Sven wurden Mitglied im Verein der Saunafreunde und verbrachten die Sommer auf dem Gelände des Vereins in Heiligensee. Auch diese Ehe wurde nicht glücklich, doch blieb Rosl bei ihrem Mann bis zu dessen Tod 1983.

● Rosl Persson als Gymnastiklehrerin mit Frauen der Betriebssportgruppe der Deutschen Telefon Werke, 60er Jahre.

Der Berg ruft

Mitte der 50er Jahre wurde Rosl im Rahmen des Notstandsprogramms[8] unter anderem im Finanzamt Neukölln beschäftigt. Da „Notstandsarbeiter" nicht vollbeschäftigt sein durften, besserte sie durch Gymnastikunterricht ihren schmalen Verdienst auf. In der beschäftigungsfreien Zeit hielt sie nichts mehr in Berlin. Sie fuhr nach Kärnten, wo ihr Wiener Onkel Oswald Pauli direkt am Ufer des Weißensee das „Hotel Sommerheim" gebaut hatte. Von hier aus startete sie ausgedehnte Bergtouren. Meist allein unterwegs, wanderte Rosl auf die umliegenden Zweitausender.

Ende der 50er Jahre übernahm Rosl in ihrer Freizeit eine Gymnastikgruppe der Deutschen Telefon Werke (DeTeWe). Über 25 Jahre war sie hier als Übungsleiterin tätig. Auch den Tennisspielern des Tennisclubs Rot-Weiß Neukölln e.V. gab sie Gymnastikunterricht.

Der Ruf der Berge wurde im Verlauf ihres weiteren Lebens immer stärker. Sie schloss sich dem Deutschen Alpenverein an und erlernte das Bergsteigen. Der Großglockner wurde ihr erster bezwungener Dreitausender. Sie hat ihn insgesamt fünf Mal bestiegen, zwei Mal über den Stüdl-Grat, drei Mal über den Normalweg, hiervon einmal im Alleingang. Rosl gehört seit den 60er Jahren zur Gemeinschaft der alpinen Bergsteiger und war mit ihrer Gitarre immer wieder gern gesehener Gast in den Berghütten. Allein oder mit erfahrenen Bergführern eroberte sie die Gipfel der österreichischen und Schweizer Alpen und zog durch die Dolomiten. Sie kann die Schwierigkeitsgrade ihrer bezwungenen Kletterwände heute noch aufzählen: Im Wilden Kaiser ging es zuerst über die Scheffauer Nordwand (III. Grad). Jahre später schaffte sie die Rittlerkante am Bauernpredigtstuhl (Grad V+), eine ihrer größten Herausforderungen, denn schließlich war sie schon 68 Jahre alt.[9]

Jung hielt sie nicht nur der Sport, sondern auch ihre letzte Liebe. In den Bergen lernte sie den wesentlich jüngeren Arno kennen. Er wurde nicht nur ihr Bergkamerad, sondern blieb auch als Lebensgefährte 16 Jahre lang an ihrer Seite. Sie kletterten nicht nur zusammen in den Alpen,

• Der Bergkamerad Arno in Bergell, Graubünden, Schweiz, Mitte der 70er Jahre

• Rosl trägt sich ins Gipfelbuch der Zimba/ Rätikon (Österreich) ein, 1970

sondern unternahmen auch aufregende Touren durch die gegensätzlichsten Regionen; mal ging es nach Norwegen, mal durch die algerische Wüste. Durch ihre freie Erziehung von Jugend an scherte sich Rosl wenig um Konventionen. Sie hatte keine Scheu vor dem großen Altersunterschied, sondern genoss ihr Glück, solange sie es festhalten konnte.

Rosl Persson ist heute, mit 96 Jahren, körperlich und geistig beweglich, sie trifft sich mit den verbliebenen Weggefährten, ist noch immer Mitglied bei den Saunafreunden und hat im Alter von 77 bis 83 Jahren das Sportabzeichen erkämpft. 1990 gewann Rosl im Alter von 82 Jahren den ausgeschriebenen Sportabzeichen-Wettbewerb um die älteste Teilnehmerin innerhalb des Deutschen Verbandes für Freikörperkultur e.V. Sie hat sich ihr ganzes Leben lang, in guten wie in schlechten Zeiten, fit gehalten.

Bärbel Ruben

Die Gespräche mit Rosl Persson fanden im November und Dezember 2003 statt.

Anmerkungen

[1] Nach traumatischen Erlebnissen im Sanitätsdienst während des Ersten Weltkriegs und durch die Erfahrung der schlechten gesundheitlichen Lage der Arbeiterkinder beschloss der junge Lehrer Adolf Koch, „für die Entkrampfung von Körper und Seele" arbeiten zu wollen. 1924 gründete er, unterstützt von Magnus Hirschfeld, Hans Graaz, Hildegard Wegscheider und dem Bund entschiedener Schulreformer (Siegfried Kawerau, Paul Oesterreich, Hermann Kölling), seine erste Körperkulturschule in Berlin. Bis zu ihrem Verbot 1933 entstanden 13 Adolf-Koch-Körperkultur-Schulen in ganz Deutschland. 1934 wurde sein Institut aufgelöst, seine umfangreiche Bibliothek von den Nationalsozialisten im Lustgarten verbrannt. Koch gründete ein neues Institut für Eubiotik und arbeitete getarnt weiter bis zur Einziehung zur Wehrmacht 1939. Hier wurde er als Ausbildungsleiter für Krankengymnastinnen und Lehrer für den Verwundetensport und der Nachbehandlung von Versehrten auf Schloss Marquart bei Berlin eingesetzt. Nach dem Zweiten Weltkrieg ging er an den Wiederaufbau seines Instituts, das 1946 in der Hasenheide 52 wieder eröffnet wurde. Aus Anlass des 40-jährigen Jubiläums der „Adolf-Koch-Gymnastik" wurde 1963 der Farbtonfilm „Harmonische Menschen" uraufgeführt, der die Prinzipien der Adolf-Koch-Gymnastik zusammenfasst. 1970 starb Adolf Koch. Sein Vermächtnis lebt durch den Familien-Sport-Verein Adolf Koch e.V. weiter, dessen Vorsitzender Wolfgang Rosenke die Autorin mit hilfreichen Materialien über Adolf Koch und seine Gymnastiklehre unterstützt hat.

[2] Adolf-Koch-Institut für Körperkultur, Zeugnis, ausgestellt am 30.5.1946, Privatbesitz Rosl Persson.

[3] Landesarchiv Berlin, Rep. 42/27910.

[4] Wie die Arbeiterbewegung selbst, war die Arbeitersportbewegung seit 1919 in einen sozialistischen und einen kommunistischen Flügel gespalten. Die 2. Arbeiterolympiade fand im sozialistisch regierten Wien vom 19.–26. Juli 1931 mit großer Unterstützung der Sozialistischen Arbeitersportinternationale statt. Die kommunistisch orientierten Sportvereine nahmen unter erschwerten Bedingungen vom 4.–12. Juli 1931 in Berlin an der Spartakiade der Roten Sportinternationale teil. Vgl.: Dierker, Herbert: Arbeitersport im Spannungsfeld der zwanziger Jahre, Sportpolitik und Alltagserfahrungen auf internationaler, deutscher und Berliner Ebene, Essen 1990.

[5] Zitiert aus einem nach dem Krieg von Rosl Persson niedergeschriebenen Erinnerungsbericht, irrtümlich falsch datiert mit 1932, Privatbesitz Rosl Persson.

[6] Landesarchiv, B Rep 42/43786.

[7] Hans Kempa (Künstlername) mit bürgerlichem Namen: Hans Matthes stammte aus einer Artistenfamilie und begann in den 20er Jahren, zusammen mit seinen Eltern als „Hariot Kempa Trio" zu arbeiten. Nach Kriegsende trat er mit seiner Frau als „Ellon & Tamar" auf. Vgl.: Artisten. Eine große Familie, Artisten und ihre Vereine in Neukölln, Katalog zur Ausstellung des Kunstamts Neukölln, Galerie im Saalbau 25.10.–20.12.1986, S. 22.

[8] Das mit Hilfe des Marshall-Plans und aus Bundesmitteln finanzierte Notstandsprogramm war eine Arbeitsbeschaffungsmaßnahme der 50er Jahre in West-Berlin. Vgl. Keiderling, Gerhard: Notstandsprogramm gegen Arbeitslosigkeit, Edition Luisenstadt, Berlinische Monatsschrift Heft 2/2001, S. 40–45.

[9] Künnemann, Wiebke: „Mit Dir war's stets am lustigsten!", Rosl Persson, 93-jährige Jubilarin mit Charme vermisst die Kletterei. In: Berliner Bergsteiger, Deutscher Alpenverein/Sektion Berlin e.V., März/April 2001, 52. Jg., Nr. 2.

• Rosl Persson zu Besuch im Stadtbad Neukölln, November 2003, Foto: Bärbel Ruben

POLITISCHE DIMENSIONEN DES SPORTS

FRIEDRICH LUDWIG JAHN
Eine Karriere in der Hasenheide

Turbulente Jugend

„Es ist ein Leben, das man im bürgerlichen Sinne als gründlich verpfuscht bezeichnen muß, dieses Leben Friedrich Ludwig Jahns."[1] Umso erstaunlicher ist die Karriere, die sich posthum anschloss.

Bereits der Anfang war nicht vielversprechend: Am 11. August 1778 in Lanz bei Lenzen in der Westprignitz als Pfarrerssohn geboren, wurde Jahn mit dreizehn Jahren auf eine öffentliche Schule in Salzwedel geschickt, die er wegen seines undisziplinierten Verhaltens nach drei Jahren verlassen musste. Sein darauf folgender Aufenthalt im Berliner Gymnasium zum Grauen Kloster dauerte nur ein Jahr: Jahn verschwand einfach von der Schule. Nach einem Jahr im Elternhaus immatrikulierte er sich in Halle, um Theologie zu studieren, trieb sich sieben Jahre an verschiedenen Universitäten herum und machte sich vor allem als Raufbold einen Namen. Nachdem er zuletzt im Alter von 25 Jahren von der Universität Greifswald verwiesen worden war, verdingte er sich zwei Jahre lang als Hauslehrer in Mecklenburg. Dort verliebte er sich in Helene Kollhof, die er jedoch erst nach neunjähriger Verlobungszeit 1814 heiraten konnte. Sein Versuch, sich 1805 mit seiner Schrift „Bereicherung des Hochdeutschen Sprachschatzes versucht im Gebiete der Sinnerwandtschaft, ein Nachtrag zu Adelung's und eine Nachlese zu Eberhard's Wörterbuch von J. F.L.Ch. Jahn", von der er im Vorwort sagte: „Man wird wenig Gelehrsamkeit in der Schrift finden", in Göttingen zu habilitieren und eine bürgerliche Existenz zu begründen, schlug fehl.

Preußen in Not und Jahn wird Turnvater

1806 wurde das ehemals berühmte preußische Heer in der Schlacht von Jena vernichtend geschlagen, Preußen verlor rund die Hälfte seines Staatsgebiets und seiner Einwohner, es musste für den Unterhalt der französischen Besatzungstruppen aufkommen und hohe Kriegssteuern bezahlen. Arbeitslosigkeit und Not waren die Folge.

Jahn führte bis 1809 ein unstetes Wanderleben, zum einen, um endlich irgendeine Anstellung zu ergattern, zum anderen, weil er das Thema seines Lebens, nämlich die Agitation gegen den „französischen Erbfeind", gefunden hatte. Dadurch wurde er in den Kreisen bekannt, die eine Reform des preußischen Staates für notwendig hielten, um den Befreiungskampf gegen die französische Besatzung wagen zu können. Führende Köpfe der Reformbewegung, wie die Minister Stein und Hardenberg, hoben die bäuerliche Erbuntertänigkeit auf, führten Gewerbefreiheit und städtische Selbstverwaltung ein und schufen Staatsministerien mit Fachressorts. Sie verwirklichten die Ziele der französischen Revolution, indem sie die Gleichheit der Staatsbürger vor dem Gesetz einführten und versuchten, ein effizientes Staatswesen zu schaffen. Diese Veränderungen sollten jedoch nicht durch Umsturz herbeigeführt, sondern zum Nutzen des preußischen Staates, unter der Aufsicht einer wohlmeinenden Behörde vollzogen werden.

1807, nach dem Frieden von Tilsit mit Frankreich, in dem die preußische Armee auf 42.000 Mann reduziert wurde, begann General Scharnhorst mit der Reorganisation des Heeres. Um die zahlenmäßige Beschränkung zu unterlaufen, ging man dazu über, Wehrpflichtige im Kurzverfahren auszubilden. Scharnhorst drängte auf die Einführung eines Volksheeres und einer beweglichen Taktik, die kleinere Kampfkolonnen zu Sturm- und Überraschungsangriffen befähigen sollte. Er war ein Gegner des Drills und

● Friedrich Ludwig Jahn (1778–1852), Lithografie von 1825

vertrat die Ansicht, dass auch beim Militär Freiraum zu schöpferischer Entfaltung gewährt werden sollte.

Der Befreiungskrieg gegen Napoleon konnte in den ersten Jahren nur als Fernziel ins Auge gefasst werden, mit der ideologischen Vorbereitung wurde jedoch unverzüglich begonnen. Die Opferbereitschaft der Bevölkerung setzte eine Identifizierung mit dem Staat voraus, deshalb waren auf dem Gebiet der Erziehung und Bildung große Anstrengungen vonnöten. Ein Ergebnis dieser Bemühungen war die Gründung der Berliner Universität.

An ihr bewarb sich Jahn noch im Gründungsjahr 1809 als Universitätslehrer, wurde aber abgelehnt. Minister Wilhelm von Humboldt versprach ihm stattdessen eine Oberlehrerstelle in Königsberg. Obwohl die dazu erforderliche Prüfung nur der Form halber abgelegt werden sollte und der Minister der Kommission größtmögliche Milde empfahl, fiel der 32-jährige Jahn durch. Der Minister schickte ihn daraufhin zur Vervollständigung seiner Ausbildung in das Königliche Seminar für gelehrte Schulen in Berlin. Da sein Kandidatenlohn zum Leben jedoch nicht ausreichte, verdingte sich Jahn als Aufseher über die Kostgänger der Plamann'schen Anstalt.

An dieser Anstalt wurde bereits geturnt, bevor Jahn in sie eintrat. Man verstand unter Turnen allerdings Gymnastik, die dazu diente, den Einzelnen körperlich, geistig, seelisch und charakterlich zu bilden. Unter dem Eindruck der napoleonischen Besatzung hatte sich jedoch das Konzept der Leibeserziehung verändert. Reformer und Patrioten entwickelten eine Reihe von Erziehungsplänen, die das nationale Bewusstsein in dem zersplitterten Deutschland fördern und zur Überwindung des feudalistischen Systems beitragen sollten.

Hier hatte nun Jahns historische Stunde geschlagen, er „verkörperte" für einige Jahre im wahrsten Sinne des Wortes den Zeitgeist. Für ihn und seine Anhänger war das Turnen von Anfang an eine nationale und patriotische Volksbewegung. Jahn wurde zum „Vater" des Turnens in Deutschland, nicht, weil er das Turnen erfunden hätte, sondern weil sein 1810 veröffentlichtes „Deutsches Volksthum" einen Entwurf von Nationalerziehung enthielt, der seine Zeitgenossen ansprach und zum rechten Zeitpunkt kam. Den Leibesübungen sind in diesem Buch nur zehn von 450 Seiten gewidmet. Den Turnern sagte Jahn, „dass ihre Übungen vorzüglich den Zweck hätten, sich körperlich zum Kampf gegen den Feind des Vaterlandes zu erkräftigen, daß man sie mit glühendem Enthusiasmus für das Vaterlands zu beseelen, mit Haß gegen den Feind zu erfüllen suche. […] Kriegsübungen, wenn auch ohne Gewehr, bilden männlichen Anstand,

• Der Turnplatz in der Hasenheide um 1811, anonyme Lithographie, um 1860

erwecken und beleben den Ordnungssinn, gewinnen zur Folgsamkeit und zum Aufmerken, lehren den einzelnen, sich als Glied in ein großes Ganzes zu fügen."²

Jahn begann damit, die Schüler der Plamann'schen Anstalt auf regelmäßigen nachmittäglichen Ausflügen an zwanglose Körperübungen heranzuführen. Im Laufe der Zeit beteiligten sich auch Schüler anderer Gymnasien, Studenten und Handwerksburschen. Schon im Sommer 1810 traf man sich in der Hasenheide, ursprünglich Jagdgebiet der preußischen Könige, seit 1808 mit Schießständen für das preußische Militär und sich entwickelnder Vergnügungsmeile versehen. Mit ihrem dichten Gebüsch, Gruben und Schanzen war das Gebiet ein ideales Tummelgelände für Jugendliche. Im Frühjahr 1811 wurde der erste Turnplatz, an der heutigen Lilienthalstraße gelegen, eröffnet und die Teilnehmerzahl stieg auf 300 an.

„Jahn faßte seinen ersten rasch errichteten und in ziemlich weitem Rechteck, dicht vor der Reihe der mehrbenannten Bier- und Kaffeehäuser unter hohen Fichten hingestellten Turnplatz, mit Reisig- und Tannenzweiggeländer ein und besetzte ihn, nach hinten zu eine Hütte aufstellend, mit Recken, Barren, Schwebebäumen, Springgestellen und Klettergerüsten, deren höchstes Tau an einer hohen Fichte befestigt herabhing, an deren Rahe bald die kühnsten Hinüberschwingungen gewagt und versucht werden."³ Wegen der noch mageren Geräteausstattung vergnügte man sich in erster Linie mit Spielen, wie „Sturmläufen", Nachtmärschen und Geländespielen, die jedoch auch der vormilitärischen Ausbildung dienten. Jahns Auffassung vom Turnen deckte sich in Theorie und Praxis mit den Interessen der Reformkräfte, denen daran gelegen war, eine Form der Leibesübungen zu finden, mit der junge Männer auf die neue Art der Kriegsführung vorbereitet werden konnten.

Von den Turnern wurden Beiträge für den Kauf von Geräten erhoben. Statt eines Vereinsausweises gab es lederne Turnmarken. Die Turnkleidung sollte billig, praktisch und für alle gleich sein. Jahn empfahl deshalb: „Eine grauleinene Jacke und eben solche Beinkleider kann sich jeder anschaffen. Würden Zeuge aus ausländischen Stoffen geduldet, so müßten sich die Übungen gar bald in Übungen für Reiche, Vermögende, Bemittelte, Wohlhabende, Unbemittelte, Dürftige und Arme teilen."⁴

Die Nahrung auf dem Turnplatz bestand aus Brot, Salz und Wasser. Kuchen, Tabak und Branntwein dagegen waren verpönt. Schlichtheit gehörte nach Ansicht Jahns zum deutschen Volkscharakter, im Unterschied zum französischen, der immer wieder als verweichlicht und dem Luxus zuneigend gebrandmarkt wurde. Die ungezwungenen Umgangsformen, die freiwillige Disziplin, der kameradschaftliche Geist und das

● Lederne Turnmarke für Teilnehmer am Übungsbetrieb in der Hasenheide. Die vier Zahlen bedeuten: 9 – Schlacht im Teutoburger Wald, 919 – Beginn der Turniere, 1619 – Ende der Turniere, 1811 – Eröffnung des Turnplatzes

● Einweihung des ersten Deutschen Turnfestes in der Hasenheide bei Berlin im Sommer 1818, Lithografie von Gottfried Kühn, um 1858

brüderliche Du sollten das ständische Bewusstsein ersetzen. Jahn betonte überdies, dass der Turnplatz kein Drillort sei. Gängelei und Schulmeisterei waren verpönt; alle verpflichteten sich, die gemeinsam aufgestellten Regeln einzuhalten. Da keine Autorität von außen das Leben auf dem Turnplatz kontrollierte, kam der Selbstverpflichtung zu tugendhaftem und sittlichem Verhalten besondere Bedeutung zu. Jahn fasste sein „allgemeines Sittengesetz" in der Formel „Frisch, frei, fröhlich und fromm" zusammen.[5]

- Jahn-Denkmal in der Hasenheide, errichtet 1872

- Postkarte mit Friedrich Ludwig Jahn und dem Turnergruß „Gut Heil!", Ende 19. Jahrhundert

1812 wurde der Turnplatz, um die Turner dem als schädlich empfundenen Einfluss der nahe gelegenen Kaffeehäuser und Tabagien (damals durfte nur in dafür vorgesehenen Häusern und nicht in der Öffentlichkeit geraucht werden) an der heutigen Straße Hasenheide zu entziehen, weiter in die Hasenheide hineinverlegt, dorthin, wo heute der Volkspark an die Schule in der Karlsgartenstraße grenzt. Jahn zog jedoch nicht nur mittwochs und samstags, den schulfreien Tagen, zum Turnen in die Hasenheide, sondern agitierte auch unermüdlich gegen die napoleonische Besatzung. 1810 gründete er zusammen mit Friedrich Friesen, einem Mitturner und Kollegen aus der Plamann'schen Anstalt, den „Deutschen Bund", der die Ertüchtigung der Jugend und die Erweckung deutscher Gesinnung zum Ziel hatte. Dieser Bund bildete ein Netzwerk aus Napoleon-Gegnern und Turnern, seine Mitlieder gründeten einige Jahre später die „Deutschen Burschenschaften".

Die Befreiungskriege und Jahn wird berühmt

Inzwischen hatte sich das militärische und politische Kräfteverhältnis radikal geändert. 1812 wurde die Große Armee Napoleons vor Moskau vernichtend geschlagen. Preußen, dass gezwungenermaßen an der Seite Frankreichs den Russlandfeldzug hatte mitmachen müssen, verbündete sich nun mit den Russen. Die Bevölkerung, die unter den französischen Einquartierungen und hohen Kriegssteuern gelitten hatte, wollte endlich die verhasste Besatzungsmacht abschütteln. Für viele verband sich mit dem Befreiungskampf die Hoffnung auf geänderte politische Verhältnisse. Zahlreiche deutsche Fürsten und Könige, die ihre Territorien zurückerhalten wollten, versprachen der Bevölkerung für die Zeit nach Napoleon Verfassungen. Zusätzlich erhofften sich die Patrioten ein Ende der Kleinstaaterei und ein geeintes Deutschland.

Sie verlangten Waffen, um sich am Befreiungskampf zu beteiligen. Das arme Preußen konnte jedoch nicht für ihre Ausrüstung aufkommen. Deshalb wurde König Friedrich Wilhelm III. gedrängt, die Aufstellung eines Freiwilligenheeres zu gestatten, dessen Mitglieder Waffen und Uniform mitbringen würden. Im Februar 1813 war es endlich so weit: Der König rief zur Bildung freiwilliger „Jäger-Détachements" auf. Nun war die große Stunde der Turner gekommen. Viele von ihnen traten in das Lützow'sche Freicorps, das Schwarz-Rot-Gold als seine Farben gewählt hatte, ein. Theodor Körner, selbst Lützower und Dichter der Befreiungskriege, nannte sie „die wilde, verwegene Jagd". Die Lützower machten ihre mangelnde militärische Disziplin und Ausrüstung durch große Tollkühnheit wett und waren deshalb eher für Kundschafteraufgaben und nächtliche Überfälle zu gebrauchen als für die offene Feldschlacht. Jahn war der erfolgreichste Werber für das Freicorps.

1814, nach dem Sieg über Napoleon in der Völkerschlacht bei Leipzig, kehrte Jahn nach Berlin zurück. Er stand nun in hohem Ansehen. Der Kronprinz besuchte in Jahns Anwesenheit den Turnplatz in der Hasenheide. „Für seine patriotische Gesinnung und für sein Anregen Anderer zu gleichem Zweck"[6] bekam Jahn ein Ehrengehalt von 500 Talern jährlich und konnte endlich seine langjährige Verlobte Helene Kollhof heiraten. Fürst von Hardenberg, der große Stücke auf ihn hielt, entsandte ihn 1815 zum Wiener Kongreß, auf dem die staatliche Neuordnung Europas und die Restauration der Monarchien beschlossen wurde. Jahn sollte dort als „Berater in historischen Fragen" fungieren und fiel zwischen den Diplomaten wegen seines spätpubertären Auftretens, seiner Haar- und Bartpracht, seiner altdeutschen Tracht und seiner schmutzigen Stiefel wie üblich aus dem Rahmen.

1815 schlossen sich in Jena die Studenten, die bis zu den Befreiungskriegen in Landsmannschaften organisiert gewesen waren, zu einer Vereinigung zusammen, die sich die Überwindung der deutschen Zersplitterung und des deutschen Obrigkeitsstaates zum Ziel setzte. Die Studenten wählten Schwarz-Rot-Gold zu ihren Farben, hatten doch viele von ihnen zum Lützow'schen Freicorps gehört. Später nannte man diese Vereinigung die Urburschenschaft. Die Burschenschaften, der auch viele Turner angehörten, verbreiteten sich schnell in allen deutschen Universitätsstädten.

Die Restauration – Jahn wird verfolgt

1816 gab Jahn sein Buch „Die Deutsche Turnkunst" heraus, das von den Turnern begeistert begrüßt wurde. Die Turnerbewegung hatte sich inzwischen über ganz Deutschland ausgebreitet. Bis 1818 wuchs ihre Mitgliederzahl auf 120.000 Turner an, die meisten Vereine gab es in Preußen.[7] Das Verhältnis zwischen den Turnern, die gegen Napoleon gekämpft und nun wieder – inzwischen in den Burschenschaften organisiert – als Studenten die Universitäten bezogen hatten, und der Obrigkeit verschlechterte sich schnell.

Weder der preußische König, noch die anderen Fürsten lösten ihr Verfassungsversprechen ein, die deutsche Einheit ließ auf sich warten. Die Turner, die nach wie vor mit ihren patriotischen Gesängen umherzogen und sich möglichst lautstark gebärdeten, zogen das Misstrauen der Staatsmacht auf sich.

Die Situation eskalierte am 18. Oktober 1817, als die Burschenschaften zum Jahrestag der Völkerschlacht bei Leipzig in Eisenach ein großes Nationalfest organisierten, das zu einer Demonstration der Enttäuschung und des Protestes wurde. Einige Berliner Turner aus dem Umfeld Jahns funktionierten den feierlichen Fackelzug zur Wartburg zu einem „Feuergericht über undeutsche und volksfeindliche Schriften" um, verbrannten Bücher und Insignien der verhassten absolutistischen Staatsmacht.

In der Folgezeit wurde Jahn wegen seines schädlichen Einflusses auf die Jugend angegriffen und wehrte sich auf seine übliche ungehobelte Art. Die private Organisation der Turner in Vereinen, ihre Turnfeste, -lieder und -gesetze außerhalb staatlicher Kontrolle wurde den preußischen Behörden zunehmend suspekt. Der Turnplatz in der Hasenheide, eine Institution, die nicht in das Schulsystem integriert war, war unter diesen Voraussetzungen nicht mehr akzeptabel. Eine am 16. März 1819 in den Berliner Zeitungen veröffentlichte Verfügung untersagte das Turnen in der Hasenheide. Zu diesem Zeitpunkt war noch geplant, „Leibesübungen", das heißt, Turnen ohne ideologischen Hintergrund, als Schulfach zu übernehmen. Wenige Tage danach wurde der Schriftsteller August Kotzebue, der für einen russischen Spion gehalten wurde, von einem Burschenschaftler ermordet. Auch diese Tat schrieb man dem Einfluss Jahns zu. In der Nacht vom 13. zum 14. Juli 1819 wurde er verhaftet. Im Januar 1820 folgte ein königliches Turnverbot, die Einführung von Leibesübungen als Schulfach auf Eis gelegt.

Jahn wurde nach seiner Verhaftung in die Festung Spandau verbracht, von dort in Handschellen und Ketten nach Küstrin und im Oktober 1819 ins Hausvogteigefängnis nach Berlin. Seine Akte bearbeitete Kammergerichtspräsident E.T.A. Hoffmann. Die Anklage lautete unter anderem auf „Stiftung und fortdauernder Teilnahme an einem geheimen und höchstverräterischen Bündnisse, der Deutsche Bund genannt". Hoffmann wies die Anklage zurück, Jahn habe zwar den Stil der Turner geprägt, aber weder er noch die lautstark auftretenden Turner seien Revolutionäre und zudem bestünden zwischen beiden keine nachweisbaren Verbindungen. Jahn wurde trotzdem vom Oberlandesgericht in Breslau zu Festungshaft verurteilt und in Kolberg eingesperrt, in zweiter Instanz 1825 freigesprochen, nach seiner Freilassung jedoch unter Polizeiaufsicht gestellt. Er durfte sich nicht im unmittelbaren Umkreis von Gymnasial- und Universitätsstädten aufhalten. Als Person seit seiner Verhaftung für die Turnerbewegung bedeutungslos, wurde an seinem Mythos bereits unter den Turnern gestrickt.

Jahn ließ sich in Freyburg an der Unstrut nieder. Er hatte inzwischen, nachdem seine erste Frau 1823 verstorben war, wieder geheiratet. Ständige Bespitzelung, Geldnot und Untätigkeit setzten ihm und seiner Familie zu. 1838 brannte sein Haus ab, wobei er seinen gesamten Besitz verlor. Trotz seiner Mittellosigkeit machte er sich daran, ein eigenes Haus zu bauen.

Politisches Tauwetter – Jahns Rehabilitierung

1840 wurde mit dem Regierungsantritt Friedrich Wilhelm I. die so genannte Demagogenverfolgung, das heißt die Überwachung der Universitäten, die Pressezensur und die Bespitzelung der Intellektuellen gelockert und die Turnsperre aufgehoben. Jahn durfte sich wieder frei bewegen und bekam nach zwanzig Jahren das Eiserne Kreuz, das ihm bereits in den Befreiungskriegen versprochen worden war. Die Turner, die sich nun wieder öffentlich versammelten, halfen Jahn mit einer Geldspende über die drückendsten Schulden hinweg. Am 6. Juni 1842 wurde auch das Turnen in der Hasenheide wieder erlaubt und 1844 an der nordöstlichen Ecke der Hasenheide, direkt an der heutigen Straße gleichen Namens, ein neuer Turnplatz eingeweiht. Der Turnplatz von 1818 konnte nicht mehr genutzt werden, weil das Militär dort einen weiteren Schießplatz errichtet hatte. Nach und nach verlor der Turnplatz an Bedeutung, weil die Schulen ihre eigenen Sportplätze bekamen.

Das Zentrum der Turnerbewegung war nun jedoch Süddeutschland, wo auch die liberale Oppositionsbewegung wesentlich stärker als in Preußen ausgebildet war. Die Turnvereine diskutierten auf ihren wieder häufig stattfindenden Turnfesten politische Fragen. Bei der Forderung nach der Einheit Deutschlands war man sich weitgehend einig, was die Verfassung betraf, so gab es auch bei den Turnern Anhänger einer demokratischen Republik und einer konstitutionellen Monarchie.

Die 48er Revolution und Jahns Rückkehr auf die politische Bühne

Als 69-Jähriger kehrte Jahn noch einmal in die Weltöffentlichkeit zurück, als er am 18. Mai 1848 als gewählter Abgeordneter in die verfassunggebende Versammlung in der Frankfurter Paulskirche einzog. Vorgeschlagen hatten ihn die Frankfurter Turner als Vertreter des 16. Wahlkreises im preußischen Sachsen. Jahn avancierte schnell zum Lieblingssujet der Karikaturisten. Er stach durch seine altdeutsche Tracht wie üblich hervor: „Im alten abgeschabten Turnerrock, mit umgeschlagenen Hemdekragen, langem, weißen Bart, ein schwarzes Käppchen auf dem kahlen Kopf, sitzt der alte Knabe da, ein höchst komisches Möbel aus alter Zeit."[8] Auch seine Einlassungen waren nicht dazu angetan, ihm und seinen Ansichten Respekt zu verschaffen und wurden häufig mit Gelächter quittiert. In den Auseinandersetzungen zwischen dem linken und dem rechten Flügel schlug er sich auf die Seite

● Jahn-Sportler, in ihrer Mitte die Büste des „Turnvaters", Postkarte, Ende des 19. Jahrhunderts

der Konservativen und trat wie schon vierzig Jahre zuvor für ein deutsches Erbkaisertum unter den Hohenzollern ein. Als er in seiner „Schwanenrede" im Oktober 1849 die Demokraten angriff, war er für die Turner endgültig zum Verräter geworden. Jahn erschien nicht mehr zu den Sitzungen und zog eine negative Bilanz: „Mir hat das verwichene Jahr viele Einbußen zugefügt, reiche Ernte von Undank und Unkraut geliefert. Sonst begeisterte Schüler sind in Hundswut verfallen, Anhänger in Rotten und Putschbanden getreten, und Männer, auf deren vaterländischen Sinn ich feste Rechnung machte, verschworen sich zu meinem Verderben und Untergang."[9] 1852 starb Jahn in Freyburg an der Unstrut.

Posthume Karriere

Obwohl schon zu seinen Lebzeiten, vor allem 1848 wegen seines Chauvinismus und seines Antisemitismus kritisiert, seiner Poltereien, seines unausgegorenen Gedankenguts und seiner rückwärts gewandten Ideale wegen von Zeitgenossen häufig nicht ernst genommen, machte Jahn nach seinem Tod eine beachtliche Karriere. Bis heute wird er in unterschiedlichster Weise benutzt, fehlinterpretiert und überschätzt.

1861, als die Turner das 2. Deutsche Turnfest in der Hasenheide planten und ein Denkmal für Jahn errichten wollten, wurde dieses Vorhaben von der preußischen Regierung noch misstrauisch beäugt. Doch spätestens 1871, mit der Reichseinigung, war Jahn gesellschaftsfähig. War er nicht schon immer für die deutsche Einheit unter Führung eines Erbkaisers aus dem Hause Hohenzollern eingetreten? Am 10. August 1872 wurde in der Hasenheide ein Standbild des mit dem Eisernen Kreuz geschmückten „Turnvaters" errichtet, „zu dem Deutsche aus allen Gauen und selbst aus überseeischen Erdteilen Steinblöcke gesandt haben". Die Erinnerung an Jahn wurde im nationalistischen wilhelminischen Deutschland mit unzähligen Gedenkstätten, Jahn-Eichen, Straßen- und Turnhallenbenennungen wachgehalten. Aber auch die Deutschen der Weimarer Republik, traumatisiert durch den verlorenen Ersten Weltkrieg und den Versailler Vertrag, hatten Bedarf an großen Männern. Vor allem in den der Jugendbewegung nahestehenden Kreisen wurde Jahn als Volkserzieher gefeiert, 220 Publikationen erschienen über ihn.[10]

1930 waren bereits 90 Prozent der Kreisjugendwarte und alle Mitglieder des Jugendausschusses des Deutschen Turnerbundes Nationalsozialisten. Mit Berufung auf Jahn („Je reiner ein Volk, je besser; je vermischter, je bandenmäßiger.") wird im April 1933 vom Hauptausschuss des Deutschen Turnerbundes der „Arierparagraph" eingeführt. In der Lesart der Nationalsozialisten verschaffte erst der Sieg Hitlers den Lehren Jahns die wirkliche geschichtliche Anerkennung. Deshalb wurden 1936, im Jahr der Olympischen Spiele in Berlin, das Jahn-Denkmal und seine Umgebung im nationalsozialistischen Sinn würdig umgestaltet: „Das Denkmal ist um etwa 80 Meter in südwestlicher Richtung auf einen höher gelegenen Platz versetzt worden, von dem es die gesamte Anlage beherrscht. Zu Füßen des Denkmals ist ein Aufmarschplatz von etwa 100 Meter Länge angelegt worden."[11] Die ungeordnet aufgeschichteten Steinblöcke wurden auf gleiche Höhe ausgerichtet. Die Kassette mit Jahn-Devotionalien, die anlässlich der Grundsteinlegung versenkt worden war, fand sich wieder. Da der Inhalt verrottet war, versenkten die Nazis eine neue Kassette mit zeitgenössischen Artikeln zur Olympiade und zur Feier der Wiedererrichtung des Denkmals (vgl. Katja Döhnel in diesem Band). Die Neuköllner Zeitung schrieb dazu am 12. August 1936: „Das Denkmal Friedrich Ludwig Jahns ist nunmehr würdig aufgestellt. Die kommenden Jahre werden das eherne Standbild des Turnvaters Jahn inmitten fröhlicher, gesunder deutscher Menschen sehen, die bewußt deutsch

• Jahn-Denkmal in der Hasenheide, 1938

fühlen, und das ewige Deutschland für alle Zukunft sichern, so wie Jahn es erstrebt und Adolf Hitler es als Schöpfer des Nationalsozialismus in die Tat umgesetzt hat." Diese Prophezeiung ist, wie bekannt, nicht in Erfüllung gegangen und der mit Farbeiern bekleckerte Turnvater Jahn blickt heute auf alles andere als fröhliche deutsche Menschen.

Auch Jahns Wohnhaus in Freyburg an der Unstrut wurde wieder hergestellt und mit einem Sippenzimmer ausgestattet, ein Museum eingerichtet. Jahns Gebeine wurden vom Friedhof in eine protzig gestaltete Grablege neben dem Wohnhaus umgebettet.

1943, mitten im Krieg, gedachte Neukölln mit einer Ausstellung im Rathaus des 165. Geburtstags von Jahn. Zum Geleit schrieb Bürgermeister Samson: „In einer heroischen Zeit wird im Verwaltungsbezirk Neukölln der Reichshauptstadt Berlin eine Ausstellung eröffnet, die dem Manne gewidmet ist, der ein treuer und aufrechter Vorkämpfer für Deutschlands Einigkeit und Freiheit war."[12] Zwei Jahre später war es mit der Einigkeit und Freiheit Deutschlands erst einmal vorbei, doch Jahn war immer noch brauchbar. Nun tauchte er als „echter Demokrat" in einem Werbeinserat einer Berliner Partei auf. Der Tagesspiegel schrieb dazu am 18. Dezember 1945: „Hat das deutsche Geistesleben keine andere Kronzeugen echter humanistischer Gesinnung aufzuweisen als diese Deutschtümler, diese romantisch-verschwommenen Franzosenfresser wie Jahn?"

Im Kalten Krieg griff man gern diesseits und jenseits von Zonengrenze und Mauer auf Jahn als den Propagandisten von Einheit und Freiheit zurück. In der DDR sollte sein Leben „der neuen deutschen Jugend" als Mahnung und Verpflichtung dienen, denn „sie wird die Sehnsucht Jahns und aller deutschen Patrioten erkämpfen: Die Einheit Deutschlands!" Auch die ruhmreiche Sowjetarmee konnte man nun als „Urenkel der treuen russischen Waffengefährten Jahns in Lützows wilder, verwegener Schar"[13] begrüßen. Der 17. Juni, der Tag, an dem Jahn seinen Turnplatz 1811 eröffnet hatte, wurde aus anderen Gründen der Nationalfeiertag der Bundesrepublik. So bot es sich im Westen an, an diesem Datum Jahns, der einst „in Preußens dunkelster Zeit die Forderung nach einem geeinigten Deutschland erhoben" hatte, in der Hasenheide zu gedenken und Jahn damit nicht nur der Konkurrenz hinter der Mauer zu überlassen.

Kurze Zeit später, im Zuge der neuen Ostpolitik und der Studentenbewegung, verschwand die deutsche Einheit von der Tagesordnung. 1968 fand wieder ein Deutsches Turnfest statt. Nun sollte „ein neues zeitgerechtes Bild des zu Unrecht nur als Turnvater Jahn bezeichneten großen deutschen Neuerers" entworfen werden, wie die nacht-depesche vom 31. Mai 1968 schrieb. Der Festredner, vom Zeitgeist beseelt, behauptete, Freiheit hätte für Jahn die Überwindung der sozialen Spannungen bedeutet: „Kämpfen wir dafür, daß es nie wieder antisemitische, rassisch oder religiös verengte Verbände bei uns gibt, und sorgen wir dafür, daß es nicht noch einmal nötig sein wird, einen Arbeitersportverein zu gründen." Die Tatsache, dass sich der Redner bei diesem gewiss löblichen Vorhaben ausgerechnet des Segens von Turnvater Jahn versicherte, lässt nicht auf ein gründliches Studium der Jahn'schen Werke schließen.

In letzter Zeit ist es um den Turnvater Jahn eher still geworden. Sollte der Bedarf der Deutschen an großen Männern gedeckt sein?

Christa Jančik

Anmerkungen
[1] Neuendorff, Edmund: Turnvater Jahn. Sein Leben und Werk, Jena 1928, S. 3.
[2] Zit.n. Hönig, H.O.: Jahn, Leben und Werk eines Patrioten, Berlin 1953, S. 84.
[3] Masmann, Hans Ferdinand: Die Turnplätze in der Hasenheide bei Berlin. In: Deutsche Turnzeitung 1859, S. 10–12, zit.n. Steins, Gerd: Die Berliner Hasenheide, Berlin o.J., S. 17.
[4] Zit.n. Steins, Gerd: Wo das Turnen erfunden wurde ..., Berliner Forum 6/86, S. 29.
[5] Zit.n. Krüger, Michael: Leibeserziehung im 19. Jahrhundert: Turnen fürs Vaterland, Schorndorf 1993, S. 49.
[6] Euler, Carl: Friedrich Ludwig Jahn. Sein Leben und Wirken, Stuttgart 1881, S. 387.
[7] Düding, Dieter: Organisierter gesellschaftlicher Nationalismus in Deutschland (1808–1847), o.O. 1984, S. 67.
[8] Zit.n. Gall, Lothar (Hg.): 1848. Aufbruch zur Freiheit, Frankfurt a.M. 1998, S. 225.
[9] Zit.n. Steins, Gerd: 1848/49 – Turner im Kampf um Einheit und Freiheit, Frankfurt a.M. 1983, S. 15.
[10] Dreßen, Wolfgang: Positive Revolten: Aus grauer Städte Mauern hinaus in die Natur. In: Dreßen, W. (Hg.): Selbstbeherrschte Körper, Berlin 1986, S. 56.
[11] Jahn-Archiv Heimatmuseum Neukölln.
[12] Ebd.
[13] Vgl. Hönig, H.O., a.a.O., S. 314–315.

ARBEITERTURN- UND SPORTVEREINE IN NEUKÖLLN

Die ersten Arbeiterturnvereine in Rixdorf-Britz

Mit der Entwicklung Rixdorfs von einem Dorf am Rande Berlins zu einem riesigen Arbeiterwohnquartier und der Entstehung der ersten Arbeiterturnvereine im Berliner Raum in den 90er Jahren des 19. Jahrhunderts wurde auch in Rixdorf im September 1895 der erste Arbeiterturnverein gegründet – die Freie Turnerschaft Rixdorf-Britz. Sie entstand als Abspaltung des ältesten Turnvereins von Rixdorf, dem am 11. Juli 1865 gegründeten bürgerlich ausgerichteten Männerturnverein Jahn.

In Abgrenzung zu den bürgerlichen, in der Deutschen Turnerschaft zusammengeschlossenen Vereinen, in denen seit Gründung des Deutschen Reichs 1871 „vaterländische Gesinnung" sowie militaristische, kaisertreue und antisozialistische Haltungen vorherrschten, bildeten sich nun Arbeiterturnvereine. In ihnen sammelten sich sozialdemokratisch orientierte Turner, die nicht länger bereit waren, sich der politischen Ausrichtung der bürgerlichen Turnvereine unterzuordnen. Diese Vereine schlossen sich dem 1893 gegründeten Dachverband, dem Arbeiter-Turnerbund (ATB), 1919 in Arbeiter-Turn- und Sportbund (ATSB) umbenannt, an. Sie verstanden sich als Teil der klassenbewussten Arbeiterbewegung und als Teil einer eigenen Arbeiterkultur. Die Sportler sahen im Turnen Erholung und körperlichen Ausgleich für die im kapitalistischen Produktionsprozess erfahrenen Deformationen und lehnten daher im Gegensatz zum bürgerlichen Sport eine einseitige Wettkampforientierung ab. Besonders für Jugendliche waren Arbeitersportvereine wegen ihres emanzipatorischen Charakters attraktiv.

Die Freie Turnerschaft Rixdorf-Britz[1] bestand bereits bei ihrer Gründung aus je zwei Männer- und Lehrlingsabteilungen, je einer Schüler- und Schülerinnenabteilung und einer Frauenabteilung und hatte sich bis 1906 zu einem Verein mit 550 Mitgliedern entwickelt. 1919 bot er neben Turnen auch die Sportarten Leichtathletik, Wandern und Fußball an.

Die Freie Turnerschaft Rixdorf-Britz gehörte zu den ersten Vereinen des ATB, die Frauenabteilungen einrichteten. „Turnen" war zunächst reine Männersache gewesen. Gerade die Arbeitersportvereine propagierten die Gleichstellung der Frau und unternahmen erste Schritte auf dem Weg dorthin. Zunächst beschränkten sich die Turnerinnen auf Freiübungen sowie Stab- und Reifenübungen, da ihre Turnkleidung noch aus langen Röcken bestand. Bald wurden die Kleider durch weite, über die Knie reichende Pumphosen und diese wiederum durch weniger weite kurze Hosen ersetzt, so dass die Frauen nun auch an den Geräten turnen konnten. Diese neue Turnkleidung wirkte gemessen am damaligen Frauenbild revolutionär. Auch die Vorturner der Frauenabteilungen waren bis weit in die 20er Jahre hinein oft noch Männer. In Britz fand jedoch schon Ostern 1902 der erste Kurs zur Ausbildung von Frauenturnwarten statt.

Das Musikkorps des Vereins spielte auf Sportfesten vieler Arbeitersportvereine Berlins und Umgebung. „Diese im ganzen Bunde bestens bekannte Kapelle, die immer im Turnerdress (graue Zwirnhose, blaue Jacke, grauer Turnerhut) spielte, konnte es mit jeder Berufskapelle aufnehmen."[2]

Ihren Turnplatz hatte die Freie Turnerschaft Rixdorf-Britz auf dem Städtischen Sportplatz an der Grenzallee (Sportplatz Dammweg), dort, wo heute die Aronstraße liegt. Der Magistrat von Rixdorf stellte dem ihm politisch nicht genehmen Verein zunächst keine städtischen Turnhallen zur Verfügung, obwohl dieser sich mehrfach darum bemüht hatte. Zudem versuchten Lehrer und obere Schulbehörden, die Arbeit des Vereins zu erschweren, indem sie den Schülerinnen und Schülern verboten, dessen Turnstunden zu besuchen.

1906 waren in Rixdorf neben der Freien Turnerschaft zwei weitere Arbeitersportvereine hinzugekommen – eine Ortsgruppe des Arbeiter-Radfahrer-Bundes Solidarität und die 1904 gegründete Rixdorfer Abteilung des Schwimmclubs Vorwärts, aus der später die Freien Schwimmer Neukölln hervorgingen. Diesen drei Arbeitersportvereinen standen 1906 etwa fünfzehn bürgerliche Sportvereine in Rixdorf gegenüber. Das entspricht der Situation des Arbeitersports in Deutschland während der gesamten Zeit seines Bestehens. Er machte immer nur den kleineren Teil der gesamten Sportbewegung aus, da ein erheblicher Teil der Arbeiterschaft den bürgerlichen Turnvereinen beitrat.

Neuköllner Arbeitersportvereine während der Weimarer Republik

An den revolutionären Ereignissen 1918/19 in Berlin hatten sich auch Arbeitersportler beteiligt. Nach der Revolution wirkte sich sowohl die Spaltung der politischen Arbeiterbewegung in drei Arbeiterparteien – SPD, USPD und KPD – als auch die Politik der SPD-Regierung, die sich zur Niederschlagung des Spartakusaufstandes mit der Heeresleitung und den Freikorpsverbänden verbündet hatte, tiefgreifend auf die Arbeitersportvereine in Groß-Berlin aus. Die Mehrheit der Vereine positionierte sich links und duldete keine Freikorpsmitglieder in ihren Reihen. In der Haltung zur SPD dagegen kam es innerhalb der Groß-Berliner Arbeitersportvereine zu erbitterten Auseinandersetzungen. Während eine Mehrheit der Vereine, allen voran der größte Arbeiterturnverein Berlins, Fichte, zum revolutionären Klassenkampf aufrief und sich zur Diktatur des Proletariats bekannte, standen andere weiterhin der SPD nahe. Auf Bundesebene war der ATSB dagegen eher SPD-orientiert.

Nach dem Ersten Weltkrieg und unter den Bedingungen der Weimarer Republik nahm der Arbeitersport einen großen Aufschwung, unter anderem weil die Arbeitersportvereine nun wie die bürgerlichen Vereine Schul-Turnhallen für ihr Training und andere Vergünstigungen erhielten. Mitte der 20er Jahre traten im sportlichen Leben der Vereine die politischen Auseinandersetzungen zwischen den Arbeiterparteien in den Hintergrund. Die Arbeitersportler verstanden sich vorrangig als Teil der gesamten Arbeiterbewegung und waren bei weitem nicht alle parteipolitisch organisiert.

1928/29 kam es aufgrund der sich verstärkenden Frontstellung zwischen SPD und KPD und der Auseinandersetzungen über die deutsch-sowjetischen Sportbeziehungen zur Spaltung des Arbeitersports. Vereine, die Sympathien für die KPD zeigten, oder Sportler, die an der I. internationalen Spartakiade in Moskau im Jahr 1928 teilgenommen hatten, wurden aus dem ATSB ausgeschlossen. In Berlin verlor der Verband im Unterschied zum Reich die Mehrheit seiner Mitglieder. Die ausgeschlossenen Vereine organisierten sich im Frühjahr 1929 in der kommunistisch orientierten Interessengemeinschaft zur Wiederherstellung der Einheit im Arbeitersport, die sich Ende 1930 in Kampfgemeinschaft für Rote Sporteinheit umbenannte. Sie wurden auch Rot-Sport-Vereine oder Rote Sporteinheit genannt. Ab 1930 wurden ihnen aufgrund ihrer politischen Haltung die unentgeltliche Nutzung der Schul-Turnhallen wieder entzogen. Viele Vereine bauten nun leerstehende Fabriketagen zu Trainingshallen um.

- Freie Turnerschaft Rixdorf-Britz auf dem Turnplatz Grenzallee, 1909

- Arbeiter-Radfahrer-Bund Solidarität, Ortsgruppe Neukölln, auf Wanderfahrt, vermutlich 1920er Jahre

- „Freie Schwimmer Neukölln", Eröffnung des Vereinsbades, 30. Mai 1920

Arbeiterturn- und Sportvereine in Neukölln

Der große Aufschwung der Arbeiter-Turn- und Sportbewegung nach 1918 war auch in Neukölln, das sich inzwischen zu einer Hochburg der Arbeiterbewegung entwickelt hatte, deutlich spürbar. Ein Blick in den „Arbeitersport", der Wochenzeitschrift des Arbeiter-Sportkartells von Groß-Berlin, aus den Jahren 1919 und 1920 lässt die Vielfalt der Arbeitersportvereine in Neukölln lebendig werden. Verschiedene Sportarten waren nun oft jeweils in mehreren Vereinen vertreten. Die Freie Turnerschaft Neukölln (ehemals Freie Turnerschaft Rixdorf-Britz) bot als großer Verein mehrere Sportarten an. Daneben gab es in Neukölln eine Ortsgruppe des Arbeiter-Radfahrer-Bundes Solidarität, mehrere dem Arbeiter-Athletenbund angehörende Schwerathletik-Vereine, Arbeiterschwimmvereine und Arbeiter-Fußballvereine. Allein vier Neuköllner Fußballvereine – der Neuköllner Sportclub Sperber 12, Rüstig-Vorwärts 13, Lustig und Fidel aus Rudow und Mannschaften der Freien Turnerschaft Neukölln – beteiligten sich am Spielbetrieb der Märkischen Spielvereinigung. Außerdem gab es Neuköllner Ortsgruppen des Arbeiterschachbundes, des Touristenvereins Naturfreunde und des Arbeiter-Samariter-Bundes. Insgesamt zählte Ende 1919 das Arbeiter-Sportkartell Neukölln, in dem alle Arbeitersportler Neuköllns zusammengeschlossen waren, etwa 2.500 Mitglieder.[3]

Die Ortsgruppe Neukölln des Arbeiter-Radfahrer-Bundes Solidarität, des größten Radfahrer-Bundes Deutschlands, bestand schon 1906. Der Bund sah seine Aufgabe darin, den Mitgliedern „nach der wöchentlichen Fron im Dienste des Kapitals" die Möglichkeit zu geben, „in der freien Natur […] die körperlichen und geistigen Kräfte wieder aufzufrischen"[4]. Statt Radrennen, die vom Bund als gesundheitsschädlich eingeschätzt wurden, standen „gemeinschaftliche Tourenfahrten" an den Wochenenden im Mittelpunkt. Nach dem Ersten Weltkrieg erlebte auch die Ortsgruppe Neukölln einen Aufschwung. Hatte sie Ende 1918 nur 88 Mitglieder, so waren es Ende 1919 bereits 185, darunter 40 Radfahrerinnen. Die Ortsgruppe war 1919/20 in den Neuköllner Arbeitersport gut integriert, denn ihr Vorsitzender Franz Preuß war zugleich Vorsitzender des Arbeiter-Sportkartells Neukölln. Neben den Wanderfahrten betrieb die Neuköllner Ortsgruppe auch Saal- und Kunstradsport.

Die Freien Schwimmer Neukölln, zwischen 1912 und 1920 Arbeiter-Schwimmverein Neukölln genannt, sahen es als ihre Aufgabe an, „für eine weite […] Verbreitung des Schwimmens unter der Arbeiterschaft Sorge zu tragen"[5]. Sport sollte – ihrer Auffassung nach – vor allem der Gesundheit dienen. Daher strebten sie Massensport statt Rekorde an und lehnten Preise und Diplome für Schwimmleistungen ab. Der Verein gehörte dem

• Kraft- und Ringsport-Verein Eichenkranz, einer der Schwerathletik-Vereine Neuköllns, 1923

• Die Freie Turnerschaft Neukölln in ihrer Sporthalle in der Steinmetzstraße (heute Kienitzer Straße), um 1930

• Wandersparte 68 des ASV Fichte Berlin-Neukölln, um 1930

Arbeiter-Wassersport-Verband an, der 1922 in den ATSB integriert wurde.

Die Freien Schwimmer Neukölln trainierten in dem 1914 eingeweihten Stadtbad Neukölln in der Ganghofer Straße. Schon 1904 hatte Gustav Zepmeisel, Gründungsmitglied des Vereins und SPD-Stadtverordneter von Rixdorf, den Bau dieses Bades gefordert. Im Sommer 1920 wurde dem Verein auch ein eigener Sommerbadeplatz am Neuköllner Schiffahrtskanal an der Grenzallee-Brücke zur Verfügung gestellt, von 1921 bis 1927 wurde jedoch ein Ausweichgelände jenseits des Kanals in der Nähe des Britzer Hafens genutzt. Im Sommer fuhren die Vereinsmitglieder an Sonntagen, an denen keine Wettkämpfe stattfanden, oft gemeinsam ins Freie an den Crossinsee.

Neben dem Schwimmen spielten im Verein Wasserball und die für den Arbeitersport so typischen Gruppenformationen wie Reigenschwimmen (Figurenlegen) eine große Rolle. Der Verein hatte gute Schwimmer und nahm an Arbeiter-Olympiaden sowie nationalen und internationalen Arbeitersport-Wettkämpfen teil.

Seit 1920 bestand mit dem Vorwärts Neukölln noch ein zweiter Arbeiterschwimmverein in Neukölln.[6] Nach der Spaltung des Arbeitersports blieben die Freien Schwimmer Neukölln im ATSB, auch wenn es im Verein in den 20er Jahren Strömungen links von der SPD gegeben hatte. Vorwärts Rixdorf, der schon 1927 mit dem ASV Fichte eine Sportgemeinschaft eingegangen war, wandte sich den Rot-Sport-Vereinen zu und integrierte sich im Januar 1931 in den neu gegründeten Zentralverein Fichte.

Im Bereich der Schwerathletik gab es im April 1919 vier Neuköllner Arbeitersportvereine, ein Jahr später waren es schon sieben. Der Bericht über eine Versammlung der Arbeiter-Athletenvereine Neuköllns am 27. April 1919 wirft ein Licht auf die damalige schwierige Situation der vielen kleinen Kraft- und Ringsportvereine in Neukölln. Sie trainierten oft „in kleinen

• „Anbaden" der Fichte-Schwimmer im Sommerbad Berlin-Neukölln, vermutlich Anfang der 30er Jahre

verräucherten Lokalen" und konnten so kaum jugendlichen Nachwuchs für den Ringsport gewinnen. Sie hofften, durch eine Zentralisierung bessere Chancen für luftige und gesunde Übungsräume zu bekommen.[7] Der Kraft- und Ringsportverein Berolina Neukölln, später umbenannt in Sportclub Berolina[8], zählte zu den bekanntesten Neuköllner Arbeiter-Athletik-Vereinen. Der 1903 unter dem Dach des bürgerlichen Schwerathletik-Verbandes gegründet Verein schloss sich 1918 dem Arbeiter-Athletenbund Deutschland (AABD) an, weil viele seiner Mitglieder sozialdemokratisch eingestellte Arbeiter oder kleine Gewerbetreibende waren. 1919/20 machte der Verein mit Klubmeisterschaften sowie seinem Vereins-Jahres-Wettkampf auf sich aufmerksam, im Juli 1920 zählte er 231 Mitglieder und trainierte nun in der Turnhalle der Rütlischule. Anfang der 20er Jahre stieß der junge Arbeitersportler und später berühmte Ringer Werner Seelenbinder zum Verein. Im Zuge der Spaltung des Arbeitersports wurde der SC Berolina aus dem AABD ausgeschlossen, weil sich Werner Seelenbinder an der Spartakiade in Moskau 1928 beteiligt und sein Verein sich hinter ihn gestellt hatte. Der zählte nun zu den Rot-Sport-Vereinen und musste die Räume in der Rütlischule verlassen, fand aber bald leerstehende Fabrikräume zum Trainieren.

Der größte Neuköllner Arbeitersportverein war weiterhin die Freie Turnerschaft Neukölln-Britz. Der Fußball machte Anfang 1920 mit drei Männermannschaften, einer Jugend- und einer Schülermannschaft einen großen Teil des vielfältigen Sportangebots aus. In den Jahren 1919/20 geriet der Verein durch die politischen Auseinandersetzungen im Berliner Arbeitersport um die Haltung gegenüber der SPD in eine heftige Zerreißprobe. Bei der Abstimmung auf der außerordentlichen Vereinsversammlung am 15. November 1919 stellten sich 88 Mitglieder hinter die Beschlüsse des 1. Kreises des ATSB (Berlin-Brandenburg) vom 18./19. Oktober 1919, die unter anderem ein Bekenntnis zur Diktatur des Proletariats beinhalteten. 28 Mitglieder stimmten dagegen, darunter auch der ehemalige Vereins- und Kreisvorsitzende Max Schönberg, der der SPD nahestand. Als es ihm nicht gelang, den Verein hinter seine Position zu bringen, spaltete er sich im März 1920 mit einer kleinen Gruppe von Vereinsmitgliedern von der Freien Turnerschaft Neukölln-Britz ab und bildete in der sozialdemokratisch orientierten Freien Turnerschaft Berlin eine Neuköllner Abteilung.[9]

Die Mitgliederzahl der nun links von der SPD stehenden Freien Turnerschaft Neukölln wuchs bis 1928 auf etwa 2400 Mitglieder an.[10] Sie bestritt in den 20er Jahren viele Sportfeste in Neukölln und ihr langjähriger Vorsitzender war das linke SPD-Mitglied Otto Wilke. Nach der Spaltung des Arbeitssports 1928/29 gehörte der Verein zu den Rot-Sport-Vereinen. Ihr 35. Vereinsjubiläum feierte die Freie Turnerschaft Neukölln am 29. Juni 1930 auf einer riesigen gemeinsamen Jubiläumsveranstaltung im Berliner Poststadion zusammen mit den beiden großen Rot-Sport-Vereinen ASV Fichte und der Freien Turnerschaft Lichtenberg, die in diesem Jahr ihr 40. bzw. 30. Vereinsjubiläum hatten.

Da dem Verein um etwa 1930 die Schul-Turnhallen entzogen wurden, bauten seine Mitglieder in Eigenarbeit in der Steinmetzstraße (heute: Kienitzer Straße) und in der Bergstraße (heute: Karl-Marx-Straße) eigene Trainingshallen aus.

Eine weitere Gruppe von Vereinsmitgliedern hatte 1928 den Sport- und Wanderverein Neukölln 1927 als eine Art „Scheinverein" gegründet. Da es ihm gelang, alle Gründungspapiere ins Jahr 1927 zurück zu verlegen, galt er als ein dem ATSB angeschlossener Verein und erhielt so weiterhin Schul-Turnhallen und Vergünstigungen wie Fahrscheinermäßigungen für Gruppenfahrten.

Der größte und einflussreichste Berliner Arbeitersportverein, der fast alle Sportarten anbot, war der 1890 gegründete Turnverein Fichte. Seine Leitidee war das Wort des Philosophen Johann Gottlieb Fichte (1762–1814): „Alles sei gleich, was Menschenantlitz trägt." In den 20er Jahren war der 1927 in ASV Fichte umbenannte Verein kommunistisch orientiert und zählte schließlich 1928 10.000 Mitglieder.[11] Während seiner Aufbaujahre hatte Fichte in Rixdorf noch nicht Fuß fassen können, weil sich in dem damals noch nicht zu Berlin zählenden Vorort ein eigener großer Turnverein – die Freie Turnerschaft Rixdorf-Britz – gebildet hatte. Auch nachdem Neukölln ab 1920 eingemeindet war, dauerte es noch bis etwa Mitte der 20er Jahre, bis sich mit der 48. Abteilung die erste Fichte-Gruppe in Neukölln gründete.

Lange zuvor hatten jedoch schon enge Verbindungen zwischen Fichte und Rixdorf/Neukölln bestanden: So spielte das Musikkorps der Freien Turnerschaft Rixdorf-Britz auf Vereinsfesten und den Altersriegen-Turnfahrten von Fichte. Spätestens ab 1925 befand sich die Filiale des Sportartikelgeschäfts von Fichte in der Kaiser-Friedrich-Straße 61 (heute Sonnenallee). Mit Sicherheit aber waren Neuköllner Arbeitersportler, lange bevor es in Neukölln eigene Fichte-Abteilungen gab, als Mitglieder in anderen Abteilungen des Vereins aktiv gewesen, denn 1925 kamen viele der Vorstandsmitglieder aus Neukölln: So war Adolf Friedrich von 1924 bis 1928 einer der beiden Vorsitzenden, Ernst Seikrit war Kassierer und Alwin Nitzschke Frauenturnwart des Vereins. Außerdem engagierten sich Neuköllner auch in Kreuzberger Abteilungen von Fichte als Turnwarte. Allen voran ist dabei Willi Sänger aus Britz zu nennen, der zumindest in den Jahren 1927/28 Anprechpartner für die 15. Abteilung und von 1928 bis 1933 einer der beiden Vereinsvorsitzenden war.

In der zweiten Hälfte der 20er Jahre dehnte sich Fichte in Neukölln aus. Ab Oktober 1927 wurde die 48. Abteilung durch eine Jugendgruppe ergänzt. Die Aktivitäten bestanden aus Gruppenabenden mit Bildungsprogrammen zu Themen wie Sowjetrussland und Sexualwissenschaften, Literaturabenden, aus Fahrten ins Umland und im Sommer aus Spieleabenden, die mittwochs im Treptower Park stattfanden. Ab August 1928 bestand mit der 61. Gruppe eine zweite Fichte-Abteilung in Neukölln, die ab September 1929 auch Schwimmen im Stadtbad anbot. Nach dem Ausschluss von Fichte aus dem ATSB schloss sich im November 1929 die frühere Freie Turnerschaft Britz dem ASV Fichte an und bildete die 75. Gruppe und somit die dritte Fichte-Abteilung in Neukölln. Als Zentralverein, dem sich viele Rot-Sport-Vereine, darunter auch der Schwimmverein Vorwärts Neukölln angeschlossen hatten, zählte Fichte 1931 schließlich 24.000 Mitglieder.

Nach der Spaltung des Arbeitssports gehörte der größte Teil der Neuköllner Arbeitersportler zu den Rot-Sport-Vereinen. Eine Neuköllner Gruppe von „Bundestreuen", also von im ATSB verbliebenen Sportlern, schloss sich im Volkssport Neukölln zusammen.[12]

An Großveranstaltungen der Rot-Sport-Vereine in den folgenden Jahren nahmen auch Neuköllner Arbeitersportler teil. Viele fuhren Pfingsten 1930 zum Reichstreffen der Roten Sportler nach Erfurt, viele beteiligten sich an der großen Sportlerdemonstration am 27. August 1930 gegen den Entzug von Turnhallen für Rot-Sport-Vereine in Berlin oder an der II. Internationalen Spartakiade vom 5.–19. Juli 1931 in Berlin, die wegen des Verbots durch die Polizei nur in reduziertem Rahmen stattfand, oder im Mai 1932 an den Aufnahmen der Massenszenen für den Film „Kuhle Wampe" von Slatan Dudow und Bertolt Brecht.[13]

Bedeutung der Arbeitersportvereine für ihre Mitglieder

Zum Leben in den Arbeitersportvereinen zählten nicht nur die wöchentlichen Trainingsstunden, sondern auch Wettkämpfe, die als Sportfeste bezeichnet wurden, gemeinsame Wanderungen und Fahrten an den Wochenenden sowie die gemeinsame Teilnahme an Arbeiterkulturveranstaltungen oder größeren politischen Ereignissen der Arbeiterbewegung, wie zum Beispiel den 1.-Mai-Demonstrationen.

Viele ehemalige Arbeitersportler erinnern sich begeistert an das große Zusammengehörigkeitsgefühl, das im Arbeitersport geherrscht hatte. Für Helga Kalähne von den Freien Schwimmern Neukölln stellte der Verein zugleich den Freundeskreis dar: „Ja, die Gemeinschaft! Das war unser Zuhause. Das ganze Leben spielte sich im Verein ab."[14] Hans Neumann von der Freien Turnschaft Neukölln erinnert sich an Vereinsmitglieder, die nach der Spaltung eigene Trainingshallen ausbauten: Sie haben „alles für ihren Sport geopfert. Es war fantastisch, ein großer Zusammenhalt"[15].

Ein weiteres Mitglied der Freien Turnerschaft Neukölln erinnert sich an die Fahrten ihrer Kinder- und Jugendzeit mit dem Verein: „Dass die Arbeiter, die sonnabends noch gearbeitet haben, mit uns auf Fahrt gegangen sind. So primitiv, so ohne Geld und ohne alles. Und haben ihre Freizeit rangesetzt und sind mit uns los. Und das war so wichtig für uns"[16] – eine der Stimmen, die die gute Kinder- und Jugendarbeit der Arbeitersportvereine lobten.

Viele sahen ihre Mitgliedschaft in einem Arbeitsportverein als Teil der Zugehörigkeit zum Netz der Arbeiterkulturbewegung. Etliche der Kinder und Jugendlichen aus dem Neuköllner Arbeitersport besuchten weltliche Schulen, die durch die Abschaffung des Religionsunterrichts von dem konservativen Einfluss der Kirche befreit waren. Arbeitersportler nahmen am allgemeinen kulturellen Leben der Linken teil, zum Beispiel besuchten sie Kulturveranstaltungen im Saalbau Neukölln, Vorträge von Dr. Max Hodann zum Thema Sexualwissenschaften oder Aufführungen der Piscator-Bühne.

Auch wenn viele Arbeitersportler über politische Auseinandersetzungen in den Vereinen berichten, gab es gerade Mitte der 20er Jahre auch politische Gemeinsamkeiten der Arbeitersportler über Parteigrenzen hinweg. So erinnert sich Karl Tschackert, dass an Kundgebungen

- ASV Fichte Berlin-Neukölln, 1929

- Freie Turnerschaft Neukölln, Jugendabteilung, in der Sommerfrische bei Eberswalde, Ostern 1931

gegen das Todesurteil für die beiden amerikanischen Anarchisten Sacco und Vanzetti oder zum Volksentscheid zur Fürstenenteignung 1926 sozialdemokratische und kommunistische Arbeitersportler gemeinsam teilgenommen haben. Bei der Kundgebung zum Volksentscheid gegen den Bau des Panzerkreuzers A trugen alle

Sportler als Startnummer ein „Nein", man wusste also nicht, ob man neben einem Sozialdemokraten oder Kommunisten demonstrierte.17 Zumindest bis zur Spaltung überwog bei den meisten Arbeitersportlern das Zusammengehörigkeitsgefühl zur Arbeitersportbewegung gegenüber den parteipolitischen Differenzen der Einzelnen.

Arbeitersportler nach 1933

Im Frühjahr 1933 wurden die meisten Arbeitersportvereine von den Nationalsozialisten verboten und aufgelöst. Im März 1933 zerschlugen sie die Kampfgemeinschaft für Rote Sporteinheit und verhafteten führende Rot-Sport-Funktionäre. Im Juli 1933 wurde der ATSB aufgelöst. Viele Trainingsstätten einzelner Arbeitersportvereine wurden zerstört und ihr Vereinsvermögen beschlagnahmt. Manche Vereine lösten sich unter dem politischen Druck auch selbst auf, wieder andere existierten gleichgeschaltet weiter.

Ein großer Teil der Neuköllner Arbeitersportler hielt Distanz zum Nationalsozialismus. So ging zum Beispiel – laut Helmut Lengies, einem ehemaligen Neuköllner Arbeitersportler – nur ein geringer Prozentsatz der Mitglieder der früheren Freien Turnerschaft Neukölln zur NSDAP. Die Mehrheit der Arbeitersportler auch aus Neukölln zog sich angesichts der Auflösung ihrer Sportvereine vom Sport zurück. Aber etliche unter ihnen versuchten, den Zusammenhalt der Sportkameraden zu wahren. Einige wenige leisteten aus ihren Sport-Zusammenhängen heraus politischen Widerstand.18

Einige Gruppen von Neuköllner Arbeitersportlern versuchten, in unverdächtigen bürgerlichen Vereinen unterzutauchen, um weiterhin unter Gleichgesinnten Sport treiben zu können. So kam eine größere Gruppe von Mitgliedern des aufgelösten Vereins Freie Schwimmer Neukölln beim bürgerlichen Turnverein Friesen unter, dem zweitältesten Turnverein Neuköllns, der nun auf diese Weise eine eigene Schwimmabteilung erhielt. Die ehemaligen Freien Schwimmer bildeten innerhalb des TV Friesen sowohl

zahlen- als auch leistungsmäßig etwa bis Ende der 30er Jahre eine starke Gruppe.19

Ebenso fanden Mitglieder zweier aufgelöster Leichtathletik-Vereine – des der SPD nahestehenden Vereins ASC (Arbeiter-Athletik-Sport-Club) und der kommunistisch orientierten FSU (Freie Sport Union) – Unterschlupf bei den Neuköllner Sportfreunden, deren Vereinsvorsitzender Bruno Kornowsky ihren Eintritt deckte (vgl. Monika Bönisch, Die Neuköllner Sportfreunde 1907, in diesem Band).

Die neuen Mitglieder spezialisierten sich unter dem Trainer Georg Wollgast (ehemals FSU) auf den Lauf von Mittelstrecken und Staffeln. Die bisher eher unbekannten Neuköllner Sportfreunde fielen nun durch sportlichen Leistungen der Neueingetretenen auf. Beim Großstaffellauf „Potsdam–Berlin" 1934 wurden sie aus dem Stand zehnte oder elfte. Sogar in überregionalen Wettkämpfen erreichten sie sportliche Erfolge. Kurt Kalähne nahm 1936 an der Olympia-Ausscheidung zum 400-Meter-Lauf in Wittenberg

- Turnverein Friesen, darunter auch ehemalige Mitglieder der Freien Schwimmer, im Stadtbad Neukölln, 1935

- Mücke Graßmann, unbekannt, Georg Wollgast, Kurt Kalähne und Rodemann (v.l.n.r.) auf einer Fahrt zu einem Wettkampf, Mitte der 30er Jahre

teil. 1939 nahm eine Staffel des Vereins – gebildet von Mücke Graßmann, Karl Tschackert und Rodemann – an den Deutschen Staffelmeisterschaften in Darmstadt teil. Der Verein wurde zu einem Zentrum ehemaliger Arbeitersportler. In kleinen persönlicheren Kreisen tauschten sie sich auch über politische Themen aus und gaben geheime Informationen weiter. Der Trainer Georg Wollgast hatte Kontakt zu Spitzenfunktionären der KPD. Aufgrund seiner illegalen Arbeit wurde er Anfang der 40er Jahre inhaftiert und später in der Strafeinheit 999 eingezogen. Nach dem Krieg lebte er in der DDR.

Eine andere Möglichkeit, den Zusammenhalt von Arbeitersportlern zu wahren, beschritt der ursprünglich aus der Freien Turnerschaft Neukölln hervorgegangene Sport- und Wanderverein 1927. Er gründete sich als bürgerlicher Deutscher Sportverein 1933 neu und konnte so bis in die 40er Jahre hinein einer große Anzahl von Arbeitersportlern einen Zusammenhalt bieten.[20] In diesem Verein fanden sich auch viele zusammen, die wegen ihres Widerstandes in Haft gewesen waren und anschließend ihre politische Arbeit fortsetzten.

Unter ihnen war auch Helmut Lengies, der 1933/34 einer Neuköllner Gruppe der Wandersparte des ASV Fichte angehörte, die trotz der Auflösung von Fichte auf eigene Faust illegal weiterbestand. Etwa fünfzehn jugendliche Arbeitersportlerinnen und -sportler, fast alle aus Neukölln, darunter drei Geschwisterpaare, bildeten einen festen Kreis, der sich nun auch weiterhin regelmäßig traf und gemeinsame Ausflüge unternahm. Sie alle standen der KPD nahe, ohne jedoch Parteimitglieder gewesen zu sein. Nur der Initiator der Gruppe, Walter Stolpe, war KPD-Mitglied. Er brachte in diesem Kreis die „Metallarbeiter-Zeitung" zur Verteilung, die er von älteren Neuköllner Fichte-Sportlern und KPD-Mitgliedern erhalten hatte. Weil einer der Jugendlichen eine der Zeitungen an seinen Vater weitergab und sie nun von Hand zu Hand kursierte, flog die Gruppe auf. Fünfzehn von ihnen wurden festgenommen und angeklagt. Die vier Gruppenmitglieder, die die Schriften hauptsächlich verteilt hatten – Walter Stolpe, Werner Pfeil, Siegfried Flade und Helmut Lengies – wurden zu ein- bis zweijährigen Haftstrafen verurteilt. Die anderen wurden freigesprochen oder ihre Verfahren eingestellt.

Die im Frühjahr 1933 zerschlagene Kampfgemeinschaft für Rote Sporteinheit versuchte ab Sommer 1933 mit Unterstützung aus dem Ausland wieder eine Rot-Sport-Organisation aufzubauen. Ihr Ziel war es, zum Widerstand bereite Sportler, die in den bürgerlichen Vereinen Unterschlupf gefunden hatten, zu sammeln und unter ihnen antifaschistische Schriften zu verbreiten. Auch in Neukölln bildeten sich zwei Untergruppen der illegalen Roten Sporteinheit. Sie wurden von Erich Hempel, dem früheren Bezirksleiter der Rot-Sport-Vereine in Neukölln, und Herbert Pohl, der früher dem Amateurbox-Club Neukölln und dem SC Berolina angehört hatte, geleitet. Sie sollten Nazi-Gegner in den Sportvereinen Neuköllner Sportfreunde, Sparta, Hellas und Friesen sammeln. Im Januar 1935 wurde die Berlin-Brandenburger Rot-Sport-Bewegung von der Gestapo in großem Stil zerschlagen. Auch eine Reihe von Neuköllner Rot-Sportlern wurden verhaftet und verurteilt – so Erich Hempel zu fünf Jahren und Herbert Pohl zu zwei Jahren Zuchthaus. Für Rudolf Engler, ehemaliges Mitglied der Freien Schwimmer Neukölln, forderte die Anklage drei Jahre Zuchthaus.

Die Neuköllner Sportler Werner Seelenbinder und Willi Sänger, der nach 1933 Mitglied der Berlin-Brandenburgischen Landesleitung der Kampfgemeinschaft für Rote Sporteinheit war, mussten ihren Widerstand gegen den Nationalsozialismus mit dem Leben bezahlen.

Durch die zunehmende Gleichschaltung der bürgerlichen Sportvereine, durch die Verfolgung Widerstand leistender Sportler und schließlich durch den Zweiten Weltkrieg, in dem viele Sportler als Soldaten eingezogen wurden, verlor sich der Zusammenhalt der Arbeitersportler. Nach

• Titelblätter von illegalen Rot-Sport-Flugschriften, 1934

dem Zweiten Weltkrieg wurden aufgrund der Politik der Alliierten, die eine Politisierung des Sports fürchteten, keine Arbeitersportvereine mehr zugelassen. Einige der ehemaligen Arbeitersportler bauten den von den Alliierten zugelassenen kommunalen Sport mit auf und fanden sich in den ab 1949 neu gegründeten Sportvereinen wieder zusammen – so in den Freien Schwimmern Neukölln oder im TSV Neukölln-Britz 1950, in den ehemalige Mitglieder der Freien Turnerschaft Neukölln-Britz eintraten.

Ursula Bach

Anmerkungen

[1] Zur Freien Turnerschaft Rixdorf-Britz in der Kaiserzeit: Möllers Wegweiser durch Rixdorfer Vereine 1906, S. 129 f., und Dierker, Herbert; Pfister, Gertrud (Hg.), Steins, Gerd (Bearb.): „Frisch heran! Brüder, hört ihr das Klingen!" Zur Alltagsgeschichte des Berliner Arbeitersportvereins Fichte. Erinnerungen des ehemaligen Fichtesportlers Walter Giese, Duderstadt 1991, S. 27 f.
[2] Dierker, Herbert; Pfister, Gertrud (Hg.), a.a.O., S. 35.
[3] „Arbeitersport", Wochenschrift für sämtliche Sportarten, Publikumsorgan des Kartell-Verbandes Groß-Berlin, 1919 und 1920, speziell „Der alte Kurs im neuen Deutschland". In: „Arbeitersport", 1919, Nr. 25, Innentitelseite.
[4] „Arbeitersport", 1919, Nr. 1, S. 7. Zur Ortsgruppe Neukölln siehe auch: „Arbeitersport", 1920, Nr. 10 und Nr. 17, S. 116.
[5] „Arbeitersport", 1919, Nr. 7, S. 57. Zu den Freien Schwimmern siehe auch: 100 Jahre Schwimm-Gemeinschaft Neukölln – Berlin, Sonderausgabe, Berlin 1998, S. 21 ff., und Gespräch der Autorin mit Helga Kalähne vom 26. Januar 2004.
[6] „Arbeitersport", 1920, Nr. 27, S. 196.
[7] „Arbeitersport", 1919, Nr. 2, S. 12 f. Im Februar 1920 bestanden in Neukölln folgende Arbeiter-Schwerathletik-Vereine: Sportclub Berolina, Ringsportverein Eintracht Britz, Arbeitersportvereinigung Neukölln, Kraft- und Ringsportverein Eichenkranz, Arbeiter-Sport-Verein Freiheit Neukölln, Kraft- und Ringsportverein Silesia und R.V. Union-Viktoria. In: „Arbeitersport", 1920, Nr. 7, S. 52.
[8] Zum Sportclub Berolina: „Arbeitersport", 1920, Nr. 31, S. 230, und Radetz, Walter: Werner Seelenbinder: Leben, Haltung, Wirkung, Berlin (Ost) 1969, S. 12 f. und 27 ff.
[9] „Arbeitersport", 1920, Nr. 15, S. 98.
[10] Zur Freien Turnerschaft Neukölln: Dierker, Herbert; Pfister, Gertrud (Hg.), a.a.O., S. 88, 112, 121, 134 f.
[11] Zum ASV Fichte: Sammlungszentrum Zentrales Sportmuseum der DDR (Hg.): Froh, Frei, Stark, Treu. Arbeiter-Sportverein Fichte Berlin 1890–1933. Illustrierte Chronik zum 100. Jahrestag seiner Gründung, Berlin 1990; Mitteilungsblatt des Turn- und Sportvereins Fichte, 1914, 1920, 1921, 1925, Nr. 17, 1.9.1925, S. 116, und 1926, Nr. 20, 1.11.1926, S. 105 f.; „Kampfgenoss", Zeitschrift für proletarische Geistes- und Körperkultur, Monatsschrift des Arbeiter-Sportvereins Fichte 1927–1929.
[12] Sandvoß, Hans-Rainer: Widerstand in Neukölln, Berlin 1990, S. 27.
[13] Sammlungszentrum Zentrales Sportmuseum der DDR (Hg.), a.a.O., S. 41 ff.
[14] Gespräch der Autorin mit Helga Kalähne, a.a.O.
[15] Gespräch Oliver Schweinoch mit Hans Neumann, 17. November 2003.
[16] Gespräch der Autorin mit Frau D., 15. Dezember 2000.
[17] Gespräch der Autorin mit Karl Tschackert, 1. Dezember 2000.
[18] Zum Thema Arbeitersportler nach 1933 falls nicht anders angeben: Sandvoß, Hans-Rainer: Widerstand in Neukölln, Berlin 1990, S. 28–35.
[19] Gespräch mit Helga Kalähne, a.a.O.
[20] Dierker, Herbert; Pfister, Gertrud (Hg.), a.a.O., S. 134 f.

Weiterführende Literatur
Dierker, Herbert: „Größter Roter Sportverein der Welt." Der Berliner Arbeitersportverein Fichte in der Weimarer Republik. In: Hans Joachim Teichler und Gerhard Hauk (Hg.): Illustrierte Geschichte des Arbeitersports, Berlin, Bonn 1987, S. 93–104.
Ders., Arbeitersport im Spannungsfeld der Zwanziger Jahre. Sportpolitik und Alltagserfahrungen auf internationaler, deutscher und Berliner Ebene, Essen 1990.
Teichler, Hans Joachim: „Nicht länger Reaktionären Gefolgschaft leisten." Entstehung und Entwicklung des Arbeiter-Turnerbundes bis 1914. In: Hans Joachim Teichler und Gerhard Hauk (Hg.), a.a.O., S. 17–24.

ARBEITERSPORTLER UND WIDERSTANDSKÄMPFER –
Werner Seelenbinder

Die sportliche Karriere des in Berlin äußerst populären Arbeitersportlers und Ringers Werner Seelenbinder begann mit seinem Eintritt in den Neuköllner Sportclub Berolina um 1920. Schon im Ersten Weltkrieg hatte der aus einer Arbeiterfamilie stammende Jugendliche aus Friedrichshain in einem Verein in der Nähe des Ostbahnhofs Kontakt zum Ringsport gefunden. Gezielt trainierte er jedoch erst nach dem Krieg in dem leistungsstarken SC Berolina. Der 1903 gegründete Club hatte sich 1918 dem Arbeiter-Athletenbund und damit dem Arbeitersport angeschlossen. Der Verein trainierte zunächst in einem ehemaligen Tanzsaal in der Kaiser-Friedrich-Straße (heute Sonnenallee) und ab 1920 in der Turnhalle der Rütlischule. Hier hatte Werner Seelenbinder, der inzwischen als Fabrikarbeiter sein Geld verdiente, die ersten sportlichen Erfolge. Zusammen mit den Jugendringern Erwin Droas und Willi Hentschel zählte er zum erfolgversprechenden „Dreigestirn" von Berolina. Zugleich kam er hier in Berührung mit den Idealen und Positionen der Arbeiterbewegung wie auch im kommunistisch orientierten Kreuzberger SC Lurich, bei dem er gelegentlich trainierte.

Seinen ersten internationalen Erfolg erzielte er 1926 auf dem Arbeiter-Turn- und Sportfest in Wien als Sieger im Mittelgewicht. Es folgten weitere Wettkampfreisen ins Ausland. Im Juli 1928 nahm Werner Seelenbinder an der I. Internationalen Spartakiade in Moskau teil, bei der er wiederum einen Sieg errang. Kurz darauf trat er, beeindruckt von seinen positiven Erfahrungen in der Sowjetunion, in die KPD ein und arbeitete von nun an politisch eng mit Erich Rochler, dem Vereinsvorsitzenden von SC Lurich, zusammen. Der sozialdemokratisch orientierte Arbeiter-Athletenbund hatte aufgrund der sich anbahnenden Spaltung des Arbeitersports (vgl. Arbeiterturn- und Sportvereine in Neukölln, in diesem Band) seinen Mitgliedern die Teilnahme an der Spartakiade verboten und schloss deshalb Werner Seelenbinder nach seiner Rückkehr aus Moskau aus. Die Vereinsmitglieder wählten ihn aus Protest dagegen zum neuen Vorsitzenden. Daraufhin wurde der gesamte Verein ausgeschlossen und ihnen die Turnhalle in der Rütlistraße entzogen. Der SC Berolina schloss sich nun der Kampfgemeinschaft für Rote Sporteinheit an und baute sich eine eigene Trainingshalle aus. Als Anfang der 30er Jahre der Nazi-Terror auf den Straßen Berlins immer stärker wurde, beteiligte sich Werner Seelenbinder am Schutz von Partei-

• Werner Seelenbinder, geboren 2. August 1904, am 24. Oktober 1944 im Zuchthaus Brandenburg-Görden hingerichtet

• Siegerurkunde für Werner Seelenbinder, 1931

lokalen und Übungshallen der Arbeitersportler vor SA-Überfällen. Aus seinem Solidaritätsgefühl heraus wurde er auch Mitglied der Roten Hilfe.

Nach der Machtergreifung der Nationalsozialisten bekam Werner Seelenbinder von der illegalen KPD den Auftrag, in einen bürgerlichen Sportverein einzutreten, und dort alles daran zu setzen, im Ringsport Mitglied der deutschen National- und Olympiamannschaft zu werden, um die Auslandswettkämpfe für Kurierdienste der KPD nutzen zu können. Für ihn als gradlinig denkenden und handelnden Menschen war es schwer, sich nach außen hin den Idealen des nationalsozialistischen Sports unterzuordnen. Er verließ den SC Berolina, der nun als bürgerlicher Verein unter dem Namen Deutscher Sportverein weiterbestand, und trat der Sportvereinigung Ost, einem Schwerathletikverein, bei. In diesem Verein, der in einer Übungshalle in der Landsberger Allee trainierte, kamen viele ehemalige Arbeitersportler unter. Inzwischen arbeitslos geworden, konnte Werner Seelenbinder seine ganze Kraft auf das Training konzentrieren. 1933 wurde er erstmalig Deutscher Meister im Halbschwergewicht. Bei der Siegerehrung verweigerte er den Hitlergruß und und bestärkte damit viele anwesende Arbeitersportler in ihrer anti-nationalsozialistischen Haltung. Er selbst kam wegen des Vorfalls kurzzeitig in Gestapo-Haft und wurde nach seiner Entlassung auf Betreiben der Reichssportführung aus der Spielvereinigung Ost ausgeschlossen und für Wettkämpfe gesperrt. Erst 1935, kurz vor den Deutschen Meisterschaften, bekam er wieder eine Starterlaubnis und holte sich trotz der langen Trainingspause wieder den Meistertitel. Seine Auslandsreisen als Mitglied der Ringer-Nationalmannschaft nutzte er zum Material- und Informationsaustausch mit Genossen der Auslands-KPD. 1936 qualifizierte er sich für die Teilnahme an den Olympischen Spielen in Berlin und verfolgte das Ziel, als Sieger über ein Live-Interview im Radio auf die Unmenschlichkeit des Nazi-Regimes, die hinter dem schönen Schein der Spiele verborgen lag, aufmerksam zu machen (vgl. Katja Döhnel und Raymond Wolff in diesem Band). Er errang jedoch nur den vierten Platz.

Bis 1941 wurde er insgesamt sechsmal Deutscher Meister und blieb für die Arbeitersportler in Berlin eine wichtige Identifikations- und Integrationsfigur. Auch seine Kurierdienste führte er bei weiteren Auslandwettkämpfen fort.

Werner Seelenbinder hatte 1935 wieder Arbeit als Transportarbeiter gefunden, zunächst bei der AEG Treptow und später im Eisenwerk Mannheim in Berlin-Marienfelde. 1938 fand er Anschluss an die Uhrig-Gruppe, einer weit verzweigten kommunistische Widerstandsgruppe um den Berliner Robert Uhrig. Werner Seelenbinder organisierte mehrere antifaschistische Informations- und Schulungszirkel unter Arbeitersportlern, beteiligte sich an der Herstellung von Flugblättern und ihrem Versand an die Front sowie an der Herstellung des „Informationsdienstes", einer Schrift der Gruppe, die sich speziell an aktive Widerstandskreise richtete. Schließlich besorgte er Unterkunft und Verpflegung für Alfred Kowalke, der im Herbst 1941 als KPD-Instrukteur aus dem Ausland illegal nach Berlin gekommen war, um Kontakte zur Uhrig-Gruppe aufzunehmen. Zeitweilig brachte er ihn bei Johannes Zoschke, einem befreundeten Arbeitersportler, und dessen Frau Elfriede unter. Auf seiner Arbeitsstelle in Marienfelde nahm er Kontakt zu dort beschäftigten Zwangsarbeitern auf, unterstütze sie mit Lebensmitteln und nahm ihnen bei der Arbeit schwere Lasten ab.

Am 4. Februar 1942 wurde Werner Seelenbinder in der ersten Verhaftungswelle gegen Mitglieder der Uhrig-Gruppe von der Gestapo gefasst. Trotz tagelanger schwerer Folter gab er den Aufenthaltsort von Alfred Kowalke[1] nicht preis und er konnte auch seine Verbindung zu Erich Rochler verschweigen.[2] Nach einem Zwischenaufenthalt im Untersuchungsgefängnis

• Werner Seelenbinder im Kampf mit seinem Trainingspartner Karl Binder, Mitte der 30er Jahre

in der Lehrter Straße wurde er im September 1942 zusammen mit anderen Häftlingen der Uhrig-Gruppe in das „Arbeitserziehungslager" Wuhlheide in Berlin eingeliefert, in dem KZ-ähnliche Haftbedingungen herrschten. Es gelang ihnen, Lagerfunktionen zu übernehmen und auf diese Weise die Lebensbedingungen im Lager etwas zu verbessern, zum Beispiel kranke Häftlinge vor schweren Arbeiten zu schützen oder Zwangsarbeitern zu helfen. Im Herbst 1943 wurde Werner Seelenbinder mit anderen Häftlingen der

• Werner Seelenbinder (2. v. l.) mit Sportfreunden wenige Monate vor seiner Verhaftung, 1941

Uhrig-Gruppe in das „Arbeitserziehungslager" Großbeeren verlegt. Auch dort unterstützte er Mithäftlinge, zum Beispiel den jungen Juden Peter Edel, der bei seiner Ankunft im Lager schwer misshandelt wurde. Peter Edel erinnert sich in seiner Autobiografie an die Solidarität, die das Handeln Werner Seelenbinders auch im Lager bestimmte, und die er dem Neuankömmling vermittelte:

„Wir leben hier alle nur auf Abruf. Das ist ein Durchgangslager. Ich werde auch bald gehen müssen. Hauptsache, dass jeder von uns weiß: Neben mir ist einer, der mich nicht vor die Hunde gehen lassen will, der tun wird, was ihm möglich ist. Heute er, morgen ich. Das sagen wir jedem Neuen, von dem wir annehmen, er wird sich bewähren. Richtest du dich danach, ob in diesem oder einem anderen Lager, wirst du wenigstens hoffen können, durchzukommen."³

Am 5. September 1944 wurde Werner Seelenbinder im vierten Prozess gegen die Uhrig-Gruppe vom Volksgerichtshof in Potsdam wegen Hochverrat zum Tode verurteilt und am 24. Oktober 1944 im Alter von vierzig Jahren im Zuchthaus Brandenburg-Görden hingerichtet.

Die symbolische Urnenbeisetzung Werner Seelenbinders fand am 1. September 1945 während einer Friedensdemonstration im Eingangsbereich des Neuköllner Stadions an der Oderstraße statt. Dort erinnert noch heute ein etwas versteckt gelegener Gedenkstein an ihn. Noch im gleichen Jahr wurde das Neuköllner Stadion nach ihm benannt. Im Zuge des Kalten Krieges, der Ost-West-Spaltung Berlins und der Ehrung Werner Seelenbinders im Ostteil der Stadt als kommunistischer Widerstandskämpfer geriet sein Name im Westteil zunehmend in Vergessenheit. Auch das Neuköllner Stadion verlor den Namen Werner Seelenbinder. Ab 1979 forderten wiederholt verschiedene Initiativen, das Stadion wieder nach ihm zu benennen. Seit 1992 erinnert eine Gedenktafel an der Neuköllner Konrad-Agahd-Grundschule in der Thomasstraße 39, dem heutigen Trainingsort des SC Berolina, an Werner Seelenbinder.

Ursula Bach

Anmerkungen
[1] Alfred Kowalke wurde erst am 2. Februar 1943 verhaftet. Am 6. März 1944 wurde er im Zuchthaus Brandenburg-Görden hingerichtet.
[2] Erich Rochler überlebte die NS-Zeit.
[3] Zit. n. Edel, Peter: Wenn es ans Leben geht. Meine Geschichte, Bd. I, Berlin (Ost) 1979, 3. Aufl., S. 340.

Literatur
Bartkowski, Olaf; Lustig, Detlev; Ramm, Harald: Zwei Seiten einer Medaille. Jahn und Seelenbinder oder Wie ein Bezirk seine Sportler ehrt. In: Neuköllner Kulturverein (Hg.): Sand im Getriebe. Neuköllner Geschichte(n), Berlin 1990, S. 203–210.
Komitee der antifaschistischen Widerstandskämpfer der DDR, Kreiskomitee Berlin-Lichtenberg (Hg.): Forschungsbericht über das Gestapo-Lager Wuhlheide, o. O., o. J. (um 1978).
Kraushaar, Luise: Berliner Kommunisten im Kampf gegen den Faschismus 1936 bis 1942. Robert Uhrig und Genossen, Berlin (Ost) 1981.
Radetz, Walter: Werner Seelenbinder. Leben, Haltung, Wirkung, Berlin (Ost) 1969.
Ders.: Der Stärkere. Das Leben des Arbeitersportlers Werner Seelenbinder, Stuttgart 1981.
Sandvoß, Hans-Rainer: Widerstand in Neukölln, Berlin 1990.
Ders.: Widerstand in Friedrichshain und Lichtenberg, Berlin 1998.

„NEUKÖLLN MUSS SCHMUCK AUSSEHEN!"

Neukölln und die Olympischen Spiele 1936

Drei Jahre vor Ausbruch des Zweiten Weltkriegs fanden in Berlin die XI. Olympischen Spiele statt. Vom 1. bis 16. August 1936 trafen sich 5.000 Sportler aus 51 Ländern, um miteinander in 19 Sportarten und in 120 Wettkämpfen in einen friedlichen Wettstreit um die olympischen Medaillen zu treten. Bereits 1931 hatte das Internationale Olympische Komitee (IOC) die Spiele an die deutsche Hauptstadt vergeben. Berlin siegte damit über Barcelona, das sich ebenfalls für die Austragung beworben hatte. Mit der Wahl Berlins hing auch die Vergabe der Winterspiele zusammen, die im Februar in Garmisch-Partenkirchen stattfinden sollten. Ausschlaggebend für die Entscheidung war die Tatsache, dass Berlin bereits 1916 die Olympischen Spiele hätte ausrichten sollen, diese aber aufgrund des Ersten Weltkriegs nicht stattfanden. Das waren die einzigen Olympischen Spiele der Neuzeit, die aus politischen Gründen vollständig ausfielen.

Kurz nach der Entscheidung des IOC für Berlin tauchten dort jedoch erste Zweifel auf. Je mehr sich die Position der NSDAP festigte, umso stärker wurden Befürchtungen, eine politische Veränderung in Deutschland könnte die Spiele verhindern. Im September 1932, als Hitler seine Position gefestigt sah, ließ er dem IOC mitteilen, dass die NSDAP entgegen früheren Äußerungen den Spielen keine Schwierigkeiten bereiten würde und in der Teilnahme farbiger Sportler keinen Grund sähe, die Spiele abzulehnen. Am 13. November 1934 übernahm Hitler dann offiziell die Schirmherrschaft über die Spiele, die Reichspräsident Hindenburg bis zu seinem Tod innehatte.

Hitler war seit dem 30. Januar 1933 Reichskanzler Deutschlands. Mit dem Reichstagsbrand, dem Ermächtigungsgesetz, dem Beginn der Gleichschaltung auf allen gesellschaftlichen Eben, den ersten antijüdischen Gesetzen und der gnadenlosen Verfolgung Oppositioneller fanden tiefgreifende innenpolitische Veränderungen statt, die dazu führten, dass die USA, Spanien und die Sowjetunion ihre Teilnahme an den Olympischen Spielen in Frage stellten. Die beiden letzteren sagten schließlich ihre Teilnahme ab. Einige Proletarier- und Arbeiterparteien bereiteten für 1936 eine „Gegenolympiade" in Barcelona vor, die jedoch aufgrund des ausbrechenden Spanischen Bürgerkriegs bereits am zweiten Tag abgebrochen werden musste. Auch linksorientierte, illegale Zeitungen in Deutschland riefen zu einem Boykott der deutschen Olympischen Spiele auf und propagierten dagegen die spanischen. Die USA, deren Problem unter anderem die Diskriminierung jüdischer Sportler war, ließen sich durch Versprechungen der Regierung Hitler, deutsche jüdische Sportler zu den Spielen zuzulassen, zu einer Teilnahme überreden. Eine Ablehnung der USA hätte die gesamten Olympischen Spiele in Frage gestellt, so mussten seitens der deutschen Regierung kurzfristige Zugeständnisse gemacht werden, auch wenn sie im Widerspruch zur rassistischen Ideologie der Nationalsozialisten standen.

Hitler forcierte die Vorbereitungen der Olympischen Spiele und ließ sich regelmäßig über deren Fortschritte informieren. Er stellte gewaltige Summen für Baumaßnahmen zur Verfügung. „Die Abseitsstellung, in die sich die deutsche Regierung durch den Austritt aus dem Völkerbund, die Terrormaßnahmen gegen politische Gegner sowie jüdische Bürger auf dem inter-

● Blick auf den Haupteingang des Olympia-Stadions während der Olympischen Spiele in Berlin, 1936

nationalen Parkett manövriert hatte, sollte unter Ausnutzung der völkerverbindenden Ideale der Olympischen Bewegung durch pompös aufgezogene Spiele in Deutschland durchbrochen werden."[1] Einen großen Effekt hatte der erstmals organisierte Staffellauf des Olympischen Feuers von Griechenland zum Austragungsort.

Innenpolitisch setzte die deutsche Regierung ihre Politik der Unterdrückung fort. Juden wurden aus Sportvereinen gedrängt, jüdische Sportvereine blieben aus taktischen Gründen zunächst formal-juristisch bestehen. Sie durften jedoch keine öffentlichen Sportanlagen nutzen und nicht an Wettkämpfen mit nicht jüdischen Vereinen teilnehmen. Im September 1934 wurde der „Reichsausschuß jüdischer Sportverbände" gebildet und vereinzelt Juden zu Ausscheidungskämpfen für die Olympischen Spiele, die in ganz Deutschland stattfanden, zugelassen. Sie konnten aufgrund von Schikanen ihre Fähigkeiten jedoch nicht unter Beweis stellen und schieden schließlich aus. Der Reichssportführer Hans von Tschammer und Osten konnte durch diese Taktik die angebliche Gleichbehandlung aller deutschen Sportler vor der internationalen Presse propagieren. Als „Alibijuden" wurden die Fechterin Helene Mayer und der Eishockeyspieler Rudi Ball zu den Spielen zugelassen, beide waren nach den Nürnberger Gesetzen „Halbjuden".

Für die Zeit kurz vor und während der Olympischen Spiele gab es zahlreiche Anordnungen, um die manifesten Diskriminierungen zu verbergen. In Garmisch-Partenkirchen wurden judenfeindliche Schilder und Anschläge, in Berlin von Parkbänken die Aufschrift „Für Juden verboten" entfernt. Zwischen dem 1. Juli und 15. September durften keine politischen Gefangenen und Insassen von Konzentrationslagern zu Landarbeiten herangezogen werden; es wurde verboten, in der Öffentlichkeit Lieder mit rassistischem Inhalt zu singen; das antisemitische Hetzblatt „Der Stürmer" wurde für diese Zeit von den Berliner Kiosken verbannt. Vor Beginn der Spiele wurden gezielt im Widerstand aktive Sportler der KPD und des KJVD festgenommen. Darüber hinaus wurde die Gelegenheit genutzt, die Sinti und Roma aus dem Raum Berlin im „Zigeuner-Lager" in Marzahn zusammenzufassen. Ein großer Teil von ihnen wurde später nach Auschwitz deportiert. All die Aktionen im Vorfeld und während der Spiele sollten den ausländischen Gästen ein Bild der Ruhe und Ordnung vorgaukeln. Nach den Olympischen Spielen musste die deutsche Führung jedoch feststellen, dass sich der Anteil negativer Berichte über Deutschland in der ausländischen Presse nicht verringert hatte.

Wie Neukölln sich auf die Olympischen Spiele vorbereitete

Wenn man im „Neuköllner Tageblatt" des Jahres 1936 blättert, erkennt man die herausragende Bedeutung, die die Sommerspiele für Neukölln hatten. Der Leser kann auch erkennen, dass der inländischen Presse genau vorgeschrieben wurde, was und wie über die Olympischen Spiele zu berichten war. Die Artikel waren fast durchweg positiv, Kritik wurde, wenn überhaupt, nur am Rande und an Nebensächlichem geübt. Der Tenor war entweder sachlich und nüchtern, wenn es um Bekanntmachungen ging, oder euphorisch und mit nationalsozialistischem Vokabular durchsetzt. Die Erfolge deutscher Sportler wurden als Erfolge für das gesamte deutsche Volk gefeiert.

Bereits ab Ende Januar 1936 wurde regelmäßig über die Vorbereitungen zu den Olympischen Spielen berichtet, oft unter der Rubrik „Kommunale Wochenplauderei", einer Seite, die am

• Eine Gruppe von Olympia-Teilnehmern aus den USA, Berlin 1936

• Zieleinlauf von Jesse Owens, Olympische Spiele, 6. August 1936: Der Sportler Rudolf Lewy nahm diese Postkarte mit, als er 1938 in die USA emigrieren musste.

„Neukölln muss schmuck aussehen!" – Neukölln und die Olympischen Spiele 1936

Wochenende zu lesen war. Hier wurden auch Verdienste einzelner Neuköllner hervorgehoben. Je näher die Olympischen Spiele rückten, desto weiter wanderten die Berichte von den hinteren Seiten nach vorn, um schließlich während der Spiele die Titelseiten zu dominieren.

Am 26. Januar 1936 konnte man im „Neuköllner Tageblatt" einen Artikel mit der Überschrift: „Ein Neuköllner brachte die Olympia-Glocke nach Berlin" lesen. Der Werkmeister Mudrak berichtete ausführlich über den Transport der großen Glocke mit Hilfe eines Spezialfahrzeugs der Reichsbahn von Bochum nach Berlin. Nach der feierlichen Übergabe an das Präsidium des Organisationsausschusses für die XI. Olympischen Spiele wurde die Glocke einige Tage durch Berlin geschickt, damit jeder Bürger sie einmal bewundern konnte. In Neukölln war die Glocke am 3. und 4. Februar 1936 am Hermannplatz zu besichtigen. In der Ausgabe des Blattes vom 4. Februar heißt es: „Am heutigen Vormittag werden viele Schulklassen aus Neukölln und Britz für kurze Zeit den Unterricht unterbrechen, um die Glocke zu besichtigen. Und später werden sich wohl noch alle Neuköllner einfinden, die bisher keine Zeit hatten, sich dies Meisterwerk deutscher Glockengießerkunst anzusehen."²

Anfang Februar veröffentlichte das „Neuköllner Tageblatt" die Befürchtung einiger Neuköllner, es würden für die Berliner nicht genug Eintrittskarten bereit gestellt werden, um die Spiele zu sehen. Die Zeitung entgegnete: „Unsere erste Aufgabe jedenfalls muß es sein, dafür zu sorgen, daß sich unsere Gäste so wohl wie nur möglich fühlen und besonders die Ausländer einen günstigen Eindruck von Berlin und damit von Deutschland mit nach Hause nehmen."³ Dies war auch erklärtes Ziel Adolf Hitlers: Deutschland sollte den besten Eindruck machen, um sowohl die einheimische Bevölkerung als auch ausländische Besucher vom Friedenswillen Deutschlands zu überzeugen. In einem Artikel vom 9. Februar mit der Überschrift: „Laßt die Schandflecke verschwinden! Neuköllns Stadtbild muß schöner werden!" wurde die Bevölkerung aufgerufen, ihren Bezirk herauszuputzen. Wichtiges Thema war die Ausschmückung der ganzen Stadt, der großen Feststraße „Via triumphalis" in der Mitte Berlins und die Frage, mit welchem Schmuck die einzelnen Bezirke ihren Beitrag dazu leisten. Das Neuköllner Rathaus und andere öffentliche Einrichtungen sollten neben einer Beflaggung Girlanden aus Eichenlaub erhalten. Die Stadtverwaltung hatte auch dafür Sorge zu tragen, dass alle störenden Reklamen beseitigt wurden. Baulücken und unschöne Stellen erhielten eine Verkleidung aus Blattgrün. Die Bewohner wurden angewiesen, ihre Wohnungen in der Zeit vom 20. Juli bis zum 20. August mit der Reichs- und Nationalflagge zu schmücken und für eine einheitliche Gestaltung an Balkonen und Fenstern zu sorgen. „Gleichmäßiger Blumenschmuck in Neuköllns Hauptstraßen in der Farbe wird unsern Häusern ein gutes Aussehen geben und einen schönen Gesamteindruck gewährleisten."⁴ Für die Häuser sollten nur rote Geranien oder, an schattigen Hausecken, Fuchsien Verwendung finden; die allseits beliebten Petunien wurden abgelehnt, da sie im August meist schon unansehnlich aussähen. Die Stadtverwaltung ließ Broschüren verteilen, in denen „Stadtgartendirektor Pertl unter dem Titel ‚Blumen vors Fenster' in allen wichtigen (gärtnerischen) Fragen Auskunft gibt."⁵ Zudem wurde eine Beratungsstelle in der Richardstraße 20–21 eingerichtet. Ein Wettbewerb wurde ausgelobt, bei dem als Preise für besonders gelungenen Fenster- und Balkonschmuck 4.500 Zimmerpflanzen vergeben wurden. Der Balkonwettbewerb hatte jedoch nur einen geringen Erfolg, denn viele Bürger Neuköllns hatten kein Geld für üppigen Blumenschmuck. Auch auf die Unsitte des Wäschetrocknens auf Balkonen, Dächern und Vorgärten wurde hingewiesen; diese sollte in den Wochen der Olympiade und danach für alle Zeiten verschwinden; die Einhaltung wurde streng kontrolliert. Die Ladenbesitzer wurden angewiesen, die Schaufenster auch nachts festlich zu beleuchten, da Licht ein unfehlbares Werbemittel sei.

Im März wurde die Neuköllner Bevölkerung aufgerufen, Räumlichkeiten zur Unterbringung von in- und ausländischen Gästen dem Quartiersamt der Olympischen Spiele zu melden. Für den reibungslosen Ablauf der Quartiervergabe wurden Ende Mai in jedem Bezirk Olympia-Verkehrs- und Quartiersämter eingerichtet. In Neukölln war es im Zimmer 38 des Rathauses untergebracht, Stadtrat Schneider übernahm die Leitung. Neben privaten Unterkünften gab es Gemeinschaftsquartiere für Einzelreisende oder Jugendgruppen in großen Sälen bzw. Turnhallen. In der Jonasstraße befand sich ein solches Gemeinschaftslager, ebenso im „Haus der Jugend" in der Teupitzer Straße. Nach Abschluss der Wettkämpfe gab das Organisationskomitee für die XI. Olympischen Spiele einen Bericht heraus, der besagte, dass insgesamt 242.273 Betten in Privatquartieren zur Verfügung gestanden hätten, davon allein 14.364 in Neukölln, das waren knapp sechs Prozent. Von den fünf in Neukölln eingerichteten Jugendunterkünften wurde jedoch nur eine einzige mit 800 Betten genutzt.[6]

Drei Monate vor Beginn der Spiele erhielten die Neuköllner Bürger eine besonders gute Nachricht. Die Veranstaltungen der XI. Olympischen Spiele würden nicht nur auf dem Reichssportfeld und auf der Regattastrecke in Grünau stattfinden, auch der Bezirk Neukölln sollte seine Olympia-Veranstaltungen bekommen. Die Vorrundenkämpfe der Handballspiele sollten auf drei verschiedenen Sportplätzen Berlins ausgetragen werden: dem Polizeisportplatz in der Chausseestraße, dem Sportplatz des Berliner Sportvereins am Hohenzollerndamm und dem Stadion Neukölln an der Oderstraße. Auch der genaue Terminplan stand bereits fest: 6., 7. und 8. August jeweils um 16 Uhr und um 17.30 Uhr. Der Preis für einen Stehplatz im Stadion sollte eine Reichsmark betragen.[7] Das Stadion hätte für diesen Zweck zwölf neue Umkleide- und Duschräume, Telefon und eine Anlage zur Kurz-

• Das Rathaus Neukölln mit Olympiafahne, Sommer 1936

• Das Olympia- und Quatiersamt im Rathaus Neukölln, 1936

wellenübertragung bekommen, das Spielfeld eine Umzäunung erhalten. Die Freude der Neuköllner über Olympia-Kämpfe in ihrem Bezirk währte nicht lange, denn die Vorrundenkämpfe im Neuköllner Stadion wurden später aufgrund der schwedischen, dänischen, holländischen und polnischen Nichtbeteiligung beim Handball abgesagt und nur auf den beiden anderen Sportplätzen ausgetragen.

„Neuköllner Sternfahrer am Ziel" titelte das „Neuköllner Tageblatt" am 31. Juli 1936. Einen Tag zuvor war die „Olympia-Automobil-Sternfahrt" durch das ganze Reich zu Ende gegangen, an der sich der Neuköllner Karl Kurtzrock beteiligte und eine goldene Plakette gewann. Der Zeitung berichtete er über seine Reise, auf der er auch alle, für jeden „guten deutschen Landsmann wichtigen Stationen" besichtigt haben wollte. Am 2. August 1936 erschien in der gleichen Zeitung eine Sonderbeilage zum Auftakt der Olympischen Spiele, in der unter anderem Neuköllner Sportler, die Teilnehmer vorangegangener Spiele waren, über ihre Erfahrungen berichteten.

Nachdem den Neuköllnern ein ganz naher Blick auf die sportlichen Veranstaltungen verwehrt war, sollte nun die feierliche Übergabe des umgestalteten Jahn-Denkmals in der Hasenheide zur Hauptattraktion für den Bezirk im Rahmen der XI. Olympischen Spiele werden (vgl. Christa Jančik in diesem Band). Die Feierstunde fand in den Abendstunden des 11. August 1936 statt. Der Ehrenhain wurde durch Reichssportführer von Tschammer und Osten, Staatskommissar Dr. Lippert und durch Neuköllns Bürgermeister Samson der Öffentlichkeit übergeben, wie das „Neuköllner Tageblatt" berichtete. Daneben nahmen Abgesandte aller Waffengattungen des

„Neukölln muss schmuck aussehen!" – Neukölln und die Olympischen Spiele 1936

Reichsheers, aber auch Neuköllner Turn- und Sportvereine sowie ausländische Turner teil. Fast 10.000 Zuschauer hatten sich eingefunden und der Reichssportführer sagte in seiner Rede: „Als auf der Hasenheide vor 125 Jahren durch Jahn der erste Turnplatz geschaffen wurde, war damit mehr getan [...]. Eine Umwälzung begann auf der Hasenheide, die den verschütteten Born des deutschen Volkstums wieder lebendig machte. 125 Jahre später hat Adolf Hitler sie zu ewigem Lauf gebracht."[8] So wurde die Wiedereinweihung

über den gezielten Ausschluss jüdischer Sportler aus der deutschen Mannschaft, über vor den Spielen inhaftierte Oppositionelle und über voreingenommene Schiedsrichter. So schrieb der dänische „Socialdemokraten" am 1. August: „In diesen Tagen hat die braune Horde mit ihren Messern und Revolvern Ferien bekommen, aber wenn die Spiele vorbei sind, erwartet die verfolgten deutschen Juden und die übrigen in Deutschland unterdrückten Menschen eine neue Terrorwelle."[10]

- Das Gemeinschaftslager in der Jonasstraße 22, 1936

- Innenraum des Gemeinschaftslagers in der Jonasstraße, 1936

- Das während der Olympischen Spiele verwaiste Stadion Neukölln in der Oderstraße, Postkarte, um 1930

eines Denkmals vor den Augen der Welt zu einem Großereignis stilisiert, um die „herausragende nordische Rasse" und ihre Verdienste um den Sport zu feiern.

Auch im Abschlussbericht der XI. Olympischen Spiele, der zwei Tage nach deren Ende veröffentlicht wurde, war von einem glänzenden Verlauf der Veranstaltungen, einer mustergültigen Organisation, herzlichen Gastfreundschaft und nicht zuletzt großen Erfolgen der deutschen Kämpfer zu lesen.[9] So zumindest hätte sich die ausländische Presse zu den Spielen geäußert. Unterschlagen wurden hierbei kritische Zeitungsmeldungen

Auch nach den XI. Olympischen Spielen spielte Neukölln eine besondere Rolle. Leni Riefenstahl hatte von Reichsminister Goebbels die Erlaubnis bekommen, eine Olympia-Filmgesellschaft zu gründen und exklusiv die Wettkämpfe zu filmen. Viele tausend Meter Material waren von exponierten Standorten aus aufgenommen worden. In den Geyer-Werken in der Neuköllner Harzer Straße befand sich der Generalstab des Filmwerks. Für die Aufnahmen hatte Leni Riefenstahl auch Neuköllner Filmamateure herangezogen, darunter den aus der Fuldastraße stammenden Willi Wünsch, der kurz zuvor beim 5. Internationalen Wettbewerb um den besten Amateurfilm einen Preis erhalten hatte. Der Olympia-Film von Leni Riefenstahl kam im Spätsommer 1938 in zwei Teilen heraus: „Fest der Völker" und „Fest der Schönheit". Der Film wurde mit vielen internationalen Preisen ausgezeichnet, wobei sich nicht nur Wissenschaftler über die Ästhetik der Bilder heute noch streiten.

Der „schöne Schein" der Olympischen Spiele trog: „Noch nicht einmal drei Wochen, nachdem die von Goebbels zur ‚Friedensolympiade' öffentlich hochstilisierten sportlichen Wettkämpfe beendet waren, trug Hermann Göring im Ministerrat die Denkschrift Adolf Hitlers zum Vierjahresplan 1936–1940 vor. Als zentrales Ziel wurde darin formuliert: 1) Die deutsche Armee muß in vier Jahren einsatzfähig sein. 2) Die deutsche Wirtschaft muß in vier Jahren kriegsfähig sein."[11] Am 1. September 1939 überfiel die deutsche Wehrmacht Polen.

Katja Döhnel

Anmerkungen

[1] Die Olympiade Berlin 1936 im Spiegel der ausländischen Presse, Berichte des Propagandaministeriums, hrsg. von J. Bellers, Münster 1986.
[2] Neuköllner Tageblatt, 4. Februar 1936, S. 6.
[3] Ebd., 2. Februar 1936, S. 9.
[4] Ebd., 16. Februar 1936, S. 10.
[5] Ebd., 29. April 1936, S. 7.
[6] Vgl. XI. Olympiade Berlin 1936, Bd. 1, Amtlicher Bericht, hrsg. vom Organisationskomitee für die XI. Olympiade Berlin 1936 e.V.
[7] Vgl. Führer zur Feier der XI. Olympiade Berlin 1936, hrsg. vom Organisationskomitee für die XI. Olympiade Berlin 1936.
[8] Neuköllner Tageblatt, 12. August 1936, S. 1–2.
[9] Ebd., 18. August 1936, S. 3.
[10] Vgl. Anmerkung 1.
[11] Ebd., S. 251.

AUSGEGRENZT –
Der Sportler Rudolf Lewy

Diesen Tag sollte er nie vergessen – den Tag vor den Olympischen Spielen 1936. Mitten in der Nacht war er aufgestanden, denn um drei Uhr morgens wurde er mit elf weiteren Kameraden der Neuköllner Sportfreunde zur Staffelstrecke südlich von Berlin gefahren. Und dort übernahm er – der erst 17-jährige Rudolf Lewy – das Olympische Feuer aus Athen und lief mit ihm einen Streckenabschnitt Richtung Olympia-Stadion. Als Belohnung durfte er mit den anderen Läufern am ersten Wettkampftag der XI. Olympischen Spielen sogar vom Innenstadion aus zuschauen.

Doch angefangen hatte alles viel früher in der Britzer Hufeisensiedlung, wo er seit 1926 mit seinen Eltern und dem jüngeren Bruder lebte. Rudolf kannte die Kinder der ganzen Gegend, mit denen er sich im Park traf und Fußball spielte. Auch die Jungen Falken (später Rote Falken), deren Mitglied er war, und die Kinderfreundebewegung[1] mit ihren Zeltlagern boten viele Möglichkeiten für Spiele und Sport.

Eines Tages erzählte ihm ein Schulkamerad auf dem langen Weg zur Karl-Marx-Schule (heute Ernst-Abbe-Oberschule) in der Kaiser-Friedrich-Straße (heute Sonnenallee) von den Neuköllner Sportfreunden, die im Winter Handball spielten und im Sommer Leichtathletik betrieben. Das wollte sich Rudolf genauer ansehen. Es gefiel ihm so sehr, dass er nicht nur selbst im März 1934 Mitglied wurde, sondern auch einige seiner Fußballfreunde mit in den Verein brachte und die Britzer nun recht zahlreich hier vertreten waren. Mit der Vereinsmitgliedschaft konnten sie auch den Beitritt in die Hitlerjugend vorerst umgehen. Die meisten Eltern der Kinder und Jugendlichen in der Hufeisensiedlung waren Sozialdemokraten oder Kommunisten.

Rudolfs Organisationstalent war schon in der Schule gefragt gewesen, wo er Fußball-Wettkämpfe zwischen verschiedenen Berliner Schulen auf die Beine stellte, die meist zuungunsten seiner Schulkameraden, die eher geistig fit waren, entschieden wurden. Nun organisierte er bei den Neuköllner Sportfreunden Fußballspiele und konnte sich über deren Siege häufig freuen.

Auch die Leichtathletik hatte es Rudolf angetan. Trainiert wurde im Neuköllner Stadion. Bei einem Wettbewerb gewann er im Weitsprung mit 5,91 Metern, was für die damalige Zeit sehr weit war. Noch im Frühjahr 1937 lief er im Olympiastadion und wurde sich dabei bewusst, dass er die Neuköllner Sportfreunde verlassen müsste. War nicht sein ausgesprochen jüdischer Name als Weitsprung-Sieger öffentlich bekannt gegeben worden? Das war nicht gut. Für ihn und seine Familie wurde es Zeit, Deutschland zu verlassen.

Der erste, der ging, war Rudolfs Vater Immanuel Lewy. Der angesehene Studienrat gehörte zu den Reformpädagogen um Kurt Löwenstein und lehrte am Mädchenlyzeum am Richardplatz, der späteren weltlichen Käthe-Kollwitz-Schule, Geografie, Französisch und Englisch. Er führte Lebenskunde als Alternative zum Religionsunterricht ein, außergewöhnlich für einen Mann, der ein jüdisch-theologisches Studium abgeschlossen hatte. Bis Anfang der 30er Jahre war er Mitglied der SPD, aus der er schließlich austrat, weil er die Unterstützung für Hindenburgs Kandidatur zum Reichspräsidenten nicht mit tragen wollte. Nach Hitlers Machtergreifung wurde Immanuel Lewy arbeitslos. Im September 1938 verließ er seine Heimatstadt Berlin und emigrierte nach London. Ein knappes Jahr später folgte ihm seine Frau Helene Lewy, Rudolfs kleiner Bruder gelangte mit einem Kindertransport nach England, bevor auch dieser Fluchtweg bei Kriegsbeginn am 1. September 1939 versperrt wurde.

Rudolf Lewy blieb allein zurück. So vieles hatte sich in den vorangegangenen Jahren verändert. Die weltlichen Schulen waren geschlossen worden, die Kinderfreundebewegung verboten,

● Rudolf Lewy, Berlin 1938

Parteien und Gewerkschaften zerschlagen. Aus der Hufeisensiedlung hatte die Familie Lewy wegziehen müssen, weil es Juden untersagt worden war, dort zu wohnen. Am 9. November 1938, der so genannten Reichspogromnacht, waren viele seiner Verwandten verhaftet und in Konzentrationslager verschleppt worden. Er selbst entkam nur knapp. Die Lehrstelle in einem kleinen Getreidegeschäft hatte Rudolf verloren, weil er Jude war, eine Anstellung bei einer Bank wurde aus gleichem Grund nach neun Monaten aufgehoben, 1938 arbeitete er schließlich in einer jüdischen Firma – es war die einzige Arbeitsmöglichkeit, die er noch hatte.

Auch seine sportlichen Aktivitäten waren durch den Antisemitismus eingeschränkt worden. Schon in der Schule hatten die Lehrer sich schließlich für einen anderen Schüler entschieden, der die Fußballwettkämpfe organisieren sollte: „Sie haben gesagt, der Rudolf ist jüdisch, da können wir Schwierigkeiten bekommen." Später in der Berufsschule fanden Wettkämpfe auf der nur 300 Meter langen Aschenbahn statt, die Rudolf und ein anderer jüdischer Klassenkamerad gewannen. Der Lehrer empörte sich und meinte, die ganze Klasse solle sich schämen: „Wie ist es möglich, dass unsere Kinder sich von Juden schlagen lassen?" Und schließlich hatte Rudolf während des Laufs im Olympiastadion begriffen, dass er hier nie wieder würde siegen können: „Ich habe mir gesagt, wenn ich hier bleibe, kann ich nicht gewinnen, weil ich Angst habe, dass mein Name aufgerufen wird. Die werden fragen, wer ist der Lewy? Es ist besser, wenn du gehst." Fast alle Sportkameraden waren inzwischen in der Hitlerjugend. Er hat die Neuköllner Sportfreunde 1937 tatsächlich verlassen, obwohl Vorstand und andere Mitglieder ihn gern behalten hätten.[2] Und die Olympischen Spiele hatten Rudolf Lewy nicht wie so viele andere über die Absichten der Nationalsozialisten täuschen können, auch wenn antisemitische Propaganda aus dem Straßenbild verschwand und eine Handvoll jüdischer Sportler zu den Spielen zugelassen wurde. „Im Olympiajahr 1936 dachte ich, dieses Jahr wirst du keine Schwierigkeiten haben. Aber man wusste ja, was los war. Wir wussten auch, dass es nach der Olympiade schwieriger für uns werden würde."

Als ihm sein jüdischer Chef dazu riet, Deutschland zu verlassen, beantragte Rudolf ein Visum für die USA und wartete ungeduldig auf die nötige Bürgschaft (Affidavit). An Bord der Noordam kam der inzwischen 20-jährige Rudolf Lewy schließlich am 27. Februar 1939 in New York an.

• Der Vater von Rudolf Lewy, Dr. Immanuel Lewy, emigriert nach London und winkt seinen Angehörigen zum Abschied zu, September 1938

• Mitgliedskarte der Neuköllner Sportfreunde für Rudolf Lewy, ausgestellt am 22. März 1934

Vier Jahre später heiratete er die 1937 aus Mannheim in die USA emigrierte Esther Rennert. 1945 kamen auch Rudolfs Eltern in die USA, wo sie bis zu ihrem Tod 1970 bzw. 1971 lebten. Das Ehepaar Lewy ließ sich in New Jersey nieder, bekam zwei Kinder und fünf Enkelkinder, die alle die Geschichte von Opas Fackelstaffellauf mehr als einmal gehört haben.

Raymond Wolff

Der Beitrag basiert auf einem Interview, das Udo Gößwald, Leiter des Heimatmuseums Neukölln, am 2. Juni 1988 mit Rudolf Lewy in New Milford, New Jersey, USA, geführt hat, und dem Schriftverkehr mit Herrn Lewy, der sich im Archiv des Heimatmuseums Neukölln befindet.

Anmerkung
[1] Die „Kinderfreunde" war eine SPD-orientierte Kinder- bzw. Elternorganisation in der Weimarer Zeit. Ihr Ziel war es, die Kinder im Sinne der Arbeiterbewegung zu erziehen. Ihr Vorsitzender wurde der SPD-Reichstagsabgeordnete und Neuköllner Stadtschulrat Dr. Kurt Löwenstein. Ab 1927 veranstalteten sie „Kinderrepubliken" – beliebte Zeltlager und Ferienkolonien, in denen die Mitbestimmung der Kinder und Jugendlichen praktiziert wurde. Die „Kinderfreunde" wurden 1933 verboten.
[2] Die Mitgliedschaft Rudolf Lewys bei den Neuköllner Sportfreunden bis 1937 ist ungewöhnlich, denn der 1933 in Kraft getretene „Arierparagraph" verhinderte die Mitgliedschaft jüdischer Sportler in Vereinen. Bis 1935 galten noch Ausnahmen für Angehörige von Frontsoldaten des Ersten Weltkriegs, was für Lewy zutraf, da sein Vater am Weltkrieg als Soldat teilgenommen hatte. Danach kann man von einer vollständigen Ausgrenzung sprechen, vgl. hierzu Benz, Wolfgang; Graml, Hermann; Weiß, Hermann: Enzyklopädie des Nationalsozialismus, München 1997, S. 373 f. Rudolf Lewy trat nach 1937 einem jüdischen Sportverein bei, wobei unklar ist, ob es sich um Bar Kochba oder einen anderen gehandelt hat.

• Die beiden Koffer von Dr. Immanuel Lewy auf dem Bahnsteig, fotografiert von seinem Sohn Rudolf, September 1938

• Liste des Handgepäcks von Rudolf Lewy, mit dem er 1938 in die USA emigrierte, Berlin 1938 – aufgeführt sind auch Turnhose, Turnhemd und Turnschuhe.

ERZIEHUNG DURCH SPORT

SCHULSPORT –
Von der Wehrertüchtigung zum Fitnessprojekt

Eine kleine Geschichte des Schulsports

Sucht man nach den Wurzeln der Sporterziehung, trifft man nicht sogleich auf Turnvater Jahn und dessen Turnplatz in der Hasenheide. Zunächst wollen wir einen Blick auf die Antike werfen. Unter harmonischer Förderung verstand man dort körperliche Erziehung in Einheit mit musisch-geistiger Bildung. „Er kann weder lesen noch schwimmen!" – wurde so etwas über einen jungen Griechen geäußert, war das gewiss kein Kompliment. Vielmehr sollte es zum Ausdruck bringen, dass man es hier mit einem sehr ungebildeten Menschen zu tun hatte.

In den folgenden Jahrhunderten ist Leibeserziehung in Schulplänen nicht zu finden. Das Leben war bestimmt von Verteidigung und Eroberung, von Jagd und Krieg. Da diente die körperliche Ertüchtigung vor allem dem Kampf ums Überleben, man liest aber auch von sportlichen Spielen für das kurzweilige Vergnügen der Eleven an Klosterschulen. In der ritterlich-höfischen Gesellschaft erwarb sich die Jugend Wehr- und Waffenfähigkeit, um für Kriege und Turniere gewappnet zu sein. Die dafür notwendigen Fertigkeiten (die „sieben Behendigkeiten" des Mittelalters) blieben lange Tradition. Auch nach dem Niedergang des Rittertums galten für das gehobene Bürgertum Reiten und Fechten, Tanzen und Voltigieren als „adelige Künste", in denen es bis ins 19. Jahrhundert hinein den Nachwuchs an ihren Standesschulen unterweisen ließ.[1]

Die „allseitig harmonische Erziehung"

Um 1500 wurde die Bezeichnung Gymnasium für Bildungsstätten mit höheren Unterrichtszielen eingeführt, denn das „Gymnasion" war in der Antike der Platz, auf dem die Philosophen debattierten und die Jugend ihre Leibesübungen durchführte. In der Renaissance besann man sich auf vieles aus dem Altertum, besonders die ganzheitliche Betrachtung des Menschen als Einheit von Geist, Körper und Seele wurde hervorgehoben. Körperliche Erziehung wurde zur Erhaltung der Studierfähigkeit, zur „geistigen Hygiene" empfohlen. Der tschechische Theologe und Pädagoge Jan Amos Comenius empfahl Ball- und Laufspiele, Fechten, Schwimmen, Wandern, Eislaufen, Schlittenrennen und Geschicklichkeitsübungen wie Reifenspringen zur Einführung an den Schulen, da man ja von den Turnieren abgekommen sei.[2]

Die erste Leibeserziehung in Schulen

Die Ursprünge der schulischen Sporterziehung finden wir im Gedankengut der Aufklärung. Frei und natürlich sollte der Mensch erzogen werden! Ihr wichtigstes Sprachrohr war J. J. Rousseau. Er veröffentlichte 1762 einen „Erziehungsroman", in dem er Erziehung als natürliche Entwicklung beschrieb: Sein Protagonist Emile wird nicht belehrt und erzogen, er entfaltet sich unter der Obhut eines behutsamen Erziehers. Direkte sinnliche Erfahrungen in der Natur, bei Sport und Spiel galten als wichtigste pädagogische Bausteine dafür.

Rousseau blieb Theorie. Die natürliche

● Der „Fürstlich-Magdeburgische Pagen-Hofmeister, Soldat und Historiker" Johann Georg Pasch (1628–1678) schrieb Lehrbücher über das Voltigieren wie die „Kurtze jedoch gründliche Beschreibung des Voltiger", Halle 1666

Erziehung in Erziehungswirklichkeit umzusetzen, war das Werk einer Gruppe von Reformpädagogen, den Philantropen, die im ausgehenden 18. Jahrhundert eine Reihe von Reformschulen gründeten, die Philantropine. Bis nach Berlin kamen sie dabei nicht. Nachweislich fand der erste schulmäßige Turnunterricht in einem Philantropin statt. Die Vorreiterrolle in der Begründung des Schulturnens gebührt also einem Mann aus den Reihen dieser „Menschenfreunde": Johann Christoph Friedrich GutsMuths. Der Titel einer seiner wichtigsten Schriften ist programmatisch: „Spiele zur Übung und Erholung des Körpers und Geistes", erschienen 1796.

Die Philantropen wollten, dass Erziehung auch vernünftig sei und der Vorbereitung auf das Leben diente. GutsMuths' Leitgedanke „nicht bloß geistig, sondern auch körperlich tätig, ausdauernd und duldsam zu sein"[3] stand Pate. Körperliche Übungen dienten der Gesundheit, der Lebenstüchtigkeit, der Beherrschung von Körper und Geist. Im Unterricht wurde der Sitzzwang aufgehoben, Bewegung sollte die geistige Arbeit auflockern, aber auch Inhalte vermitteln. Zur körperlichen Ertüchtigung gehörten nicht nur das Laufen, Springen, Klettern, Ringen, Balancieren und Tragen, sondern auch Gartenarbeit und handwerkliche Tätigkeiten. GutsMuths selber hatte Gerüste mit Stangen, Seilen und Strickleitern entwickelt. Seine methodischen Prinzipien lesen sich heute als selbstverständliche moderne Grundsätze einer individualisierenden Pädagogik: Vom Leichten zum

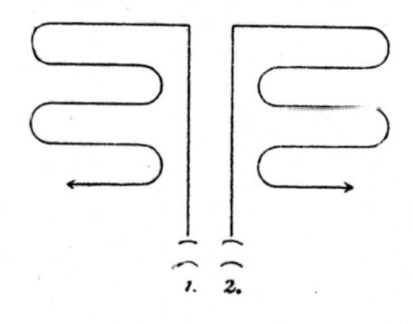

• GutsMuths systematisierte den Übungsstoff der verschiedenen Disziplinen, zum Beispiel wurde das Klettern an Seil, Baum, Stange und Strickleiter trainiert.

•• Sich diszipliniert in Reihenkörpern bewegen zu können, wurde vor allem im Turnunterricht des 19. Jahrhunderts gefordert.

• Kräftigung der Muskeln, Erziehung zur Gewandtheit und Verbesserung der Haltung sollte mit den Freiübungen erreicht werden. Hier eine Übung mit dem Stab: Mit dem Befehl „Stab in Schulterbreite fassen – faßt!" hatte der Schüler die korrekte Position für verschiedene „Armübungen aus der Tiefhaltung des Stabes vor dem Körper".

Schulsport – Von der Wehrertüchtigung zum Fitnessprojekt   79

Schweren solle man vorgehen, sich bei den Anforderungen nach Entwicklungsstand, Bedürfnissen und Fähigkeiten des Schülers richten, mit Lob motivieren und mit gutem Beispiel vorangehen.

Turnen für das Vaterland

Durch Friedrich Ludwig Jahn[4] wurde das Turnen in Berlin populär. Gemeinsam mit seinem Mitstreiter Ernst Eiselen brachte er das Turnen an die frische Luft auf öffentliche Plätze. Jahn war seit 1810 an der Plamann'schen Erziehungsanstalt in Berlin beschäftigt, einer Reformschule, die nach den Ideen des Pädagogen Pestalozzi arbeitete.[5] Jahn begab sich mit seinen Zöglingen auf ein weitläufiges, außerhalb der Stadt gelegenes naturwüchsiges Gelände. Hier fanden Gymnastik und Spiele statt, und zwar „kühne und kriegerische Jugendspiele", „lebensvolle Turnspiele" und „kräftigere und wildere Wald- und Ringspiele". Auch neugierige Passanten sprach er an und lud sie ein mitzumachen, wie der Berliner Schriftsteller Ludwig Rellstab in seinen Erinnerungen berichtet.[6] Später dann wurde der Platz abgegrenzt und mit Turngeräten wie Reck und Barren ausgerüstet. Von hier aus institutionalisierte sich das Geschehen als „Turnplatz in der Hasenheide".

1842 bekam das Turnen seinen offiziellen Platz in der Reihe der Volkserziehungsmittel: Mit Genehmigung und unter Aufsicht der Behörden wurde es in den Fächerkanon zunächst der preußischen Gymnasien, 1860 auch in den der Volksschulen aufgenommen. Die Argumentation für die positiven Auswirkungen des Turnens auf die Jugend bediente sich wehrpropädeutischer, sittlich-moralischer und gesundheitlicher Gründe. Besonders betont wurde die Wehrertüchtigung. Warum sonst sollte an einem Pferd geübt werden? Dieses Gerät sah damals übrigens seinem lebendigen Vorbild weitaus ähnlicher, da es noch mit Kopf und Schweif ausgestattet war.

Einen nicht unbedeutenden Beitrag leistete auch die damalige Diskussion zur so genannten Überbürdung. In der pädagogischen und psychiatrischen Literatur spiegelten sich die zeitgenössischen Bedenken, dass der Lehrplan durch eine Überfülle toten Repetierstoffs gekennzeichnet sei, der die Jugend geistig lähme. Unterstützung fand diese Ansicht durch namhafte Mediziner, die Kritik am schlechten Gesundheitszustand und der einseitigen Überforderung der deutschen Jugend übten. Diese Sorgen waren aber nicht nur fürsorglichen Gedanken um das Wohlergehen des Einzelnen geschuldet, hauptsächlich fürchtete man um die Wehrtauglichkeit der heranwachsenden Generation.

In einer preußischen Turnhalle

Wie sah damals Turnen an den Schulen aus? Bis über die Jahrhundertwende hinaus bestanden die Leibesübungen hauptsächlich aus dem Geräteturnen und den so genannten Frei- und Ordnungsübungen. Am Beispiel eines Lehrplans für Berliner Knabenschulen von 1884 können wir uns eine Unterrichtsstunde vor Augen führen:

Die Schüler betraten in einer geordneten Reihe den Turnsaal, in einer geordneten Aufstellung warteten sie auf die Anordnungen ihres Turnlehrers. Mit Sicherheit schwatzten sie nicht miteinander, so dass der Turnlehrer sofort Gehör fand. Genauso wenig redete der Lehrer einfach drauf los, denn für alles gab es Vorschriften, auch für das „gute, zweckmäßige, anregende Befehligen". Jede seiner Instruktionen bestand zunächst aus dem Ankündigen, das war die Erklärung der Übung, daraufhin folgte das Ausführungswort als Startzeichen, zum Beispiel hebt! oder übt! Praktischerweise wurde der Befehl noch durch ein Ausführungszeichen, einen Handklapp oder eine Taktierbewegung des Arms unterstrichen.

Ein Drittel bis die Hälfte der Schulstunde war

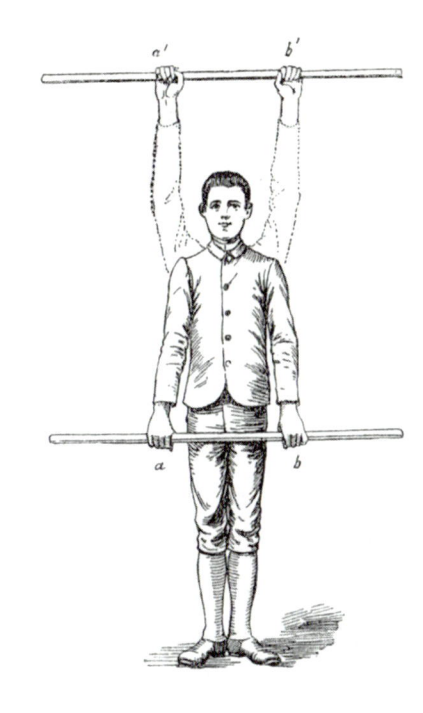

den Frei- und Ordnungsübungen vorbehalten. Die Ordnungsübungen schulten das Disziplinverhalten. Hier hieß es, auf den Befehl: Marsch! verschiedene Reihen zu bilden, die dann in Schlangenlinien, Winkel- oder Schrägzügen geöffnet und geschlossen wurden. Ein spezielles Kapitel für die Knaben widmete sich zusätzlich den Übungen in militärischer Form, zum Beispiel dem Marschieren in Linien und Kolonnen.

Die Freiübungen trainierten die körperlichen Grundfertigkeiten. Da wurde der Kopf gedreht, der Rumpf gebeugt, die einzelnen Glieder geschwungen, gehoben und gestreckt. Pausen waren zu vermeiden, sonst käme Langeweile auf! Also ging es gleich weiter mit dem Geräteturnen. Dazu wurden die Schüler zweckmäßig in Riegen unterteilt und an die einzelnen Geräte gestellt. Wiederum auf Befehl und synchron wurde nun an Reck, Barren, Leiter etc. geturnt.

Turnspiele spielten keine große Rolle und waren nur einmal im Monat statt des Geräteturnens vorgesehen. Erst 1920 wurde ein wöchentlicher Spielenachmittag an preußischen Schulen eingeführt. Auf dem Lehrplan standen vor allem Fang- und Abschlagespiele, auch Ballspiele mit recht martialisch klingenden Namen wie Mordball oder Kriegsball. Zur Vervollkommnung der Wehrtüchtigkeit wurde das Kriegsspiel empfohlen, das militärische Felddienstübungen wie Auskundschaften und Stürmen des feindlichen Lagers simulierte.

• Eine weitere Freiübung mit dem Stab: „Der Stab wird dicht am Leibe vorbei geschwungen; der rechte Arm bleibt gestreckt, während der linke Arm sich beugt. Der Stab kommt dadurch in die senkrechte Haltung an der Seite des Körpers." Der Befehl dazu lautete: „Abwechselnd den rechten und linken Arm seitwärts aufschwingen – schwingt!"

Sport und Spiel setzen sich durch

Anfang des 20. Jahrhunderts war die Zeit der „großen Bewegungen". Da gab es die Kunsterziehungsbewegung, die Jugendbewegung, die Arbeitsschulbewegung, die Landerziehungsheimbewegung und natürlich die Turn-, Sport- und Gymnastikbewegung. Aus deren Reihen meldeten sich immer lauter werdende mahnende Stimmen. Das deutsche Turnen sei eine starre Dressur, physiologisch unsinnig dazu, beklagten die reformfreudigen Kritiker. Was hauptsächlich geübt werde, sei wieder, ganz in der Tradition der deutschen „Pauk- und Buchschule", die Gedächtnisleistung durch das Reproduzieren sinnloser Bewegungsfolgen. Der musische Anteil der Körperbildung, also das Spielerische, das Kreative, sei hierbei völlig vernachlässigt.

Gut dreißig Jahre zuvor gab es schon Diskussionen um eine größere Berücksichtigung moderner Spielformen und Sportarten nach englischem Vorbild, zum Beispiel 1874 auf den Tagungen der Turnlehrervereinigung. Ein turnbegeisterter Kultusminister, Gustav von Goßler, forderte 1882 in einem Erlass dazu auf, neue, an die angelsächsischen „Sports" angelehnte Bewegungsformen wie Leichtathletik, Rudern, Fußball, Tennis aufzunehmen. Gosslers „Spieleerlass" war ebenso berühmt wie zunächst wirkungslos. Ausbilder und Lehrer gaben stattdessen den traditionellen deutschen Turnspielen und dem traditionellen deutschen Schulsport mit seinen Frei-, Ordnungs- und Geräteübungen den Vorzug. Die englischen Spiele galten als wild und ungeordnet.[7]

Spiel und Sport verbreiteten sich dennoch, denn Kritik wurde bald vermehrt von einflussreichen Stimmen geübt, die im strengen systema-

Schulsport – Von der Wehrertüchtigung zum Fitnessprojekt

tischen Turnen in verstaubten Hallen nicht mehr die Antwort auf Probleme der Zeit sahen. Die Verschlechterung der Lebensverhältnisse und die ungesunde Lebensweise vor allem in den industrialisierten Städten brachten beängstigende Fakten zur Volksgesundheit zu Tage. Medizinalbeamte fanden in Stichproben an Volksschulen blutarme, bleichsüchtige Geschöpfe mit schlechter Haltung vor. Statistiken über die sinkende Anzahl der zum Wehrdienst Tauglichen, über steigende Verbrechen, Schülerselbstmorde und sozialistische Umtriebe rundeten das Bild ab.

Die Impulse aus den reformpädagogischen Bewegungen boten hier einen Ausweg an. Sport sollte nicht nur vormilitärische Erziehung sein, sondern seine kreativen, präventiven und pädagogischen Möglichkeiten betonen. Vor allem nach dem Zusammenbruch der nationalsozialistischen Diktatur wollte man keine Jugend mehr „hart wie Stahl, flink wie Windhunde und zäh wie Leder", man bemühte sich, an reformpädagogische Inhalte anzuknüpfen, um den Problemen der Zeit zu begegnen.

„Homo sedens": Der Sitzmensch der Moderne

Das große Problem unserer heutigen Jugend heißt Bewegungsmangel und ist das Ergebnis unserer sitzenden Lebensweise. In Schuleingangsuntersuchungen wurde festgestellt, dass jedes zweite Kind orthopädische, physiologische oder koordinative Schwächen zeigt. Jedes fünfte Kind hat Bedarf an bewegungstherapeutischer Behandlung. Sportwissenschaftliche Studien über den Fitness- und Gesundheitszustand von Kindern und Jugendlichen zählen weitere alarmierende Fakten auf: die körperliche Leistungsfähigkeit sinkt, die Tendenz zu Übergewicht steigt, allgemein mangelt es an Bewegungsfreude und -bereitschaft. Durchschnittlich sind Kinder heute dreißig Minuten am Tag körperlich aktiv, das Vier- bis Sechsfache ist aber für die physischen und psychischen Entwicklungsbedürfnisse erforderlich.[8] Woran liegt das? Die Lebenswelt von Kindern und Jugendlichen ist heute, vor allem in städtischen Ballungsgebieten, geprägt von eingeschränkten Bewegungs- und Spielmöglichkeiten in natürlicher Umgebung. Auf der einen Seite gibt es zwar ein großes Angebot an „konsumierbaren" normierten Angeboten in künstlichen Räumen wie Hallenbad, Fitnessstudio, Spielplatz etc. Es fehlen aber Möglichkeiten, sich in gefahrlosen Nahräumen auszutoben; es fehlt das informelle Spiel mit seiner Vielfalt von Wiederholung und Neugestaltung, die es erlaubt, Strategien zu entwickeln, Rollen auszuprobieren und Erfahrungen mit dem Aushandeln von Regeln zu machen; es fehlt das, was früher in alters- und geschlechtsheterogenen Gruppen „auf

• Der Befehl zu dieser Freiübung lautete: „Rumpf vorwärts und rückwärts beugen – beugt! streckt!"

der Straße" stattfand. Der kindliche Bewegungsdrang hat zudem in rezeptiven Freizeitangeboten wie Fernsehen und Computerspielen eine attraktive Konkurrenz. Intensives Bewegen sowie freies und angeleitetes Spiel sind aber Pflichtprogramm für eine gesunde Entwicklung und so fehlt ein ganz spezifischer Erfahrungsschatz zum Erwerb von motorischen, kognitiven und sozialen Kompetenzen.

Im Mikrokosmos Schule spiegelt sich die Gesellschaft

Viele Kinder kommen schon mit einem erheblichen Defizit an Bewegungsgrunderfahrungen in die Schule. Aufmerksamkeits- und Wahrnehmungsstörungen, Lernschwierigkeiten, unausgereiftes Konfliktverhalten, auch Vandalismus aus Langeweile können Folgen sein. Die Erkenntnis, dass motorische und mentale Lernprozesse sich bedingen und ergänzen, hat einerseits eine lange Tradition, geriet andererseits aber immer wieder in Vergessenheit. Nun ist sie wieder viel beachtet in der pädagogischen Diskussion, belegt von aktuellen Forschungsergebnissen aus der Neurologie und der Gedächtnispsychologie. Es hat sich sogar eine neue Wissenschaft gebildet, die Neurodidaktik, die Ergebnisse aus der Hirnforschung, die sich auf das Lernen beziehen, mit der Pädagogik verbindet. Das Programm „Bewegte Schule" entwickelt seit den 1990er Jahren Anregungen für lernfördernde Bewegung außerhalb des regulären Sportunterrichts; ganz aktuell wird Bewegung in der vorschulischen Erziehung mit Bildungsanspruch gekoppelt: „Körper, Bewegung und Gesundheit" ist einer von insgesamt sieben Bereichen im Entwurf des Berliner Bildungsprogramms für Elementarerziehung.[9]

Mehr Bewegung tut also Not und: „Was Hänschen nicht lernt, lernt Hans nimmermehr." Was liegt näher, als bei den Kleinen anzufangen, um nicht später bei den Erwachsenen mühsam ein Bewusstsein für gesunde Lebensführung wachzurütteln? Seit jeher wird in diesem Zusammenhang auch der Aphorismus „mens sana in corpore sano" zitiert, der allerdings bei seinem Autor Juvenal in dessen gesellschaftskritischen Satiren keine Kausalität dieser beiden Eigenschaften aufzeigt, sondern einen Wunsch an die Götter.[10] Schön wäre es, wenn sich allein durch diesen frommen Wunsch Fitness und Wohlbefinden einstellen würden.

Womit man bei der Institution wäre, auf der große Hoffnungen ruhen, da sie alle Kinder erfasst. Die Schule hat in ihren Rahmenplänen für den Sport einen Bildungs- und Erziehungsauftrag formuliert. Mit Pflicht- und Wahlangeboten in- und außerhalb des Unterrichts will sie körperliche Leistungsfähigkeit und Gesundheitsbewusstsein fördern, explizit benennt sie den Zusammenhang mit geistiger und seelischer Gesundheit. Neben der Vermittlung motorischer und technischer Fertigkeiten sieht sich Sportunterricht mit mindestens gleicher Gewichtung als Übungs- und Handlungsfeld für soziales Lernen. Hier heißen die Ziele Selbstvertrauen, Sozialkompetenz, Körperbewusstsein, Gemeinschaftsfähigkeit. Sport ist das einzige ganzheitliche Schulfach, da es Kopf, Herz und Hand gleichermaßen anspricht, davon sind viele Lehrer überzeugt.

An den Sport werden also hohe Erwartungen gestellt. Wie geht die Schule damit um? Die Lehrer sind direkt davon betroffen, dass die Anforderungen des Lehrplans nicht mehr recht mit dem, was ihre Schüler an Motivation und Leistung mitbringen, zusammenpassen und sie stellen ihren Unterricht darauf ein. Sehen wir uns an einigen Neuköllner Schulen um.

Schulsport – Von der Wehrertüchtigung zum Fitnessprojekt

Lernen braucht Bewegung – Peter-Petersen-Grundschule

Das kindliche Lernen ist ein Lernen mit dem ganzen Körper und allen Sinnen. Nach diesem Grundsatz handelt die Peter-Petersen-Grundschule im Neuköllner Norden. Sie versucht, Bewegungs-, Spiel- und Sportangebote zu intensivieren und in den Arbeits- und Lernrhythmus einzubeziehen. Leider kann sie nur zwei statt der im Lehrplan vorgesehenen drei Stunden Sportunterricht pro Woche anbieten, da sich zwei Schulen auf einem Grundstück eine Turnhalle aus dem Jahre 1910 – übrigens jene Halle, in der Werner Seelenbinder trainierte – teilen. Die Schulleiterin Frau Weber versucht gemeinsam mit ihrem Kollegium, die eingeschränkten Möglichkeiten wettzumachen, indem der Unterricht „bewegt" wird. Geeignet dafür sind gezielte Bewegungs- und Spielpausen. Ihr pädagogisches Konzept, der „Jena Plan", ist ein reformpädagogischer Ansatz, der schon in den 1920er Jahren Bewegung in den Unterricht einfließen ließ. Dem liegt die Überzeugung zugrunde, dass Elemente aus Rhythmik und Gymnastik auch das Lernen kognitiver Stoffe befördern. Binnendifferenzierung heißt Bewegung, geistig wie körperlich, erklärt Frau Vollmer, eine der Lehrerinnen. Die Kinder brauchen nicht stundenlang stillzusitzen, sie sollen es gar nicht, das bringe mehr Schaden als Nutzen. Der Klassenraum wird als Freifläche benutzt, da sitzt man zunächst im Stuhlkreis, arbeitet danach alleine an seinem Platz, für eine Partner- oder Gruppenarbeit wechselt man vielleicht zum nächsten Tisch. Meist gibt es auch eine gemütliche Ecke mit Sofa und Büchern und beim „Schleichdiktat" ist man auch außerhalb des Klassenraums unterwegs.

In die Unterrichtszeit eingestreute Bewegungseinheiten fordern koordinative Fähigkeiten und lassen die Konzentration wieder hochschnellen: Frau Vollmer und die Kinder klatschen in die Hände, wechseln dabei ihren Rhythmus, die rhythmische Bewegungsabfolge wird ergänzt und abgeändert durch schnipsen, nicken, trampeln, schnalzen und ähnliches. Als nächstes kann man seinen Körper spüren, indem man ihn von oben nach unten mit den Handflächen abtastet. Und zum Abschluss wird man noch einmal richtig gefordert bei der Aufgabe, Arme, Hände und Finger im und gegen den Uhrzeigersinn kreisen zu lassen.

Feier ist neben Spiel, Gespräch und Lernen einer der Grundpfeiler des pädagogischen Programms und gilt als Grundform des Lernens. Auf die Gestaltung der Sport- und Schulfeste wird deshalb viel Wert gelegt. 1997 feierte man Höhepunkt und Ausklang der Projektwoche mit dem Motto „Sport, Spiel, Spannung, Spaß" im Britzer Garten. Der Getränkekonzern Coca-Cola und der Berliner Verein für Sport und Jugendsozialarbeit (VSJ) hatten dazu Sport- und Spielmobile samt Betreuer zur Verfügung gestellt. Um den Bundesjugendspielen eine andere Form zu geben, werden sie oft auf dem Gelände eines Turnvereins am Columbiadamm als Sport- und Spielfest veranstaltet. Ein Sport-Tag mit nicht alltäglichen Bewegungserlebnissen fand im Dezember statt. In Zusammenarbeit mit dem VSJ wurde die Sporthalle in einen „Abenteuer-Parcours" verwandelt. Balancieren „on the Ropes"[1] oder auf einem dicken Seil am Boden; auf dem Bauch mit einem Rollbrett durch einen dunklen Tunnel finden; schwingen wie Tarzan am Seil; auf einer schiefen Ebene runterrollen und dabei nicht die Richtung verlieren; eine Barrentreppe erklimmen und von oben herunterspringen; mit Hilfe eines Seils senkrecht die Wand hochklettern, Seilspringen und ähnliches: Was auf den ersten Blick schlicht erscheint, stellt zum Teil hohe Anforderungen an Koordination, Beweglichkeit und Kraft und spricht nebenbei alle natürlichen Bewegungsbedürfnisse von Kindern an.

● Spaß und Abenteuer garantiert: Viert- bis Sechstklässler der Peter-Petersen-Grundschule bewältigen einen Bewegungsparcours mit acht Stationen, 16. Dezember 2003, Foto: Bruno Braun

Dabei sein ist alles – Matthias-Claudius-Grundschule

Mit einer Turnhalle aus dem Jahr 1936 muss die Matthias-Claudius-Grundschule in Rudow auskommen. Für Schulleiter Sahm ist Sport eine der besten Möglichkeiten, Kindern sinnvolle Freizeitbeschäftigung zu erschließen, und er schildert, wie man aus wenig viel machen kann. Persönliches Engagement und gute Kontakte zu Vereinen seien das A und O. Betritt man das Foyer der Schule, sieht man gleich: Hier wird Sport groß geschrieben. Urkunden, Pokale und Wandzeitungen zeugen von Erfolgen bei verschiedenen sportlichen Wettkämpfen seit den 1970er Jahren. Trotz unzureichender räumlicher Gegebenheiten, aber mit dem Engagement einer vom Schulleiter unterstützten Lehrerschaft ist die Schule zu einem sportlichen Highlight von Neukölln geworden. Herr Sahm selbst war zwanzig Jahre aktiver Handballspieler und Trainer, da lag es nahe, Handballmannschaften aufzubauen. Eine Vorklassenleiterin ist im Tischtennisverein, so kam Tischtennis an die Schule. Andere Kollegen sind oder waren ebenfalls engagierte Vereinstrainer. In den Sportarten Handball, Volleyball, Judo und Turnen hat sich so im Laufe der Jahrzehnte eine rege und kontinuierliche Kooperation vor allem mit dem TSV Rudow entwickelt. Dieser Verein ist übrigens mit dem „Grünen Band" für besonders hervorragende Jugendarbeit ausgezeichnet.

Inzwischen gibt es bei der Rekrutierung des Nachwuchses für trainingsintensivere Sportarten wie Handball oder Volleyball bisweilen Engpässe. Den Grund sieht Herr Sahm darin, dass man sich hier erst einmal Technik aneignen müsse. Und das kann dauern oder anstrengend sein. Man müsse sich auch mal durch etwas durchkämpfen, nur mit Routine und Übung stellten sich Erfolge ein. Den Kindern das zu vermitteln, nämlich dass Durchhalten belohnt wird, sieht er als eine weitere Aufgabe des Sportunterrichts an.

Aber nicht nur die leistungsstarken Kinder werden an dieser Schule zum Sport ermuntert. Herr Sahm nennt den „Minimarathon" und den „Waldlauf der Grundschulen" als Beispiele für Wettbewerbe, in denen schwächere Schüler nicht abseits stehen müssen, man muss sie nur zu motivieren wissen. Die meisten Kinder sind stolz darauf, bei einem Wettkampf „ihre" Schule zu vertreten. Solche gemeinschaftlich erlebten Aktionen sind eine gute Gelegenheit für Erfolgserlebnisse. Und damit Bewegung für alle auch zwischen den Unterrichtsstunden nicht zu kurz kommt, kann man sich in den Hofpausen Spiel- und Geschicklichkeitsgeräte ausleihen.

● So sehen Sieger aus: Die Leichtathleten der Matthias-Claudius-Grundschule mit ihren Betreuern Herrn Arendt und Herrn Sahm (v.l.n.r.) werden Berliner Meister im Schuljahr 1994/95.

Schulsport – Von der Wehrertüchtigung zum Fitnessprojekt

Bitte öfter mal was Neues – Rütli-Hauptschule

Wie steht es mit der Bewegungsfreude an den Oberschulen? In der Pubertät, insbesondere in der Mittelstufe, lässt die Sportbegeisterung allgemein nach. Mädchen, Kinder aus sozial schwachen Schichten und Kinder von Migranten treiben deutlich weniger Sport als ihre Altersgenossen, so die Ergebnisse aus dem ersten deutschen Kinder- und Jugendsportbericht 2003. Für die meisten Jungs, berichten Sportlehrer, könnte der Sportunterricht gerne ausschließlich aus Basketball- oder Fußballspielen bestehen. Da steckt auch immer ein bisschen der Traum vom Berühmtwerden dahinter. Und manchmal schafft es ja auch einer, wie Sahr Senesi, Absolvent der Neuköllner Heinrich-Heine-Realschule, der von Borussia Dortmund unter Vertrag genommen wurde.

Viele muslimische Familien haben eigene Ansichten über die Erziehung von Mädchen, die nicht selten mit hiesigen pädagogischen Vorstellungen in Konflikt geraten. Eine Schule hat das Schwimmen in der 9. Klasse inzwischen abgeschafft, da viele Familien ihre Mädchen nicht hinschicken wollen. Das Tragen von Kopftüchern ist genau wie das Tragen von Schmuck im Sport ein Sicherheitsrisiko. Legen die Mädchen die Tücher nicht ab, können manche Übungen nicht durchgeführt werden.

Frau Hübner, Lehrerin an der Rütli-Hauptschule in Neukölln Nord, kann vieles davon aus eigener Erfahrung bestätigen. Sie erzählt, wie sie mit persönlicher Zuwendung und viel Abwechslung den Sportunterricht für die Mädchen interessant gestaltet. Einfach ist es nicht, etwa ein Drittel der Mädchen bringt vor der Sportstunde eine Entschuldigung oder hat das Sportzeug vergessen. Einen Teil der Zeit muss die Sportlehrerin also für die Überprüfung der Atteste aufwenden. Und vielleicht lässt sich die eine oder andere doch noch motivieren teilzunehmen? Denn sitzen zu viele Mädchen auf der Bank, kann die Situation leicht grotesk werden. In so einem Fall geht Frau Hübner manchmal statt in die Turnhalle in die gemütlichere Aula. Dort kann man zum Beispiel bei einem Tee die geplante Einheit Entspannungsübungen einführen oder sich beim Gestalten einer Wandzeitung mit den Regeln des Basketball beschäftigen. Ihre didaktische Grundregeln sind: Einfache Übungen anbieten, viel Spiel und Spaß und öfter mal was Neues. Zunächst den Zensurendruck rausnehmen, um die Bereitschaft zum Ausprobieren zu fördern.

Vorbild sein muss man als Sportlehrerin, das ist wichtig, also selbst Sportkleidung anziehen, die Rolle vorwärts vormachen und auch den Ausdauerlauf durchhalten. Einmal brachte Frau Hübner eine Jonglierkiste mit, da traten unentdeckte Talente zu Tage. Manch eine Übung wird attraktiver, wenn man sie mit modernen Begriffen aufpeppt, so wird das alte Zirkeltraining eben zur Figurgymnastik, Kraftschulung oder zum Bodyshaping. Bei der Erklärung der einzelnen Stationen zielt Frau Hübner besonders auf den naheliegenden Nutzen ab. Zusätzlich können die Aufgabenstellungen optisch ansprechend gestaltet werden, vielleicht mit dem Foto eines attraktiven Stars. Und mit flotter Musik geht alles noch mal so gut. Trendsportarten und Angebote außerhalb der Schule kommen ebenfalls gut an. Ein ganz großer Erfolg war der Vormittag in der „T-Hall", einer Indoor-Kletterhalle in der Thiemannstraße. Und so ein Highlight, hat Frau Hübner festgestellt, motiviert die Mädchen dann auch über eine Durststrecke hinweg.

AGs mit Tradition – Fritz-Karsen-Schule

Die Fritz-Karsen-Schule (FKS) in Britz verspricht sich viel von den positiven Lerneffekten außerunterrichtlicher Aktivitäten. Die AGs sind ein Teil ihrer Suche nach freien Formen von Erziehung und Bildung nach den Ideen des Berliner Reformpädagogen Fritz Karsen. Hier machen die Schüler etwas, was sonst im Unterricht nicht stattfinden kann, und sie machen es freiwillig. Sie können eigenverantwortliches Handeln lernen, ohne dem Zwang von Lehrplananforderungen ausgesetzt zu sein. Lange schon gibt es neben Angeboten aus dem musischen Bereich die Möglichkeit zu Radsport, Hockey, Turnen, sogar Baseball.

Am längsten aber, nämlich seit 1969, bietet Herr Schmidt seine Ruder-AG an. Selber aktives Vereinsmitglied, begann er, mit der RG Wiking zu kooperieren, deren Boote zu nutzen und bei Wettkämpfen zu starten. Anfang der 1970er Jahre wurde „Jugend trainiert für Olympia" an den Schulen eingerichtet, um den Leistungs- und Wettkampfsport zu fördern. 1975 wurde die FKS Landessieger. Beim bundesweiten Entscheid stellte sich dann aber heraus, dass die meisten Mannschaften aus sehr leistungsstarken Vereinsmitgliedern bestehen und eine reine Schulmannschaft wie die von der FKS chancenlos ist. Im Rahmen einer AG kann ein solches Training nicht geleistet werden. Dass er sein anfängliches Ziel, sowohl den Breiten- wie den Leistungssport zu bedienen, aufgeben musste, tat der AG jedoch keinen Abbruch. Herr Schmidt zählt die Besonderheiten des Rudern auf. Für ihn ist es eine Mannschaftssportart par excellence, denn im Boot kann keiner fehlen. In hohem Maße sei man aufeinander angewiesen. Im Gegensatz zu Sportarten wie Fußball, wo sich schnell die Guten profilieren, sei hier mehr Gleichstand in den Leistungen gefragt, jeder wird gebraucht.

Das Interesse ist groß, bei Jungen wie bei Mädchen. Im Zuge der Oberstufenreform konnte durch das Rudern die Angebotspalette der Sportkurse erweitert werden. Seit 1978 gibt es jedes Jahr einen Ruderkurs in der Oberstufe. Lässt es das Wetter nicht zu, aufs Wasser zu gehen, kann man im neuen Bootshaus des Vereins trainieren.

● Herr Schmidt, Lehrer an der Fritz-Karsen-Schule, feuert seine Ruder-AG an.

Dort stehen im Kraft- und Konditionsraum auch Ergometer. Daran können verschiedene, das Rudern betreffende Körperbewegungen simuliert werden, man kontrolliert dabei Zeit, Leistung und Schlagzeit und auch die physiologischen Werte wie Kalorienverbrauch und Herzfrequenz.

Daten für die Wissenschaft – St. Marienschule

Die St. Marienschule ist eine additive Gesamtschule unter katholischer Trägerschaft. Auf ihrem Gelände hat sie zwei Turnhallen und ein Sportfeld in unmittelbarer Nähe. Die Jahrgangsstufen werden schulzweigübergreifend unterrichtet.

Herr Heiduck und Frau Steiner wissen aus mehr als 25 Jahren Schuldienst viel zu erzählen. Trend- und Funsport sehen sie nicht als Aufgabe von Schule, ihr Anliegen ist ein solider Sportunterricht, der Technik vermittelt und die motorischen Grundelemente Beweglichkeit, Schnelligkeit, Ausdauer und Kraft trainiert. Mit den Ergebnissen der einschlägigen sportwissenschaftlichen Studien sind sie tagtäglich konfrontiert.

Herr Heiduck spricht von „unglaublichen Defiziten" und „unglaublichen Ängsten", die zum Teil bei den Schülern vorhanden seien. In jeder neuen 7. Klasse kann er feststellen, dass Kinder Schwierigkeiten mit dem Fangen haben, dass es vielen Mühe macht, eine Ziffer zu laufen oder Überwindung kostet, von einer Kastentreppe hinunterzuspringen. Im Weitsprung klagen Kinder nach ein paar Sprüngen über Rückenschmerzen, das komme von der nicht entwickelten Muskulatur. In einer 8. Klasse Rolle vorwärts und rückwärts – eine Katastrophe. Immer öfter höre man: „Mach ich nicht", „Kann ich nicht", „Trau ich mich nicht", vor allem von Mädchen. Hauptsächlich liegt es seiner Meinung nach daran, dass sich heutzutage Kinder grundsätzlich zu wenig bewegen. Er gibt ein Beispiel: Wenn jetzt hier beim Fußball ein Ball über die Mauer auf den dahinter liegenden Weg fällt, kann es vorkommen, dass der Ball schon einen neuen Besitzer gefunden hat, bis die Schüler sich auf

Schulsport – Von der Wehrertüchtigung zum Fitnessprojekt

den Weg machen, ihn zurückzuholen. Mal schnell über einen Zaun klettern, das versuchen vielleicht drei von dreißig.

Das Sportlehrerkollegium wollte genauer wissen, ob es wirklich immer weiter bergab geht mit der Fitness. Dafür beteiligt sich die Schule seit dem Schuljahr 2002/03 am „Münchner Fitness Test"[12]. Dieser Test gibt Aufschluss über den aktuellen Trainingszustand. In sechs Übungen (Ballprellen, Zielwerfen, Hüftbeugen, Standhochspringen, Halten am Hang und Stufensteigen) werden koordinative und konditionelle Fähigkeiten ermittelt. Die Ergebnisse werden nach München geschickt, so trägt man zu einer Längsschnittuntersuchung bei.

Die Ergebnisse des letzten Jahres brachten es schwarz auf weiß. Die meisten Einzelleistungen erhielten die Bewertung befriedigend und ausreichend, gemäß dem Schulnotensystem. Einige wenige Jugendliche ragten heraus, meist solche, die außerhalb der Schule auch Sport treiben. Sogar die Schüler selbst staunten über ihre Ergebnisse, mit ihrer eigenen Wahrnehmung stimmte das oft nicht überein. Ein Anlass für die Sportlehrer, mit ihren Klassen darüber zu sprechen, welchen Sinn Fitness macht und was man dafür tun kann.

Die Ergebnisse des Folgetests unterscheiden sich nicht auffällig von denen des Vorjahrs. Der Schulsport reicht nicht aus, die mangelnde Fitness zu kompensieren, schließt Frau Steiner daraus und wünscht sich, dass von politischer Seite Konsequenzen daraus gezogen werden.

Lust an Leistung – Otto-Hahn-Oberschule

Seit dem neuen Schuljahr ist die Otto-Hahn-Oberschule in Britz offiziell eine Gesamtschule mit sportlichem Profil. Die erste Sportklasse ist an den Start gegangen. 28 Jungen und Mädchen belegen Sport als Wahlpflichtfach und haben somit mindestens sechs Stunden Sport pro Woche in dem von ihnen gewählten Fußball-, Hockey- oder Schwimmzug.

Wie viele Gesamtschulen hatte die Otto-Hahn-

- Eine Station des Münchener-Fitnesstests: Halten am Hang – hier ist Kraft gefragt!, November 2003

- Das Zielwerfen: Ein mit Erbsen oder ähnlichem gefülltes 500 Gramm schweres Säckchen soll möglichst in der Mitte der fünf vorgegebenen Zielfelder landen, November 2003

Fotos: Bruno Braun

Oberschule mit der mangelnden Mischung der Schulzweige zu kämpfen, das heißt, die Anzahl der Anmeldungen von Hauptschulempfohlenen stieg, die für Realschule und Gymnasium sank. Warum nicht etwas finden, was die Schule attraktiver macht? Bei der Auseinandersetzung des Kollegiums mit den Stärken ihres Schülerpotentials kam man bald auf den Sport.

Von jeher sei man eine „sportliche Schule" gewesen, berichtet Herr Haucke, Leiter des Fachbereichs Sport, und verweist auf die traditionell rege Wettkampftätigkeit der Schule. Ein Grundgedanke war, dass aktive Sportler auch in anderen Bereichen leistungsbereiter sind bzw. werden. Die Erfahrungen aus dem Fußballzug, der vor mehreren Jahren eingerichtet worden war, haben diese These zum Teil bestätigt. Der Jahrgang, der intensiv vom Klassenlehrer und einem Vereinstrainer betreut wurde, kann von Erfolgen dieser Art berichten. Persönliches Engagement und die Beziehungsarbeit des Teams waren wohl der Schlüssel und haben sich positiv ausgewirkt. Der größte Erfolg sei, erläutert die stellvertretende Schulleiterin Holz, wenn sich aus dem Sport Haltungen wie Teamgeist, Fairness und Durchhaltevermögen auch in der allgemeinen Einstellung zu Schule und Leistung wiederfinden.

Die guten Bedingungen geben Anlass zu Hoffnung. Die Betreuung erfolgt in Zusammenarbeit mit Trainern der Neuköllner Vereine Grün-Weiß Neukölln im Bereich Fußball, mit der Schwimm-Gemeinschaft Neukölln und mit den Neuköllner Sportfreunden im Bereich Hockey. Es gibt moderne Übungsstätten und die Trainingspläne orientieren sich am Grundsatz „Fordern und Fördern" und sind von Fachleuten ausgearbeitet.

Kann Sport den Charakter formen?

Wie hoch der Beitrag des Sportunterrichts an der Lösung gesellschaftlicher Probleme ist, kann nur offen bleiben. Wie man sehen konnte, leistet er allerdings eine Menge. Ob nun konzeptionell verankert oder spontan, Anlass zu Bewegung bietet sich im Schulleben, bei Wettkämpfen, bei AGs und sogar im Unterricht. Am meisten leistet Schulsport aber dadurch, dass für jedes Kind die Möglichkeit geboten wird, Sport in seiner ureigensten Bedeutung zu erfahren, nämlich die genetisch disponierten Verhaltensformen Spiel, Bewegung und Herausforderung zweckfrei ausagieren zu können. Das ist der eigentliche Erfolg von Schule und von den vielen engagierten Lehrerinnen und Lehrern.

Ute Keller

• Ballprellen: So oft wie möglich innerhalb von 30 Sekunden den Ball prellen und dabei nicht das Gleichgewicht verlieren – alles nicht so einfach!, November 2003, Foto: Bruno Braun

Anmerkungen

[1] In Anlehnung an die „sieben freien Künste" mittelalterlicher Bildung (Grammatik, Rhetorik, Dialektik, Musik, Arithmetik, Geometrie, Astronomie) vermittelte das Rittertum seine Ideale in den „septem probitates": Reiten, Schwimmen, Schießen, Klettern, Turnieren (Einzel- u. Mannschaftskampf), Fechten und Tanzen.

[2] 1592–1670, berühmt durch seinen 1658 erschienenen „orbis sensualium pictus", eine Art Bilderlexikon für die Schulen zur Bildung über alles, was das Kind von der Welt wissen sollte.

[3] Zit. n. Krüger 1993, Bd. 9, 33, i.O. 1793, 507.

[4] Vgl. auch „Friedrich Ludwig Jahn – Eine Karriere in der Hasenheide", in diesem Buch.

[5] Johann Heinrich Pestalozzi, 1746–1827, propagierte als fortschrittlicher Pädagoge der Aufklärung ebenfalls Körperbildung als Bestandteil harmonischer Erziehung. Er veröffentlichte 1807 „Über Körperbildung. Zu einer Elementargymnastik".

[6] Die Erinnerungen des Berliner Journalisten Ludwig Rellstab erschienen 1861. Siehe hierzu Gerhard Fischer: Turnen in der Hasenheide. In: Berliner Sportstätten. Geschichte und Geschichten, Berlin 1992.

[7] Erlass vom 27.10.1882.

[8] Gesundheitsmagazin der Kaufmännischen Krankenkasse 4/03. Siehe auch Studien 2002 und 2003 des wissenschaftlichen Instituts der Ärzte Deutschlands (WIAD).

[9] Senatsverwaltung für Bildung, Jugend und Sport: Das Berliner Bildungsprogramm für die Bildung, Erziehung und Betreuung von Kindern in Tageseinrichtungen bis zu ihrem Schuleintritt, Entwurf Juni 2003.

[10] Orandum est, ut sit mens sana in corpore sano. Juvenal (58–138 n.Chr.) Satiren X, 356. Wörterbuch der Antike, Stuttgart 1976.

[11] Balancieren auf Stangen unterschiedlicher Höhe, abgesichert mit einem Halteseil.

[12] Entwickelt am Sportzentrum der Technischen Universität München. Handreichung für den Münchner-Fitnesstest von Horst Rusch und Werner Irrgang, zu finden zum Beispiel unter www.sportunterricht.de.

Literatur

Großbröhmer, Rainer: Die Geschichte der preußischen Turnlehrer. Vom Vorturner zum staatlich geprüften Turnlehrer, Aachen 1994.

Lehrplan für den Turn-Unterricht der Berliner-Gemeinde-Knaben-Schulen, Berlin 1884.

Leitfaden für den Turn-Unterricht in den preußischen Volksschulen, Berlin 1862, 1868, 1895.

Liedtke, Max (Hg.): Sport und Schule. Geschichte und Gegenwart, Bad Heilbrunn/Obb. 1998.

Krüger, Michael: Einführung in die Geschichte der Leibeserziehung und des Sports. Aus der Reihe Sport und Sportunterricht, Bd. 9 und 10, Schorndorf 1993.

WIE FUSSBALL AN DIE DEUTSCHE SCHULE KAM

Rüpelspiel – Rugby – Soccer

Rechtsvorschriften sind die ersten Dokumente über eine „Sportart", die durch Straßenschlachten für erheblichen Ärger in den mittelalterlichen englischen Städten gesorgt hatte. Durch gesetzliche Verbote wollte man schon im 14. Jahrhundert dem wilden, regellosen und gefährlichen Treiben Einhalt gebieten. Genau lässt sich dieser „Sport" nicht einordnen, doch es muss ein wildes Kämpfen mit und um ein ausgestopftes Knäuel gewesen sein, das dem Rugby – jedoch ohne Regeln – verwandt war. Der „Ball" wurde mit der Hand aufgenommen, festgehalten und stürmend voran gebracht. Dass es dabei zu vielen Handverletzungen kam, soll der Grund dafür gewesen sein, dass es im 19. Jahrhundert ein Sport für Schüler und Studenten wurde, denn Arbeiter in den Manufakturen und Fabriken konnten sich Handverletzungen nicht leisten. Denkbar, dass gerade für die Handarbeiter als Variante des heutigen Rugby um 1860 das reine Fußballspiel entstand.

Doch der Weg der neuen englischen Sportart in die deutschen Schulen war noch lang. Zunächst führt die Spur in die Internatsschulen Englands. In derjenigen von Rugby entwickelte man die wichtigsten Regeln für den neuen Fuß- und Beinsport. Dort wurde Soccer geschaffen, ein Spiel, das gerade das Aufnehmen des Balls mit der Hand unter härteste Strafe stellte. Bei Handspiel konnte in Zukunft nur noch der Keeper im Goal das Tor mit den Händen verhindern – wenn er Glück hatte und den Ball beim Strafstoß erwischte.

Turnen oder Leibeserziehung hieß das Schulfach

Noch bis in die frühen 20er Jahre nach dem Ersten Weltkrieg war dieses englische „Rüpelspiel" im Sportunterricht in deutschen Schulen nicht erlaubt. Das Fach hieß im Zeugnis „Turnen" oder „Leibeserziehung" im Lehrplan und war eher von Geräteübungen und Gymnastik in der Tradition von Turnvater Jahn geprägt (vgl. Christa Jančik in diesem Band). Dabei waren es gerade die erzieherischen Auswirkungen, nämlich die Förderung der Disziplin, die den Fußballsport in englischen Internaten so erfolgreich gemacht hatte. Zumindest in der pädagogischen Fachliteratur begann bereits kurz nach der Jahrhundertwende in Deutschland die Überzeugungsarbeit und ab 1908 tauchten erste Fußball-Lehrbücher in der Deutschen Lehrerbücherei auf, die schließlich mithalfen, das Fach Leibeserziehung für diesen Sport zu öffnen. Doch bis zum Durchbruch als Schulsport bedurfte es noch weiterer Voraussetzungen und nicht zuletzt eines erheblich stärkeren Drucks, den nur ein Massensport ausüben kann.

- Der Berliner Fußball-Club „Stern", der in Rixdorf zu Hause war, posiert in Spielkleidung für den Fotografen, um 1889

- Schulmannschaft des staatlichen Kaiser-Wilhelm-Realgymnasiums in Neukölln, um 1930

Freizeitsport und Professionalisierung

Eine erhebliche Verbreiterung erfuhr der neue Freizeitsport erst durch das Verbot der Sonntagsarbeit in der Gewerbeordnung von 1919. Später kam der arbeitsfreie Samstagnachmittag hinzu – Freizeit, die es zuvor nicht gegeben hatte. Doch schon vorher verbrachten viele Jugendliche und Männer ihre knappe Freizeit auf und am Rande der planierten Felder wie dem Tempelhofer Feld, das günstig am Rand des Altstadtbereichs von Rixdorf/Neukölln lag, in dem 1912 über 260.000 Menschen in sehr beengten Wohnverhältnissen lebten. Hier, wo heute der Flugplatz ist, fanden die Fußballschlachten zwischen den verschiedenen Clubs statt. Nur bei den kostenpflichtigen Spielen wurde ein Teil des Feldes mit Seilen abgesperrt, daneben tobten auf dem offenen Feld regelrechte Kämpfe, Straße gegen Straße, die damals von Rixdorfer Jugendlichen ausgetragen wurden. Längst waren auch hier die ersten Clubs entstanden, die den Sport vereinsmäßig betrieben, zum Beispiel der Fußballclub Stern 89, der sich mit Zylinder, Emblem und Krawatten abbilden ließ. Andere Vereine waren der S.C. Rixdorf 1900 (ab 1907 NSC Cimbria 1900), F.C. Tasmania „Belle Alliance", Rixdorfer F.C. Normania und vielleicht ist auch der Cesky sportoni club in Rixdorf zu Hause gewesen, schließlich gab es im böhmischen Teil Rixdorfs noch nach 1900 Straßen mit tschechischen Namen.

Schon diese frühen Clubspiele förderten zwangsläufig die Professionalisierung der Spieler. Kondition war nur durch regelmäßiges Training auch außerhalb der damals noch auf Frühjahr und Herbst begrenzten Fußballsaison der Ligen zu erhalten, und so kam es schnell zur Annäherung der „Feld- und Straßenkämpfer" an die Ausdauersportler, Leichtathleten, Turner und deren traditionelle Vereine. Die Gräben zwischen den Turnvereinen und den neuen englischen Sportarten wurden eingeebnet und aus den „Kämpfern" und „Rabauken" wurden „richtige Sportler". Viele Turnvereine firmierten in der Folgezeit als Turn- und Sportvereine oder wurden kurz nach 1900 sogar ausdrücklich als solche mit mehreren Ballspielsparten gegründet. Diese Vereine boten den organisatorischen Rahmen für notwendige Absprachen: Wer spielt gegen wen? Wann und wo? Mit welchen Regeln? Wer kann aufsteigen?

Mit den Ligen und regelmäßigen Wettbewerbsspielen war eine weitere Notwendigkeit entstanden: Die Spieler einer Mannschaft mussten erkennbar sein, sie brauchten ein Unterscheidungsmerkmal. Die Zeiten, in denen die Mannschaft mit nacktem Oberkörper gegen diejenige in Hemden spielte, waren vorbei und die Epoche mit Vereinsfarben, Wappen, Fahne, Maskottchen und Trikot begann. Die eigentlichen Schlachten lieferten sich hinfort die Fans, denn auf dem Feld spielten bereits Sportler, die gegenseitig Verletzungen vermeiden mussten, waren sie doch keineswegs abgesichert wie heutige Profis, die optimal ärztlich versorgt und versichert sind. Derzeitiger Topverdiener in der Bundesliga ist Oliver Kahn mit jährlich ca. 5 Millionen Euro.

„English sports", zu denen neben Polo und Rugby das Fußballspiel gehörte, hielten mit neuer Fachsprache international Einzug in die Sportwelt. Die ersten Fußball-Lehrbücher aus den Jahren bis 1930 enthielten im Anhang Übersetzungshilfen für englische Fachbegriffe, die von der Bezeichnung für Verteidiger, die backs hießen, über goal und referee bis hin zu den heute noch gebräuchlichen englischen Begriffen wie Foul, Pass, unfair, Professional/Profi oder Kicker reichten; einen französisch-lateinischen Stamm hatten die Begriffe vexieren, für den Ball am Gegner vorbeispielen, oder protestieren und trainieren.

Das Militär verhilft zum Durchbruch

Doch woher kannten die Lehrerseminaristen des Kaiserreichs, die häufig Turner waren, die Fußballregeln, und wie gewannen sie Freude am Spiel, wo doch eher Disziplin und Haltung sowohl ihre Seminarausbildung in Leibesertüchtigung als auch die Übungen in ihren Turnvereinen prägten?

Eine Antwort mag in der Militärzeit der jungen Lehrer liegen: Bereits ab 1905 war das Fußballspiel Bestandteil der Ausbildung in den Offiziersvorbereitungsanstalten und 1916, mitten im Ersten Weltkrieg, sollte sogar ein Gesetz des Kriegsministeriums die vormilitärische Ausbildung der Jugend durch Mannschaftsspiele und Sport unterstützen. Spätestens an der Front gelang dem Fußballspiel der Durchbruch – zur Hebung der Truppenmoral und psychischen Stabilisierung der Soldaten. Für Weihnachtsfeiern und Fußball wurden die Kämpfe an der Front unterbrochen, so beliebt war das Fußballspielen beiderseits der Kampflinie. Es wurde als demokratisch empfunden, unterlief faktisch und unterschwellig die militärische Rangordnung und zwang, zumindest während der Spiele dazu, auf militärische Anredeanforderungen zu verzichten. Sportler redeten sich nicht mit Herr

Unteroffizier Meier an ...

Auch nach dem Ende des Ersten Weltkriegs wurde Fußball weiterhin gebraucht, um die Disziplin der rückkehrenden Verbände zu wahren sowie Frust und Wut der Soldaten aufzufangen. Weil bei Kriegsende angeordnet worden war, in allen Garnisonen sofort mit dem Fußballspielen zu beginnen und Meisterschaften auszutragen,[1] hat Fußball erfolgreich dazu beigetragen, das politische Pulverfass der geschlagenen zurückkehrenden Soldaten zu entschärfen.

- Kleine Klassenmannschaft der Gemeindeschule in der Rütlistraße, 1924

- Fußballtraining im Schulhof der Gemeindeschule in der Rütlistraße, 1924

Fußball, den die Studenten oder Seminaristen während des Krieges kennen gelernt hatten, bedeutete für das Militär zweierlei: Er konnte Gefühle kanalisieren, weil diese innerhalb ausgefeilter Regeln und nur unter der Regie des Schiedsrichters ausgelebt werden konnten, und er war in der Lage, beim Spiel und erst recht in der Phase der Demobilisierung Freundschaften über die militärischen Ränge hinweg zu begründen, die dem Gemeinschaftsgeist zugute kamen. Da war es nur folgerichtig, dass am 4. Januar 1920, nachdem die Grenzen zwischen Sport und Militär schon bis zur Unkenntlichkeit verwischt waren, wie Christiane Eisenberg formuliert hat, ein Erlass des Reichswehrministeriums Fußball offiziell in den militärischen Übungsplan einreihte. Parallel dazu entstanden die ersten Schulfußballmannschaften als Freizeitmannschaften von Oberschülern – von Lehrern betreut.

Volkserziehung in Spielstunden und Arbeitslosenprogrammen

1922 rehabilitierte der linksorientierte Autor Epstein in seinem einflussreichen „Buch der Erziehung" den als deutschnational gebrandmarkten Friedrich Ludwig Jahn (vgl. Christa Jančik in diesem Band), der einhundert Jahre zuvor dem Turnen den Weg in die Schulen geebnet hatte, in einer Fußnote. Darin wird diesem zugute gehalten, dass es ihm um die sittliche Erziehung der Jugend gegangen sei, die er von der Straße holen und den Einflüssen der französischen Besatzung hatte entziehen wollen.[2] Es verwundert kaum, dass 1928, noch vor der offiziellen Einführung des Fußballsports in der preußischen Schule eine Dissertation erschien, die der ehemalige Nordseevorposten-Flotillenpfarrer und spätere religiöse Sozialist in Neukölln, Paul Piechowski, geschrieben hatte. Ihr Untertitel lautet: „Vom Turnvater zum Volkserzieher"[3]. Erstaunlich ist eher, dass erst 1929 Fußball seinen lehrplanmäßigen Segen als „Volkserzieher" in Preußen erhielt.

Den Stellenwert des Sports kann man zunächst an der Erweiterung der Stundentafel in den frühen 20er Jahren ablesen: An den Berliner Schulen wurde das Fach Leibeserziehung ausgebaut. Weil aber die Hallen schon für Gymnastik und Turnen nicht ausreichten, war man im Sommerhalbjahr auf die Sportplätze angewiesen. Hier wurde ein Teil des Schulsports in Gruppen von je 75 Schülern als Spielstunde abgehalten. Ab 1924 sollte wöchentlich sogar eine vierte und ab 1925, vom 4. Schuljahr an, eine fünfte Stunde Leibesübungen in den Berliner Volksschulen erteilt werden: drei Turnstunden und zwei Spielstunden. Dass dies nicht ohne Weiteres gelang, zeigen die jährlichen Berichte der Schulverwaltung. Noch bis in die zweite Hälfte der 20er Jahre hinein wird nämlich von den Erfolgen berichtet, dass wieder mehr Schulen ihre Spielstunden auf Sportplätzen abhalten konnten.[4] Bei den überbezirklich organisierten Sportfesten (es gab ab 1927 ein Stadtamt für Leibesübungen mit einem Stadtoberturnrat an der Spitze und zehn Stadtturnratsstellen für die Bezirke)[5] wurden erstmals die Klassen- und Fachlehrer als Kampf-, Schieds- und Linienrichter mit eingebunden.

Parallel zum Berliner und Neuköllner Club- und Vereinsfußball spielten in den 20er Jahren auch Arbeitslose in einem Betreuungsprogramm und es gab erste Wettspiele von Freizeitmannschaften der Oberschulen. Klassenmannschaften der

Realschulen und Realgymnasien folgten. Sie führten Schulhymnen (vermutlich für die Siegerehrung), Schulabzeichen und Signets für die Sporthemden ein und manche sogar einen richtigen Mannschaftsdress. Lehrer trainierten sie und führten die Teams in die Kampfbahnen, wie Sportplätze und Stadien damals hießen. Dort traten sie gegen die Elf der nächstgelegenen Schulen oder auch gegen überbezirkliche Gegner an.

Einige der großen Kampfbahnen für möglichst viele Sportarten, wie das Stadion Neukölln mit Radrennbahn, Hockeyplatz und anderem mehr, entstanden in diesen Jahren als Ergebnis von Arbeitsbeschaffungsprogrammen. Jetzt endlich konnte der ursprünglich militärisch eingebundene Fußball in die Lehrpläne der Schulen aufgenommen werden. Dies geschah offiziell am 15. Mai 1929 durch die ministeriellen Richtlinien für das Turnen in den Volksschulen Preußens für das 7. und 8. Schuljahr der Knabenschulen, doch dann ging alles Schlag auf Schlag. Pfingsten 1929 fand in Dresden das erste Deutsche Lehrerfußballturnier statt und schon im Januar des Jahres war zugesagt worden, das Fußballspiel in die Turnlehrerausbildung aufzunehmen.6 Dass das Land Baden bereits 1919 damit vorangegangen war, sei nur am Rande vermerkt.

Der Lehrer war nun stundenweise zum Herrn der Pfeife geworden. Er hatte die Regeln durchzusetzen, wenn die Oberschulen, das Kaiser-Friedrich-Realgymnasium gegen das Walther-Rathenau-Realgymnasium oder die Albrecht-Dürer-Realschule, antraten und um die Ehre ihrer Schulen spielten – bald aber auch während der Spiele in den Spiel-Sportstunden auf den großen Plätzen.

Für eine kaum zu unterschätzende Veränderung im Fußball selbst hatten die neuen Regeln gesorgt, besonders die Abseitsregel. Durfte anfangs nur nach hinten abgespielt werden in der Hoffnung, dass ein anderer wieder nach vorn stürmen und den nächsten Zweikampf gewinnen würde, so durften nach den neuen Regeln auch Spieler angespielt werden, wenn zwischen ihnen und dem gegnerischen Tor noch drei Gegenspieler waren. Nach weiteren Änderungen konnte sogar weit nach vorn abgespielt werden, solange wenigstens ein Feldspieler zum Zeitpunkt der Ballannahme hinter dem Angespielten stand. Dies trug wesentlich zur neuen Schnelligkeit der Angriffe bei und verringerte die Auseinandersetzungen zwischen den Stürmern als Einzelkämpfern und den Verteidigern zugunsten eines großflächigeren Strategie- und Mannschaftsspiels.[7]

Jetzt erst konnte all das „eingefahren" werden, was dem Fußball in so vielen Veröffentlichungen seit 1900 als Chance und Aufgabe zuerkannt worden war: In der Formulierung von Willi Knesebeck bildet das Fußballspiel „all jene physischen Fähigkeiten, die der Mensch im Daseinskampfe braucht: Kraft, Schnelligkeit, Ausdauer und Geschicklichkeit. Es erhöht die Sinnestüchtigkeit, Auffassungsgabe, praktische Intelligenz und Konzentrationsfähigkeit, Eigenschaften, die ihn zur Persönlichkeit stempeln. Es verhilft zu Willens- und Entschlusskraft, Selbstdisziplin, Unterordnung, Beherrschung, Standhaftigkeit und zum Mut, zur Kameradschaftlichkeit und zu sozialem Denken, zu den inneren Werten, welche die Persönlichkeit zum Charakter erziehen und zum nützlichen Glied der Gesellschaft machen."[8]

Bleiben da noch Fragen offen?

Rudolf Rogler

Anmerkungen
[1] Eggers, Erik: Die Anfänge des Fußballsports in Deutschland. Zur Genese eines Massenphänomens. In: Herzog, Markwart (Hg.): Fußball als Kulturphänomen: Kunst – Kult – Kommerz, Stuttgart 2002, S. 80.
DFB-Jahresbericht 1918/19, o.O., S. 20f.
[2] Epstein: Das Buch der Erziehung, Karlsruhe 1922, S. 331, Fußnote 7.
[3] Piechowski, Paul: Friedrich Ludwig Jahn. Vom Turnvater zum Volkserzieher, Gotha 1928.
[4] Nydahl, Jens (Hg.): Das Berliner Schulwesen, Berlin 1928, S. 365f.
[5] Ebd., S. 375.
[6] Fredersdorf, W.; Wuttke, G.: Das Fußballspiel, Osterwiek 1930, S. 5.
[7] Krüger, Michael: Einführung in die Geschichte der Leibeserziehung und des Sports, Teil 3: Leibesübungen im 20. Jahrhundert. Sport für alle, Schorndorf, o.J., S. 44.
[8] Knesebeck, Willi: Schule des Fußballspiels. Eine Anleitung zur methodischen Erlernung und für planmäßigen Übungsbetrieb, 6. Auflage, o.O., o.J. (lt. Deutsche Lehrerbücherei 1930), S. 17.

Weiterführende Literatur
Eisenberg, Christiane: English sports und deutsche Bürger. Eine Gesellschaftsgeschichte 1800–1939, Paderborn 1999.
Faber, Paul: Der Fußballsport, Leipzig–Berlin–Paris 1908.
Stiehler; Konzag; Döbler: Sportspiele. Theorie und Methodik der Sportspiele Basketball, Fußball, Handball, Volleyball, o.O. 1988.

● Arbeitslose Jugendliche spielen in einem Beschäftigungsprogramm des Bezirksamts Neukölln auf dem Tempelhofer Feld Fußball, vor 1925

STRASSENFUSSBALL GEGEN GEWALT –

Ein Projekt des Kick-Standorts Neukölln

Das 1991 gegründete Projekt „Kick – Sport gegen Jugenddelinquenz" ist eine Initiative der Sportjugend Berlin, der Berliner Polizei, der Senatsverwaltung für Inneres und der Senatsverwaltung für Bildung, Jugend und Sport. Das Projekt will mit Sport und vielfältigen anderen Freizeitangeboten sowie sozialpädagogischen Methoden dem Abgleiten von Kindern und Jugendlichen in die Kriminalität entgegenwirken. Die Angebote stehen allen interessierten Kindern und Jugendlichen offen. Sie erhalten dort Beratung und Unterstützung zur Lösung ihrer Probleme im Alltag sowie in Schule und Familie. Dabei hilft der Sport auf eine schnelle und einfache Weise, das Vertrauen der Jugendlichen zu gewinnen und Hemmschwellen abzubauen.

1998 wurde durch die Erweiterung des Kick-Projekts auch in der Neuköllner Südstadt ein neuer Standort installiert. Tatkräftig unterstützt von der Wohnungsbaugesellschaft DEGEWO und dem Bezirksamt Neukölln, die dem Projekt Arbeitsräume zur Verfügung stellten, wurde gemeinsam mit den Partnern von der Polizeidirektion 5 eine attraktive Angebotspalette entwickelt, bestehend aus dem Computer- und Internetprojekt, den Sport-Arbeitsgemeinschaften an den Partnerschulen, dem DEGEWO-Fußballcup sowie Wochenendfahrten und Erlebnisreisen, um Kindern und Jugendlichen in der Gropiusstadt interessante und sinnvolle Freizeitbeschäftigungen zu ermöglichen. Darüber hinaus war von Anfang an die Durchführung von Anti-Gewalt-Veranstaltungen mit Kindern und Jugendlichen ein spezifisches Angebot des Projekts.

Bei der von uns am Anfang unserer Arbeit durchgeführten „Erkundung des Sozialraums" wurde offenkundig, dass auch in der Neuköllner

● DEGEWO-Fußballcup in der Gropiusstadt, 2002

Südstadt nicht zu übersehende soziale Probleme von Kindern und Jugendlichen und speziell in bestimmten Gruppierungen junger Menschen vorhanden sind. So planten wir unsere Arbeit gemeinsam mit einigen Jugendeinrichtungen und Projekten, die sich im Rahmen der Südstadt AG regelmäßig über Fragen der Jugendsozialarbeit beraten. Besonders männliche Kinder und Jugendliche spielten bei diesen Erwägungen eine Rolle. Der Schwerpunkt des Angebots sollte auf der sportpädagogischen Arbeit im Bereich des Fußballs liegen, und zwar aus folgenden Gründen:

Wir gingen davon aus, dass die Attraktivität des Sports und der sportlichen Betätigung bei jungen Menschen auch nach den neuesten Daten der Freizeitforschung ungebrochen ist. Hinzu kommt, dass Fußball gerade in sozial belasteten und strukturschwachen Regionen das Spektrum des Sports mehr denn je dominiert, sowohl auf der Angebots- als auch auf der Nachfrageseite. Allerdings sind dieses Angebot und die besondere Nachfrage oft nur schwer in Übereinstimmung zu bringen. Einerseits sind die Fußballvereine durch das von Renitenz und Gewaltneigung geprägte Verhalten eines Teils der Kinder und Jugendlichen überfordert, andererseits fehlt vielen fußballinteressierten und fußballbegabten Kindern und Jugendlichen die soziale Kompetenz, das streng strukturierte Angebot des Vereinssports zu akzeptieren. Ein weiterer Grund für die geplanten Aktivitäten unseres Projekts bestand darin, gerade an dieser akuten Unvereinbarkeit anzusetzen, also die Kluft zwischen dem Vereinsfußball und seiner Zielgruppe zu verringern bzw. die immer größer werdende Lücke durch ein „niedrigschwelligeres" Angebot auszufüllen.

Auch andere Initiativen des Berliner Sports zielen in die von uns vorgesehene Richtung. So ist es das Anliegen der „Anti-Gewalt AG" des Berliner Fußballverbandes, die Konfliktfähigkeit von Spielern, Trainer, Betreuern und Zuschauern so zu erhöhen, dass ein geregelter und einvernehmlicher Spielbetrieb gewährleistet werden kann. In Hinblick auf die Probleme an den sozialen Brennpunkten unserer Stadt vertritt die „Anti-Gewalt AG" des BFV darüber hinaus die These, dass Vereinssport und Jugendsozialarbeit besser kooperieren sollten.

Aufgrund der Vergabe der Fußball WM 2006 an Deutschland und der damit einher gehenden gesamtgesellschaftlichen Sensibilisierung hat sich das politische Klima in unserem Land übrigens in kurzer Zeit zugunsten verschiedener, aus dem Fußball stammender sozialer Initiativen gewandelt. Auch das Projekt „Straßenfußball gegen Gewalt" hoffte auf wohlwollende Unterstützung der Politik, die vom besagten Klimawechsel herrührt. Die Präsentation unseres Projekts beim Bürgermeister von Neukölln bestätigte diese Annahme voll und ganz.

Schließlich soll nicht unerwähnt bleiben, dass bei unseren Erwägungen auch der Beschluss der 24. Sportministerkonferenz eine gewisse Rolle spielte. Dieser appellierte an den Sport, „sich in die Diskussion um das zukünftige Leitbild der Städte aktiv einzubringen". Besonders auf kommunaler Ebene sollte demzufolge darauf geachtet werden, Sport, Spiel und Bewegung eine Chance zu geben, um dadurch die Lebensqualität der Menschen zu erhalten und zu verbessern.

Mit unserem neuen sportpädagogischen Angebot wollten wir auf diese ausdrückliche Bitte der Politik reagieren. Wir verbanden damit die Hoffnung, dass die Neuköllner Südstadt gerade für junge Menschen dadurch lebens- und liebenswerter wird. Was den inhaltlichen Rahmen betrifft, verstanden wir uns auch als ein wenig reglementiertes und gemeinwesenorientiertes Sportangebot im Vorfeld der Vereine. Kindern und Jugendlichen der Südstadt sollte die Möglichkeit gegeben werden, in einem vorgegebenen Rahmen und unter besonderer Eigenverantwortung, Fußball zu spielen.

Das Fußballprojekt wurde von folgenden Institutionen gemeinsam realisiert: Dem Kick-Projekt als Koordinator, hinzu kamen die Polizeiabschnitte 51 und 56, das Bezirksamt Neukölln von Berlin, Jugendclubs und Projekte staatlicher und freier Träger in der Neuköllner Südstadt, die Wohnungsbaugesellschaft DEGEWO, Sportvereine, das Projekt „Integration durch Sport" der Sportjugend Berlin, Vereinsberater des BFV sowie S-Bahn und Weißer Ring.

Zur Umsetzung wurden folgende organisatorische Strukturen geplant: Fußballarbeitsgemein-

● Siegesfeier nach den Fußball-Nights in der Gropiusstadt, 2002

● Straßenfußball erfreut sich unter Jugendlichen immer größerer Beliebtheit, 2002

Straßenfußball gegen Gewalt – Ein Projekt des Kick-Standorts Neukölln

schaften in verschiedenen Altersklassen an Schulen, regelmäßige Fußballturniere (DEGEWO-Cup), „Fußball-Nights" an Wochenenden, Straßenfußball-Liga für Kinder und Jugendliche, Trainingsmöglichkeiten für Freizeitteams, Fußball-Feriencamps sowie Wochenendfahrten und Reisen (national und international).

Die Organisation und Finanzierung des Projekts wurde durch alle Beteiligten realisiert, die Koordinierung der notwendigen organisatorischen Maßnahmen erfolgte durch das Kick-Projekt, wobei von Anfang an Kinder und Jugendliche in alle Fragen der Umsetzung des Projekts einbezogen wurden. Das betraf besonders die Zielstellung, die Funktionen der Wettkampforganisation und des Schiedsrichteramts auch auf die beteiligten Kinder und Jugendlichen eigenverantwortlich zu übertragen.

Aus sportpädagogischer Sicht war es erstrebenswert, dass die sportlich-spielerische Atmosphäre, der Fair-Play-Gedanke und der integrative Charakter des Sports im Rahmen der vielfältigen Fußballveranstaltungen gefördert und gefordert werden. Denn nicht das Gegeneinander, sondern das Miteinander sollte für die beteiligten Teams im Vordergrund stehen und es galt deshalb, geduldig an der Entwicklung einer entsprechenden Spielkultur zu arbeiten.

Nach fünfjähriger Arbeit des Projekts können wir feststellen, dass sich die Zusammenarbeit verschiedener Kooperationspartner auch bei der Arbeit dieses Projekts absolut bewährt hat. In den Jahren 1999 bis 2003 wurden in den Fußball-Arbeitsgemeinschaften (unter anderem an sechs Schulen) rund 2.400 Trainingsstunden für Jugend-, Kinder- und Mädchenteams angeboten und damit etwa 17.000 Teilnahmen erreicht. Organisiert wurden in dieser Zeit 41 Jugend-, 86 Kinder- und 28 Streetsoccer-Turniere für Kinder sowie zwei Fußballnächte, bei denen etwa 8.600 Teilnahmen registriert werden konnten. Unsere Fußballteams nahmen mit unterschiedlichem Erfolg an acht Turnieren anderer Veranstalter (zum Beispiel in Aachen) sowie an neun Fußballnächten in Treptow teil. Im Rahmen von 20 Sport- und Spielfesten wurden Fußballaktivitäten realisiert (AHA-Konzept 1. Mai, Mieterfest-DEGEWO, Schulveranstaltungen und anderes). In den Schulferien wurden in Sporthallen oder im Freien elf Fußball-Feriencamps unter dem Motto „Fußballferienspaß mit Kick" durchgeführt, insgesamt wurden damit 2.800 Teilnahmen erreicht. Im Rahmen von zehn Wochenendfahrten nach Altenhof, Kienbaum und Blossin wurden die begehrten Fußball-Trainingslager angeboten (560 Teilnehmertage).

Unsere fünf Auslandsfahrten führten uns zu Fußballvergleichen nach Polen in die Region Stettin. Dort wurden stabile Kontakte zu Fußballteams unseres Nachbarlandes aufgebaut. Zu unserem Programm gehörte als Auszeichnung auch zweimal der Besuch von Heimspielen von Hertha BSC im Olympiastadion.

Die genannten Zahlen belegen, dass im Rahmen des Projekts sehr vielen Kindern und Jugendlichen ein Handlungsrahmen gesichert wurde, in dem sie die Möglichkeit hatten, gemeinsam mit Partnern aus anderen Ländern friedlich und fair Sport zu treiben, Kompetenzen auf verschiedenen Gebieten zu erwerben, Missverständnisse und Ablehnung gegenüber Einzelnen oder Gruppen abzubauen und neue Freundschaften zu schließen. Die Ergebnisse des Projekts „Straßenfußball gegen Gewalt" im Sinne veränderter, positiverer Verhaltensweisen im Umgang mit anderen sind natürlich schwierig zu beurteilen und wie jeder Pädagoge weiß, oft erst nach Jahren sichtbar.

Ein Allheilmittel war das Projekt bestimmt nicht. Auch bei einigen unserer Aktivitäten kam es zu verbaler und körperlicher Gewalt. Aber unbestreitbar entwickelte sich im Laufe der Jahre ein gewisser Umgang miteinander, der von allen Beteiligten mit der Zeit akzeptiert wurde. Der größte Gewinn war für eine Reihe von Jugendlichen sicher der Erwerb von persönlichen Kompetenzen bei der Mitgestaltung des Projekts (Organisation, Schiedsrichter), die im Sinne der Persönlichkeitsentwicklung über den Fußball weit hinaus reichen.

Abschließend soll allen Beteiligten für die Mitarbeit gedankt werden. Die dargestellten Aktivitäten erforderten die Mitarbeit von zahlreichen Helfern, Kampfrichtern und Betreuern aller Altersstufen, deren ehrenamtliche Arbeit hiermit gewürdigt werden soll.

Gunter Keil / Gerd Scheuerpflug

DER BALL IST RUND

VON FUSSLÜMMELN ZU POPSTARS

Eine kurze Geschichte des deutschen Fußballs

Eine britische Erfindung

Die Ursprünge des modernen Fußballs finden sich in England, wo er Mitte des 19. Jahrhunderts aus einem wilden Volksspiel hervorging. Es waren die Public Schools, teure Internatsschulen, die aus einem brutalen Gebolze eine geregelte Sportart schufen. Für Rugby entstand das erste Regelwerk, das noch Handspiel zuließ und erst in Eton wurde mit Soccer die Beschränkung auf das Fußspiel festgelegt. Als Geburtsstunde des heutigen Fußballs wird die Gründung der „Football Association" im Oktober 1863 in London betrachtet. Daraus resultierten einheitliche Regeln für die damaligen Vereine dieses weltweit ersten Fußballverbandes.

Fußball war im Vergleich mit Rugby populärer, weil es auch von weniger kräftigen Männern gespielt werden konnte. Außerdem waren die Regeln recht klar und überschaubar. Gegenüber dem britischen Nationalsport Cricket war es obendrein weniger zeitaufwendig, billiger und damit jedem zugänglich. Somit war England nicht nur das Geburtsland des Industriekapitalismus, sondern auch des Fußballsports. Gegen Ende des 19. Jahrhunderts bildete er die hauptsächliche Freizeitbeschäftigung der englischen Arbeiterklasse. Voraussetzung für diesen Weg von den elitären Public Schools zu den proletarischen Massen war eine erhebliche Arbeitszeitverkürzung, die von der anwachsenden Arbeiterbewegung erkämpft worden war. Auf den Fuß folgte das weltweit erste Frauenteam der „British Ladies" und um die Jahrhundertwende mobilisierte ein Frauenspiel in Newcastle bereits 8.000 Zuschauer.

● Berliner FC gegen Dresdener FC auf dem Exerzierplatz „Einsame Pappel", dem heutigen Gelände des Jahnsportparks im Prenzlauer Berg, 1890er Jahre

100

Von Fußlümmeln zu Popstars – Eine kurze Geschichte des deutschen Fußballs

- Fußballturniere in Berlin, 1920er Jahre

Von der Fußlümmelei ...

Nach Deutschland gelangte der neue Sport durch hier lebende englische Schüler, Kaufleute und Ingenieure. Diese hatten sich nach dem Wiener Kongress 1815 in deutschen Handelszentren, Modebädern und Residenzstädten niedergelassen. Gegen Ende des Jahrhunderts entstanden die ersten reinen Fußballvereine, deren Namen wie Tasmania oder Britannia die angelsächsische Herkunft verrieten. Ein Zentrum des Fußballspiels bildete Berlin, wo es von der deutschnationalen Turnerschaft als „artfremde Fußlümmelei" angefeindet wurde. Dadurch konnte allerdings nicht verhindert werden, dass sich 1900 der Deutsche Fußball-Bund (DFB) konstituierte und drei Jahre später die erste Meisterschaft stattfand. Die noch vor dem Ersten Weltkrieg ausgetragenen ersten Länderspiele wurden zwar meistens verloren, trugen jedoch zur wachsenden sozialen Anerkennung dieser Sportart bei. Damit verbunden war die Öffnung der Arbeiterbewegung für den neuen Sport sowie die einsetzende Kommerzialisierung (zum Beispiel Sportbekleidung, Stadienbau, Reisen der Fans). Verstärkt förderte nun auch das preußische Militär den Fußball und stellte lokale Exerzierfelder als Spielflächen zur Verfügung, in Berlin vor allem das riesige Tempelhofer Feld. Noch heute deuten Begriffe wie „Angriff", „Deckung" und „Schlachtenbummler" auf die damalige enge Verzahnung mit dem Militär hin.

- Fußballturniere in Berlin, 1920er Jahre

Von Fußlümmeln zu Popstars – Eine kurze Geschichte des deutschen Fußballs

... zum Massensport

In der Weimarer Republik erlebte der Fußball eine weitere Verbreitung durch die Einführung des Acht-Stunden-Tags. Daneben forcierte auch die öffentliche Förderung den Bau von Sportstätten und damit die rasante Ausbreitung des Sports. Die große Mannschaft der 20er Jahre war der 1. FC Nürnberg, während sich Hertha BSC Berlin mit dem grandiosen „Hanne" Sobeck meistens mit dem zweiten Platz zufrieden geben musste. In kurioser Erinnerung bleibt die meisterlose Meisterschaft 1922, als zwischen Nürnberg und Hamburg das erste Finale wegen Dunkelheit und das zweite wegen zu vielen ausgeschiedenen Spielern abgebrochen werden musste.

Mit Schalke 04 entstand im Ruhrgebiet ein bürgerlich geführter Verein, dessen Spieler und Zuschauer aber überwiegend Arbeiter waren. Grandiose Fußballer wie Ernst Kuzorra und Fritz Szepan wanderten aus dem polnischen Teil Preußens ein und begannen ihre Karriere wie viele andere Immigranten in den Arbeiterkolonien des Ruhrgebiets. Ende der 20er Jahre spielten bereits eine Million Kicker organisiert Fußball.

Während sich in Westeuropa der Profi-Fußball entwickelte, stand das Berufsspielertum in Deutschland weiterhin unter Strafe, so dass sich 1930 der Schalker Kassenwart wegen aufgedeckter Zahlungen von 10 Mark pro Spiel und Mann umbrachte und die betreffenden Spieler disqualifiziert wurden. Dies war der erste offene Konflikt zwischen deutschem Amateurkult und zunehmender Professionalisierung, bei dem die Fans jedoch eindeutig für die Bestraften Partei ergriffen. Insgesamt bremste die Weltwirtschaftskrise die Entwicklung des Fußballs massiv, da sowohl die Zuschauerzahlen als auch die Mitgliedsbeiträge einbrachen. Dennoch beschloss der DFB nach langem Zögern 1932 Schritte in Richtung einer bezahlten Liga, die jedoch mit der Machtübernahme der Nationalsozialisten jäh endeten.

Im Zeichen des Terrors

Mit der nationalsozialistischen Machtergreifung kam es 1933 zur Gleichschaltung des DFB, der sich nun als „Fachamt Fußball" dem „Reichsausschuss für Leibesübungen" unterordnen musste. Aufgrund der traditionell eher deutschnational orientierten Verbandsführung gelang dies ohne größere Probleme. Bereits im Frühjahr 1933 wurden jüdische und kommunistische Mitglieder ausgeschlossen und das Führerprinzip eingeführt. Die Arbeitersportbewegung allerdings wurde gewaltsam zerschlagen, ihre Sportplätze beschlagnahmt und ihre Aktiven verfolgt, sofern sie nicht in bürgerliche Vereine wechselten. Zum nationalsozialistischen Vorzeige-Verein wurde die weitaus beste Mannschaft der 30er Jahre, der FC Schalke 04. Es gelang den Nazis, diesen proletarisch geprägten Verein zu vereinnahmen, wovon die Bilder der Schalker mit Hitlergruß im Olympiastadion trauriges Zeugnis ablegen. Eine besondere Rolle spielte der FC Bayern München, dessen jüdischer Präsident Kurt Landauer zwar 1933 zurücktreten musste, aber bis 1942 nicht durch einen NS-Vertreter ersetzt werden konnte. Die Spieler besuchten als Geste der Solidarität sogar ihren ehemaligen Präsidenten im Schweizer Exil.

Seit 1933 setzten die Nationalsozialisten die Umbenennung der „Internationalen" in „Nationalspieler" durch – eine Sprachregelung, die bis heute Bestand hat. Zwar gelang es dem Regime, die sportlichen Erfolge der Schalker um Ernst

Kuzorra für sich zu verbuchen, dennoch kam es zur Schmach bei den Olympischen Spielen 1936, bei der sich die deutsche Mannschaft vor den Augen des Führers durch eine Niederlage gegen Norwegen blamierte. Daher wurden eher das erfolgreichere Boxen (Max Schmeling) und Rennfahren (Bernd Rosemeyer) zu Emblemen nationalsozialistischer Dominanz als der Fußball.

Nach der Annexion Österreichs, das damals eine brillante Auswahl stellte, richtete Reichstrainer Sepp Herberger seine Hoffnungen auf den Wiener Spitzenfußballer Matthias Sindelar. Dieser begnadete Torjäger lehnte jedoch aus politischen Gründen die Teilnahme an der WM 1938 ab, so dass die deutsche Mannschaft bereits im ersten Spiel ausschied. Während des Krieges setzte Josef Goebbels zur Stärkung der Moral an der Heimatfront die Freistellung der Spitzenspieler vom Kriegsdienst durch. So konnte das Meisterschaftsendspiel 1944 im Berliner Olympiastadion vor 60.000 Zuschauern stattfinden, die viertelstündlich über etwaige Luftangriffe informiert wurden.

Zu trauriger Berühmtheit gelangte die Begegnung einer deutschen Luftwaffenauswahl gegen ukrainische Kriegsgefangene, von denen einige bei Dynamo Kiew gespielt hatten. Trotz Anweisungen der Besatzer, die Deutschen gewinnen zu lassen, wurde das Spiel beim Stand von 5:4 für die Ukrainer abgebrochen. Einzelne jubelnde Zuschauer wurden von Feldgendarmen erschossen und die siegreichen Spieler umgehend in ein KZ verschleppt, wo vier von ihnen später ums Leben kamen. 1980 verarbeitete John Huston dieses grausame Geschehen in dem Film „Escape to Victory", unter anderem mit Sylvester Stallone und Pelé in den Hauptrollen

Versuche zur internationalen Anerkennung ...

Nach dem Zweiten Weltkrieg entstand unter rigider Kontrolle der Alliierten allmählich wieder ein organisierter Spielbetrieb. Anfangs fanden so genannte „Kalorienspiele" statt, bei denen die Spieler durch Lebens- und Genussmittel entlohnt wurden. Antrittsprämie waren mal ein Korb Kirschen oder ein Spanferkel, mal eine Rolle Maschendraht oder ein Ballen Stoff. Erst nach der Währungsreform wurde 1948 wieder eine finanziell belohnte Meisterschaft ausgetragen, für die dem ostdeutschen Vertreter SG Planitz allerdings die Ausreise in den Westen verweigert wurde. Ein Jahr darauf konstituierte sich der DFB ausdrücklich als integrierende Dachorganisation neu. Während der Name an die Vorkriegszeit anknüpfte, sollten die ideologischen Abgrenzungen der Weimarer Zeit nun aufgehoben werden.

In der 1949 gegründeten DDR kam es nach manipulierten Spielergebnissen zur Abwanderung ganzer Mannschaften, etwa der Dresdener Spitzenmannschaft unter Helmut Schön, in die Bundesrepublik. Dies führte zur Neugründung der überwiegend aus Volkspolizisten bestehenden Elf Dynamo Dresden. Diese spielte so erfolgreich, dass sie von den politisch Mächtigen nach Berlin, der „Hauptstadt der DDR", geholt wurde, wo sie den Kern der dortigen Dynamo-Mannschaft bildete.

Auf internationaler Ebene blieb die bundesdeutsche Elf 1950 zwar noch von der Weltmeisterschaft in Brasilien ausgeschlossen, unmittelbar darauf kam es jedoch zur Aufnahme in die FIFA (Fédération Internationale de Football Association). Vor diesem Hintergrund wurde 1954 der

● Freude über den 2:0-Erfolg gegen Jugoslawien bei der WM 1954 in Genf: Helmut Rahn und Fritz Walter, 27. Juni 1954

legendäre WM-Sieg von Bern in Deutschland als Akt nationaler Identitätsstiftung wahrgenommen („Wir sind wieder wer"). Ähnlich wie Konrad Adenauer avancierte Sepp Herberger zum „Übervater der Nation" und führte die deutsche Elf zum Sieg über die favorisierten Ballkünstler aus Ungarn. Mehrheitlich verfolgten die Deutschen dieses Ereignis noch am Radio, wo sie Herbert Zimmermanns unvergessener Reportage lauschten. Es waren die siegreichen Tugenden von Bern: Fleiß, Gemeinschaftssinn, Disziplin, die auch die Ära des deutschen Wirtschaftswunders bestimmten. Die Heimfahrt der Spieler um Kapitän Fritz Walter gestaltete sich zu einem regelrechten Triumphzug, den Hunderttausende Fans säumten. Auf diese Weise trug das „Wunder von Bern" zur inneren Stabilisierung der jungen Bundesrepublik bei und erhöhte zugleich deren internationale Anerkennung. Bis heute sind in sportlichen Krisen diese Werte für die Nationalmannschaft immer wieder propagiert worden.

... und die Rückschläge

Wie stark die Schatten der Vergangenheit jedoch noch waren, zeigte die Rede des ersten DFB-Präsidenten der Nachkriegszeit, Dr. Peco Bauwens, beim Empfang der „Helden von Bern". Als er die Mannschaft als „Repräsentanz besten Deutschtums" bezeichnete und schließlich das „Führerprinzip" wiederzubeleben versprach, unterbrach der Bayerische Rundfunk seine Übertragung zugunsten von Tanzmusik. Bei einer weiteren Feier im Berliner Olympiastadion sollte Bundespräsident Heuß sowohl die Rede als auch das Anstimmen der ersten Strophe der Nationalhymne durch die deutschen Fans in Bern rügen.

Diese Vorfälle waren symptomatisch für die weitgehend unterbliebene Reflexion der NS-Geschichte seitens des DFB. Noch in der Festschrift zum 75jährigen Bestehen 1975 fand sich keinerlei Hinweis auf Verstrickungen mit dem nationalsozialistischen Regime. Erst der 100. Geburtstag zeitigte eine eingehendere Aufarbeitung dieses eher düsteren Kapitels.

Obwohl die sowjetischen Zuschauer noch 1955

• Das Wirtschaftswunder macht's möglich: Deutsche Fans im Daimler-Benz, Schnappschuss von der WM 1958 in Schweden

begeistert den fairen Auftritt der deutschen Mannschaft feierten, erfolgte nach dem Ausscheiden gegen die schwedischen Gastgeber bei der WM 1958 eine blamable Massenkampagne gegen alles Schwedische in der Bundesrepublik. Autoreifen schwedischer Pkw wurden zerstochen, Schwedenplatten von den Speisekarten entfernt. Anlass war ein Platzverweis gegen Horst Juskowiak in jenem Spiel, der weltweit als berechtigt anerkannt wurde und nur in der Bundesrepublik als parteiisch galt.

Während der internationale Fußball sich inzwischen professionalisiert hatte, blieb es beim deutschen Freizeitsport mit Taschengeld. Sowohl Fritz Walter als auch Uwe Seeler lehnten Angebote italienischer Vereine im sechsstelligen Bereich zugunsten von monatlichen Taschengeldern unter 500 DM ab. Trotz allgemeinem ökonomischen Aufschwung sträubte sich der DFB weiter gegen den Profifußball. Eine Bezahlung in Höhe eines Facharbeiterlohns wurde zwar zugestanden, aber nur, sofern noch ein „richtiger" Beruf ausgeübt würde. Hatten sich anfangs Heim- und Gastmannschaft die Eintrittsgelder geteilt, so blieben seit 1949 die Einnahmen allein beim Gastgeber. Kleine Vereine machten nur noch gute Kasse, wenn attraktive Gegner zu Gast waren.

Bestechende Leistungen

Anfang der 60er Jahre geriet der deutsche Fußball im europäischen Vergleich sportlich und kommerziell ins Hintertreffen. Dies führte zur Abwanderung zahlreicher Nationalspieler wie Szymaniak (später Tasmania Berlin), Haller oder Schnellinger nach Italien, die in der Öffentlichkeit als Verräter diffamiert wurden. Nicht zuletzt aus Sorge um einen Ausverkauf des deutschen Fußballs gründete der DFB 1963 eine professionelle Spielklasse, aus der die Bundesliga hervorging. Obwohl die Neuköllner Tasmanen 1959–1964 vierfacher Berliner Meister wurden, entsandte der DFB Hertha BSC in die neue Liga. Bereits den ersten Spieltag erlebten durchschnittlich etwa 40.000 Zuschauer pro Spiel.

Im Zuge einer unterdrückten Kommerzialisierung blieben auch Bestechungen und Skandale nicht aus: 1965 wurde Hertha BSC wegen undurchsichtiger Schwarzzahlungen die Lizenz entzogen. Da im Kalten Krieg wenigstens eine West-Berliner Mannschaft erstklassig spielen sollte, wurde die Neuköllner Tasmania aus der Regionalliga, der damals zweithöchsten Spielklasse, in die erste gehievt. Je ein Sieg zu Beginn und am Ende sollten bei durchschnittlich drei Gegentoren die einzige Ausbeute bleiben. Bis heute konnte dieser Negativ-Rekord nicht unterboten werden. Der moralische Tiefpunkt der Spielklasse wurde jedoch erst 1971 erreicht. Tonbandmitschnitte der Telefonate des Vereinspräsidenten der Offenbacher Kickers, Horst Canellas, offenbarten Schmiergeldzahlungen von mehreren hunderttausend Mark, in die die halbe Liga verstrickt war. Als Konsequenz daraus gestattete der DFB das freie Aushandeln von Spielergehältern und Ablösesummen: Das Amateurzeitalter war endgültig vorbei.

Bereits das WM-Finale gegen Gastgeber England zeigte 1966 einen Generationswechsel der deutschen Elf: Sepp Herbergers Nachfolger Helmut Schön präsentierte modernen Fußball, verkörpert durch Franz Beckenbauer. Noch immer fühlten sich die deutschen Fans schnell betrogen, sahen sie doch den umstrittenen Treffer zum britischen Sieg nicht hinter der Linie. Wenig Sensibilität legte beim obligatorischen Empfang der Vizeweltmeister Bundespräsident Heinrich Lübke an den Tag. „Der war drin, ich habe es genau gesehen", klärte er die brisante Frage zuungunsten der deutschen Elf.

Die Goldenen Siebziger Jahre

Demgegenüber bildeten die 70er Jahre die Blütezeit des bundesdeutschen Fußballs, in der Stars wie Franz Beckenbauer und Günther Netzer leichtfüßig brillierten. Schon bei der WM 1970 in Mexiko deutete sich dieser spielerische Aufstieg an, etwa in den unwiderstehlichen Sturmläufen eines „Stan" Libuda. Unter ein Plakat der Zeugen Jehovas mit der Aufschrift „An Gott kommt niemand vorbei" schrieben damals seine Fans

● Der Dortmunder „Stan" Libuda lässt Herbert Finken von Tasmania im Berliner Olympiastadion aussteigen, 28. August 1965

„außer Stan Libuda". Noch heute gilt Günther Netzer mit seinen Pässen „aus der Tiefe des Raumes" als Inbegriff rebellischer Eleganz. Zwischen dem Titelgewinn der EM 1972 und dem Sieg bei der WM 1974 demonstrierte die bundesdeutsche Mannschaft bis heute unerreichte Spielkunst. Sowohl die Nationalelf als auch die westdeutschen Teams im Europapokal dominierten über weite Strecken das europäische Parkett.

Häufig wird diese Phase auch als Ausdruck sozialliberaler Aufbruchstimmung betrachtet. 1978 endete der Höhenflug bei der Weltmeisterschaft im Argentinien unter Militärdiktatur jäh: Der Österreicher Hans Krankl besiegelte das Ausscheiden der deutschen Elf und Berti Vogts krönte sein letztes Länderspiel mit einem Eigentor. Überschattet wurde das nur noch durch DFB-Präsident Hermann Neubergers Lobeshymne auf das argentinische Regime („preußische Gründlichkeit") sowie seine Einladung des dort untergetauchten Altnazis Hans-Ulrich Rudel ins schwer bewachte deutsche Trainingslager.

Es sei hier noch darauf hingewiesen, dass die DDR-Auswahl mit ihrem Sieg gegen den späteren Weltmeister 1974 einen identitätsstiftenden Erfolg erzielt hatte. Das Sparwassertor durch Mittelfeldspieler Jürgen Sparwasser hat noch heute eine nur dem Sputnikschock vergleichbare Wirkung im kollektiven Gedächtnis hinterlassen. Im selben Jahr gewann mit dem FC Magdeburg auch zum ersten und letzten Mal eine ostdeutsche Elf den Europapokal. Verglichen mit dem übrigen Leistungssport nahm der real existierende Fußball eine eher untergeordnete Rolle ein.

1974 spielten erstmals Frauen um die Deutsche Fußballmeisterschaft, was 20 Jahre lang von der Altherrenriege des DFB noch ausdrücklich verboten worden war. Damit endete eine lange Tradition der Diskriminierung von Fußballerinnen, die eine fehlende Begabung unterstellt hatte. Aktuell liefern 850.000 organisiert kickende Frauen und Mädchen den schlagenden Gegenbeweis.

Von Fußlümmeln zu Popstars – Eine kurze Geschichte des deutschen Fußballs

Höhen und Tiefen der Fußballkultur

Die 1980er Jahre waren rein spielerisch betrachtet sehr krisenhaft für den deutschen Fußball: Es dominierten Blutgrätsche und Abseitsfalle. Auf internationaler Ebene spiegelte sich dies im abgekarteten Ballgeschiebe gegen Österreich bei der WM 1982 ebenso wider wie in Toni Schumachers erbarmungsloser Attacke gegen den Franzosen Battiston. Letzterer verlor durch den Bodycheck des deutschen Keepers einen Zahn, woraufhin dieser arrogant die Zahlung von Jackett-Kronen anbot. Aus solcher Verrohung der Spielkultur resultierten abnehmende Zuschauerzahlen sowie ein deutlicher Rückgang der Jugendmannschaften. Parallel dazu kam es immer häufiger zur Randale im Stadion, die Entfremdung zwischen Spielern und Fans stieg. Mitte der 80er Jahre gipfelte der „Hooliganism" in den Ausschreitungen beim Brüsseler Europapokalfinale zwischen Liverpool und Turin, die 39 Tote forderten.

Als Reaktion auf diese Deformierungen des Profifußballs erfolgte auch die bundesweite Entstehung von „bunten" oder „wilden" Ligen, die oft gemischt-geschlechtlich spielten und von den sozialen Bewegungen (Anti-AKW, Hausbesetzer, Friedensinitiativen) inspiriert waren. Diese Freizeitteams bildeten eine lustbetonte und lebendige Alternative zum verknöcherten DFB. Namen wie „Kombinat Kleinhirn", „Hinter Mailand" oder „Hoeneß nein Danke" artikulierten dabei eine im Profifußball kaum anzutreffende Selbstironie.

1986 gelang allerdings dem bundesdeutschen Team unter Franz Beckenbauer trotz interner Querelen (Torwart Ulli Stein bezeichnete Beckenbauer als „Suppenkasper" und wurde prompt gefeuert) der Einzug ins WM-Finale. Gegen Argentinien mit dem „Fußballgott" Diego Maradona hatte die Elf vor 115.000 Zuschauern im Aztekenstadion von Mexiko-City jedoch keine Chance.

Im November 1989 erlebten einige tausend per Trabbi angereiste Fans den letzten Auftritt der DDR-Auswahl in Wien. Die Mannschaft, die großteils bereits von Bundesligamannschaften umworben wurde, verpasste durch die Niederlage gegen Österreich die Teilnahme an der WM in Italien. Dort gewann die bundesdeutsche Elf in der Revanche mit Argentinien den Titel und Franz Beckenbauer artikulierte den damaligen Nationalismus unverhohlen: „Es tut mir leid für den Rest der Welt, doch Deutschland wird jetzt, da auch noch die ostdeutschen Spieler hinzukommen, in den nächsten Jahren nicht mehr zu besiegen sein."

- Hauptsache Ball: Franz Beckenbauer in der Vorbereitung zur WM 1974; Zuschauer sind unter anderem Helmut Schön (3.v.l.) und Gerd Müller (6.v.l.)

- Wolfgang Overath beobachtet den Fallrückzieher eines chilenischen Verteidigers; 1:0 gegen Chile bei der WM 1974 im Olympiastadion Berlin, 14. Juni 1974

Die Ära Kohl & Vogts

1992 startete mit „ran" der Siegeszug des Privatfernsehens und damit einhergehend eine weitere Spirale von Merchandising und Sponsoring (jedes Jahr ein neues Trikot für die Fans). Deren Grenzen wurden aufgezeigt, als die von Medienmogul Kirch angeordnete Verlegung von „ran" hinter die Tagesschau am Zuschauerboykott scheiterte. Die beabsichtigte Forcierung des Verkaufs von Premiere-Decodern fiel ebenfalls der Renitenz der Fans zum Opfer.

Bei der WM 1994 in den USA wurde das Team von Berti Vogts trotz härtesten Trainings von den Bulgaren bereits im Viertelfinale ausgeschaltet. Deren brillanter Star Stoitchkov war zuvor meist Pommes essend und am Swimmingpool gesichtet worden … Bundeskanzler Helmut Kohl riet unbeirrt seinem Duzfreund Berti Vogts zum Weitermachen. „Bertis Buben" gewannen dann auch die EM in England, wo sie eine massenpsychologisch aufgeheizte Partie gegen die britischen Gastgeber für sich entscheiden konnten.

Mitte der 90er Jahre fällte der Europäische Gerichtshof das „Bosmann-Urteil", das die Gleichberechtigung aller Spieler in der EU festschrieb sowie Ablösesummen bei Vertragsende untersagte. Dies führte beim FC Bayern sofort zu einer Verdoppelung der Spielergehälter und insgesamt zum Einsatz von mehr ausländischen Spielern. Gleichzeitig bewirkten die internationalen Erfolge der deutschen Teams eine ungeahnte Resonanz des Fußballs als Massensport. Diese aufsteigende Tendenz wurde bei der WM 1998 abrupt gebremst, sowohl durch blamable Leistungen der Elf als auch brutale Gewalt seitens deutscher Hooligans. Bundestrainer Berti Vogts machte zur Verblüffung der nicht deutschen Sportwelt den Schiedsrichter für das Ausscheiden seiner Elf verantwortlich. Als er schließlich zurücktrat, um laut „Sportbild", „den letzten Rest Menschenwürde zu verteidigen, welcher mir noch gelassen worden ist", ließ er es ebenfalls an Selbstreflexion mangeln. Die spanische Zeitung „El Mundo" brachte es auf den Punkt: „Am Ende stand nur noch Bundeskanzler Helmut Kohl hinter ihm. Und dieser befindet sich nach den Umfragen ebenfalls auf dem Rückzug."

● Die Weltmeister von 1974 vor ihrem 2:1-Sieg gegen Holland, München 7. Juli 1974
von links: Beckenbauer, Maier, Schwarzenbeck, Bonhof, Hölzenbein, Grabowski, Müller, Overath, Vogts, Breitner, Hoeneß

Das neue Jahrtausend

Nach dem überragenden Erfolg des multikulturellen französischen Teams bei der WM 1998 setzte auch in der deutschen Auswahl ein Umdenken ein. Mit dem Schweizer Neuville und dem Ghanaer Asamoah drückten zwei Spieler nicht deutscher Herkunft dem Spiel der Nationalelf ihren Stempel auf. Es schien Parallelen zur Reform des Staatsbürgerrechts sowie der offeneren Debatte zur Zuwanderung zu geben. Dennoch erfolgte unter dem neuen Trainer Erich Ribbeck der vorläufige Tiefpunkt: Bei der EM 2000 wurde seine Mannschaft durch Portugal 0:3 geschlagen. Sein designierter Nachfolger Christoph Daum verpasste „um ein Haar" wegen Kokainkonsums den Sprung in den Trainersessel. Stattdessen wurde der eingesprungene Rudi Völler überraschend zum neuen Teamchef. Mit ihm erzielte die deutsche Elf bei der Weltmeisterschaft in Japan und Südkorea mit dem Vize-Titel einen unerwarteten Erfolg, konnte aber die hohen Erwartungen in den Spielen danach nicht erfüllen. Vielmehr kam es nach dem enttäuschenden 0:0 gegen Island in der EM-Qualifikation zu einem Eklat.

Rudi Völler reagierte auf Kritik am deutschen Spiel durch die Moderatoren Gerhard Delling und Günther Netzer mit einem unerwartet heftigen Wutausbruch: Immer würde von noch tieferen Tiefpunkten in den Medien berichtet, alles niedergemacht und überhaupt wäre das alles totaler „Scheißdreck". Vier Fünftel der Bundesbürger gingen mit Völlers rabiater Medienschelte konform, was dessen Ruf als „einer von uns" aufs Neue bestätigte. Es öffnete sich eine Kluft zwischen kritischen Intellektuellen und Repräsentanten des deutschen Fußballs. Stand Günther Netzer als Spieler für unangepassten Fußball, so wehte ihm nun als Kritiker der Wind entgegen. Lange Zeit hatte eine Kontroverse in der deutschen Fußballöffentlichkeit nicht solch hohe Wellen geschlagen. Rückendeckung erhielt der Bundestrainer dabei quer durch alle Bundestagsfraktionen, die in diesem Fall tatsächlich Volkes Stimme artikulierten. Selbst die Feuilletons der auflagenstarken Tageszeitungen schienen nicht umhin zu können, sich klar zu positionieren. Ein Bonmot des früheren Liverpooler Managers Bill Shankley schien sich zu bewahrheiten:

„Einige Leute halten Fußball für einen Kampf auf Leben und Tod. Ich mag diese Einstellung nicht. Ich versichere Ihnen, dass es weit ernster ist."[1]

Jörg Beier

Anmerkung

[1] Brände, Fabian; Koller, Christian: Goal! Kultur- und Sozialgeschichte des modernen Fußballs, Zürich 2002, S. 3.

Literatur

Hoffmann, Eduard; Nendza, Jürgen: Vom Spielkaiser zu Bertis Buben. Zur Geschichte des Fußballspiels, Köln 1999.
Pöppl, Michael: Fußball ist unser Leben. Eine deutsche Leidenschaft, Berlin 2002.
Schulze-Marmeling, Dietrich: Fußball. Zur Geschichte eines globalen Sports, Göttingen 2000.
Weise, Wolfgang; Hartwig Günther: 100 Jahre Fußball in Berlin, Berlin 1997.

BEWEGUNGSFREIHEIT –
Frauenfußball in Neukölln

Geschichte des Frauenfußballs

Die Londonerin Nettie Honeyball gründete 1894 die erste Frauenfußballmannschaft, die „British Ladies". Damals bereits wurde das Bekleidungsproblem von Sportlerinnen diskutiert, denn Schnürleiber und lange Röcke waren für Sportarten wie Radfahren, Bergsteigen, Reiten, Laufen oder Fußball nicht geeignet. Im „Rational Dress Movement" und beim von Radfahrerinnen organisierten „Hosenkongress" 1897 in Oxford befreiten sich die Teilnehmerinnen von behindernden Kleidungsvorschriften. Von nun an trugen die Fußball spielenden Frauen weite Kniebundhosen. Doch 1902 verbot die „Football Association" Spiele gegen Frauenteams. Während des Ersten Weltkriegs konnten sich weibliche Mannschaften jedoch wieder etablieren und nach Kriegsende wurden Frauen-Fußballspiele zu wohltätigen Zwecken organisiert, deren Erlös zum Beispiel an Kriegsversehrte ging. Die Spiele hatten also mehr den Charakter einer Wohltätigkeitsveranstaltung als den eines Wettkampfs.

In Deutschland gab es nur wenige Fußball spielende Frauen. In Frankfurt gründete Lotte Specht am 27. März 1930 den ersten Frauenfußballklub an der Seehofwiese in Frankfurt-Sachsenhausen. Die Medien diffamierten die Fußballfrauen als Suffragetten, Flintenweiber und Skandalnudeln und die Frankfurter reagierten mit offener Feindseligkeit: „Die Männer haben manchmal Kieselsteine nach uns geworfen", berichtete Lotte Specht. Nach einem Jahr gaben sie und ihre Spielerinnen auf. Schließlich verhängten die Nationalsozialisten ein striktes Spielverbot für Frauen: Sport sollte den Frauen allein für die Erhaltung der Gebärfähigkeit nützen, während bei Männern die Wehrtüchtigkeit gefördert werden sollte. Bestrebungen von Frauen, nach dem Zweiten Weltkrieg „Damen-Fußball-Clubs" zu gründen und sich zu professionalisieren, setzte der Deutsche Fußball-Bund (DFB) ein jähes Ende: 1955 verhängte er ein Verbot für den Frauenfußball aufgrund Bedenken bezüglich der Gesundheit und des Voyeurismus seitens der Zuschauer. Doch die Frauen spielten außerhalb der Vereine weiter. 1969 wurde die „Confederation of Independent European Female Football" gegründet und 1970 die erste inoffizielle Frauen-WM in Italien veranstaltet. Auf dem 22. DFB-Bundestag im Oktober 1970 wurde das Frauen-Fußballverbot wieder aufgehoben (in Frankreich ebenfalls 1970, in England 1971). Die Befürchtung, dass sich im Zuge massenhafter Gründungen von Frauen-Fußballteams – 1971 gab es bereits 1.100 in Deutschland – auch unabhängige Frauen-Fußballverbände bilden könnten, mag hierbei eine Rolle gespielt haben. Bei einer Umfrage der FIFA 1970 gaben nur zwölf von 90 nationalen Verbänden an, den Frauenfußball offiziell zu befürworten.

Bereits 1971 konnte in Deutschland in 13 der 16 Landesverbände der Spielbetrieb aufgenommen werden. Allerdings wurde der Frauenfußball durch die Kontrolle des DFB mehr eingeschränkt als gefördert, so dass Frauenfußball dem Männerfußball nicht gleichwertig war: Die Frauen mussten zunächst mit den kleineren und leichteren Jugendbällen vorlieb nehmen, Stollenschuhe waren ihnen verboten, sie mussten ein halbes Jahr Winterpause einhalten, die Spielzeit betrug vorerst zweimal 35 Minuten, außerdem wurde die Einführung eines Brustpanzers diskutiert. Bis in die 80er Jahre hinein war Trikotwerbung mit dem Argument verboten, damit zu viele Blicke auf die Frauenkörper zu ziehen. In der Schweiz durften sich Frauen-Fußballteams nur gründen, wenn sie sich als Sektion einem Männerverein anschlossen. Erst ab 1993 dauerte ein Bundesligaspiel wie bei den männlichen Kollegen 90 Minuten.

● Spiel der nordenglischen gegen die südenglische Auswahl im Crouch End Athletic Ground am 23. März 1895. Dieses Spiel war das erste Fußballspiel von Frauenteams, das nach den Regeln der englischen Football Association ausgetragen wurde. Es endete 7:1 für die Nordengländerinnen.

Die unterschiedliche Bewertung wird auch bei der Honorierung deutlich: Während jeder Spieler für die Qualifikation zur Europameisterschaft 2003 70.000 Euro bekam, erhielten die Weltmeisterinnen der deutschen Nationalmannschaft im selben Jahr lediglich 21.000 Euro pro Spielerin. Als die Nationalmannschaft 1989 zum ersten Mal den Europatitel geholt hatte, bekamen die Spielerinnen damals je ein Kaffeeservice als Prämie vom DFB.[1] 1982 wurde die erste deutsche Frauen-Nationalmannschaft gebildet, die 2001 bereits zum fünften Mal den EM-Titel gewann, 1995 wurde sie Vize-Weltmeister und 2003 Weltmeister. Eines der erfolgreichsten deutschen Teams ist der 1. FFC Frankfurt. Er gewann mehrmals die deutsche Meisterschaft und den DFB-Pokal und stellt allein sieben Spielerinnen der deutschen Nationalmannschaft, darunter Birgit Prinz, die 2003 zur Fußballerin des Jahres gewählt wurde. Mit 20 Millionen aktiven Spielerinnen weltweit ist Fußball mittlerweile der beliebteste Frauen-Teamsport der Welt. Auch jeder vierte Fußballfan ist eine Frau.

Frauenfußball versus Männerfußball

Als 1888 in England die „Football League" ins Leben gerufen wurde, war es Frauen oft noch untersagt, überhaupt Sport auszuüben, denn ein gängiges Vorurteil war, dass er die Frauen vermännlichen, ihre Gebärfreudigkeit einschränken und ihre Heiratschancen mindern würde. „Weiblicher Sport würde deshalb das Überleben der gesamten ‚Rasse' gefährden."[2] Besonders ein Sport, bei dem man – wie beim Fußball – Treten, Stoßen und die Beine spreizen muss, galt als anstößig und der aggressive Körperkontakt machte den Fußball in der allgemeinen Wahrnehmung zu einem genuinen Männersport. Noch 1954 attestierte der Psychologe F. Buytendijk, dass „das Fußballspiel als Spielform [...] wesentlich eine Demonstration der Männlichkeit [sei]. Das Treten ist wohl spezifisch männlich; ob das Getreten werden weiblich ist, lasse ich dahingestellt. Jedenfalls ist das Nichttreten weiblich!"[3] Das verbreitete Bild des Fußballs als Männersport wird jedoch von der Situation in den USA konterkariert. Dort decken „andere Sportarten [zum Beispiel American Football, Basketball, Baseball] das Bedürfnis nach maskulin-heroischer Identifizierung ab"[4]. Fußball wird als Frauensport und deshalb als weich angesehen, was die Beliebigkeit der Geschlechtsstereotypen verdeutlicht. Der Fußball hat dort auch keinen derart hohen Stellenwert wie die amerikanischen Männersportarten. Da es keine dominanten Männerfußballverbände gab, konnte sich der Frauenfußball im Gegensatz zu Europa „ohne männliche Störmanöver etablieren"[5]. So war es auch kein Wunder, dass die amerikanischen Fußballfrauen die erste WM 1991 gewannen.

In den Anfangstagen des Fußballs waren Frauen im Stadion keine Seltenheit. Das blieb aber nicht lange so, was auf eine veränderte Atmosphäre im Stadion zurückzuführen ist. Dort bildete sich eine Art „Widerstandsbewegung" gegen die kulturellen Gepflogenheiten des Bürgertums und Fußball wurde zu einem primär proletarischen und männlichen Freizeitvergnügen. Da die hier zelebrierte Unterschichtenkultur eine rein männliche war, grenzte sie nicht nur „die da oben" aus, sondern auch das andere Geschlecht.[6] Der Anteil der Frauen an der Geschichte des Fußballs wurde nach und nach von einer von Männern geschriebenen und auf Männer fokussierten Geschichtsschreibung ebenfalls ignoriert. Schulze-Marmeling beschreibt den Fußball als Ort männlicher Sozialisation. Hier werde dominantes männliches und sexistisches Verhalten eingeübt. Der Psychologe Michael Klein stellte die These auf, dass es sich bei Fußballvereinen um Männerbünde par exellence handle, die die Funktionäre in den Vereinen, die Spieler, die Fangemeinde und die Sportpresse mit einschließe.[7] So schreiben Brandle und Koller, dass die Gründe für Hooliganismus weniger als Unterschichtenphänom von so genannten Modernisierungsverlierern zu untersuchen sei, sondern vor allem unter dem Aspekt des Männerbündischen. Bei weiblichen Hooligans finden sich eher Mädchen aus höheren sozialen Schichten, die aktiv gewaltbereit sind, da sie eher in der Lage sind, aus tradierten Geschlechterrollen auszubrechen.[8]

Journalisten neigen dazu, Spielerinnen auf ihr geschlechtliches Anderssein und ihr Äußeres zu reduzieren. Die Darstellungen wechseln zwischen lesbischen Mannweibern und der Betonung körperlicher Reize, was oft mit gleichzeitiger Attestierung spielerischer Inkompetenz einher geht. Hier wird eine Trennung deutlich, die bei keiner anderen Sportart so bedeutungsvoll zu sein scheint: Frauenfußball bleibt eine Nebenerscheinung des „normalen", nämlich des Männerfußballs. Um dagegen anzugehen, sammelt die Initiative Pro-FF[9] seit Dezember 2002 Unterschriftenlisten für mehr Medienpräsenz des Frauenfußballs, die sie dem DFB am Ende der Winterpause 2004 übergeben wird.

Bewegungsfreiheit – Frauenfußball in Neukölln

Entstehung der ersten Frauen- und Mädchenteams in Berlin

Ab 1969 hatten sich in den Berliner Vereinen immer mehr Frauen gefunden, die selbst Fußball spielen wollten, eigene Spiele organisierten und Druck auf Vereine und Verbände machten. Marion Wusterhausen, Ressortleiterin für Frauen 1969–2000 beim 1. FC Lübars, berichtet, dass zunächst Teams gegründet wurden, die inoffiziell spielten. Ohne Mitglied beim Berliner Fußball Verband (BFV) zu sein, hatten die Frauen allerdings kein Anrecht auf Plätze, waren nicht versichert und mussten alles selbst organisieren: „Wir sind zu den Sitzungen der Männer gegangen, um zu sehen, wie der Ablauf funktioniert. Es dauerte eine Weile, um Fußball begeisterte Frauen zu finden, da das für Frauen damals noch verpönt war." Endlich nahm der BFV am 18. Januar 1971 mit 27 Frauen-Mannschaften den offiziellen Spielbetrieb auf. „Die Herren haben ziemlich lange gebraucht, ehe sie sich dazu durchringen konnten. Wir haben auch Druck gemacht, denn wenn andere Landesverbände schon spielten und wir in Berlin hinterher hinkten, machte das einen schlechten Eindruck." In der Saison 1971/72 wurde der erste Berliner Meister [sic!] ermittelt: der SC Schwarz-Weiß Spandau. 1973 wurde der Pokalwettbewerb eingeführt, den der BFC Meteor 06 zuerst gewann. Vereine der ersten Stunde waren in Neukölln der 1. FC Neukölln, die Neuköllner Sportfreunde, Rot-Weiß Neukölln, NSC Cimbria 1900, der Polizeisportverein Neukölln und der VfB Neukölln. Aus Letzterem kam Hannelore Kloninger, die 1973 zur ersten Referentin für Damenfußball in Berlin gewählt wurde. Der Mädchenfußball wurde ab 1973 von einigen Berliner Vereinen etabliert, dessen geregelter Spielbetrieb aber erst 1977 begann. Erster Meister bei den Mädchen wurde 1977 der BFC Meteor 06, 1983–1986 holte der 1. FC Neukölln jedes Jahr diesen Titel.[10]

Frauen- und Mädchenfußball in Neukölln

In Neukölln gibt es derzeit vier Vereine, die Fußball für Frauen anbieten (DJK Schwarz-Weiß Neukölln, BSG Grün-Weiß Neukölln, 1. Traber FC/Gropiusstadt/SV Tasmania und SC Union Südost 1924) und vier Vereine für Mädchen (TSV Rudow 1888, BSV Grün-Weiss Neukölln, Union Südost und VfB Concordia Britz 1916). Oft spielen die Mädchen- und Frauenteams noch in 8er Mannschaften, da für 11er Mannschaften die

● ● Freundschaftsspiel der Mädchen der 11er C-Junioren I gegen die männlichen 3. C-Junioren von Grün-Weiß Neukölln, 20. Dezember 2003

● Nach dem Freundschaftsspiel feiern Jungen und Mädchen zusammen in der Umkleidekabine, Sportplatz Johannisthaler Chaussee, 20. Dezember 2003

Fotos: Bruno Braun

Anzahl der Spielerinnen zu knapp ist. Die Referentin für Mädchenfußball beim BFV, Ingrid Heinrich, stellt fest, dass die Fluktuation bei den Frauenmannschaften größer ist als bei denen der Männer. Gründe hierfür sind zum Beispiel Familiengründungen: „Da hören jüngere Frauen, im gleichen Alter wie die Männer, eher auf, Fußball zu spielen. Frauen, die eine Familie haben, müssen sich meist durchkämpfen, um spielen zu können. Es gibt nur wenige Männer, die bereit sind, sonntags auf den Fußballplatz mit dem Kinderwagen zu kommen und der Frau beim Fußballspielen zuzusehen. Da ist Nachholbedarf." Die Spielerinnen finden jedoch oft Wege, trotz Nachwuchs weiter zu spielen. Sie organisieren die Kinderbetreuung auf dem Spielgelände selbst: „Einige Frauen bringen ihre älteren Kinder mit, die auf die jüngeren aufpassen."

Der Trainer der C-Jugend von Grün-Weiss Neukölln, Andreas Fechner, meint, dass die Kontinuität im B-Bereich, also bei den 12–14-Jährigen, besonders schwierig ist. Mit Einsetzen der Pubertät entwickeln Mädchen oft andere Interessen, einige bekommen Probleme mit ihrem Körper und wollen beim Sport nicht beobachtet werden. Die Trainer des Vereins suchen jedoch aktiv nach interessierten Mädchen durch Plakate in Schulen, Kitas und Geschäften; auch versuchen sie, ihre Erfolge in der Presse zu veröffentlichen. 2003 bekam der Verein deshalb vom Deutschen Sportbund das Grüne Band für hervorragende Talentförderung im Bereich Mädchenfußball verliehen. Danach befragt, warum der Verein im Mädchenfußball so erfolgreich sei, meint Herr Fechner, dass sie die Klischees über Mädchen überwunden hätten, während andere Vereine diesen Bereich eher stiefmütterlich behandeln. Reno Reuter, der ebenfalls eine Mädchenmannschaft bei Grün-Weiß trainiert, bemerkt allerdings: „Ich hoffe nur, dass das Preisgeld von 5.000 Euro vom Grünen Band auch den Mädchen zugute kommt. Meist stecken die Vereine nämlich alles nur in die männliche A-Jugend oder die Herrenmannschaften."

Ein Problem liege auch in der mangelnden Förderung durch die Eltern. Herr Fechner berichtet von einem Mädchen, dessen Vater ihr verbot, in den Verein einzutreten, weshalb sie nur bei

• • Die Mädchengruppe des MaDonna-Mädchentreffs spielen meist auf dem Spielplatz an der Falkstraße, 2000

Freundschaftsspielen eingesetzt werden kann. Von einer positiven Auswirkung des WM-Sieges sei noch nichts zu spüren, tendenziell ist die Anzahl der Spielerinnen eher rückläufig. Auch fehlen Trainerinnen in den Vereinen, die Mädchen werden zu 90 Prozent von Männern trainiert. Bei Grün-Weiss gibt es zwar keine Trainerinnen, doch viele Betreuerinnen. Danach befragt, bevorzugt Cindy Weise, die in der dortigen B-Jugend spielt, diese Situation, da ihrer Meinung nach männliche Trainer die Mädchen eher schonen: „Ein männlicher Trainer ist besser, weil die weiblichen Trainerinnen härter mit uns umgehen. Die Männer sind zu den weiblichen Spielerinnen rücksichtsvoller als Frauen."

Über die Zusammenarbeit zwischen Jungs- und Mädchenteams im gleichen Verein meint Ingrid Heinrich: „Ab einem gewissen Alter gibt es schon Kommentare wie ‚Guck mal, wie die aussieht', wenn die Mädchen anfangen, sich zu verändern. Aber wenn die Mädchen ordentliche Fußballerinnen sind, dann wird die Leistung anerkannt, dann wird nicht mehr gesehen, dass es ein Mädchen ist. Es gibt ja auch genug Jungs, die nicht Fußball spielen können. Aber es ist immer noch exotisch, wenn Mädchen Fußball spielen."

Suzan Sharif, die in der C-Jugend bei Grün-Weiss spielt, meint über die Zusammenarbeit mit männlichen Spielern in ihrem Verein: „Wir machen manchmal Freizeitspiele gegen die Jungs, aber sonst machen wir nichts zusammen. Die Jungs nehmen das ein bisschen ernster, weil

Bewegungsfreiheit – Frauenfußball in Neukölln

die nicht gegen die Mädchen verlieren wollen. Manchmal gewinnen wir, manchmal die." Aber es macht ihr Spaß, sich mit ihnen zu messen. Auch Cindy sieht das ähnlich: „Die Jungs wollen immer besser sein als die Mädchen, die Mädchen sehen das eher locker." Cindy geht auch auf eine Sportschule: Da spielen Jungen und Mädchen zusammen Fußball und die finden das alle ganz normal.

Der Anteil ausländischer Spielerinnen in den Bezirken ist unterschiedlich. Während es in den Ostbezirken weniger ausländische Mädchen gibt, sind es laut Ingrid Heinrich in den Westbezirken, Mitte-Tiergarten und Kreuzberg, etwa die Hälfte. „Russische und polnische Mädchen spielen eher selten Fußball. Da war der TSV Helgoland in Tempelhof der Einzige, der mehr von ihnen hat, weil die Familien dort angesiedelt wurden. Dass mehr türkische als polnische Mädchen Fußball spielen, liegt vielleicht an den Brüdern. Für die türkischen Mädchen ist das kein Problem mehr. Wir hatten türkische Mädchen, die mit 14, 15 Jahren aufhören mussten, weil ihre Eltern es verboten. Das war vor einigen Jahren extrem. Jetzt ist das anders." Laut Ingrid Heinrich dürfen Mädchen kein Kopftuch beim Fußballspielen tragen: „Es gibt eine Vorgabe von der FIFA und von der UEFA, wie die Spielkleidung auszusehen hat, und da gehört weder ein Basecap noch ein Kopftuch dazu. Ein Stirnband ist das Einzige, was erlaubt ist."

Freundschaftsspiele zwischen reinen Jungs- und Mädchenteams sind ab zwölf Jahren verboten, zwischen gemischten Teams hingegen erlaubt. „Wie sollen wir die Mädchen fördern, wenn sie keine gleich starken Gegner bekommen? Wir haben dann den Torwart der Jungen bei den Mädchen und umgekehrt in das Tor gestellt und damit war das formal in Ordnung und wir hatten zwei gemischte Teams. Die Mädchen haben keine Angst vor gemischten Spielen, aber die Jungs haben ein bisschen Bedenken. Die hatten Angst, dass sie den Mädchen weh tun. Inzwischen bekommen die Respekt, weil die Mädchen genauso treten wie sie."

Im Rahmen der Frauen-WM 2003 gab es keine Maßnahmen, den Mädchen- oder Frauenfußball zu fördern, solche sind nur für die WM der Männer 2006 auf Basis genereller Fußballförderung geplant. „Man hofft natürlich, dass der WM-Titel der Frauen jetzt Brücken baut, dass alle Vereine den Profisport auch für die andere Hälfte der Menschheit anbietet", formuliert Ingrid Heinrich die Wünsche vieler.

In der Jugendfreizeitstudie 97/98[11] heisst es, dass nicht-deutsche Mädchen den geringsten Anteil an Vereinsmitgliedern aufweisen – und dies, „obwohl sie gegenüber den deutschen Mädchen klassische Vereinssportarten wie Schwimmen, Basketball, Volleyball etc. betreiben. Ein Mangel an Integrationskraft der Sportvereine zeigt sich also gegenüber Mädchen, insbesondere den nicht-deutschen Mädchen". Angebote ausserhalb von Vereinsstrukturen erscheinen hier sinnvoll. Der „MaDonna Mädchentreff" in der Falkstraße hatte 1999–2001 eine Fußballgruppe, die von Seval Aslanboga trainiert wurde. Hier gab es ganz andere Herausforderungen. Ein Großteil der Mädchen kam aus Familien ausländischer Herkunft. Viele von ihnen hatten durch mangelnde Förderung der Eltern oder Geldprobleme keinen Zugang zum Vereinssport, weshalb die Mädchen diese Fußballgruppe als Freizeitbeschäftigung, Treffpunkt und Gelegenheit zur körperlichen Betätigung nutzten. Ende 2001 wurde das Projekt eingestellt, obwohl das Interesse der Mädchen nicht abgenommen hatte. Seval Aslanboga betont die positiven Auswirkungen des Projekts: „Die Mädchen bekamen mehr Selbstbewusstsein und sind selbständiger geworden. Die haben sich getraut, ihre Meinung zu äußern."

Oft mussten die Mädchen ihre Fußball-Leidenschaft gegen Verwandte und Brüder durchsetzen, was letztlich ihr Selbstvertrauen gestärkt hat. „Sie haben Sprechchöre gebildet, wenn die Jungs nicht vom Platz gingen: ‚Wir wollen spielen, raus hier!' und die Jungs sind dann irgendwann gegangen." Je länger die Mädchen spielten und den Platz für sich in Anspruch nahmen, desto mehr stieg die Akzeptanz. „Ich hatte den Eindruck, dass einige der Brüder gedacht haben, wenn so viele Mädchen in der Gruppe sind und meine Schwester so gern Fußball spielt, warum soll sie das nicht machen. Einmal habe ich erlebt, als ein Mädchen auf ihren kleinen Bruder aufpassen sollte, dass der ältere Bruder sagte, spiel du mal weiter, ich geh mit dem Kleinen nach Hause und passe auf ihn auf. Das war toll."

Oftmals versuchte Seval Aslanboga, die Eltern der Mädchen zu überzeugen, das Fußballspielen nicht zu verbieten. „Etwa die Hälfte der Eltern war dagegen, die anderen haben sich entweder nicht dafür interessiert oder es gab so heftige Familienprobleme, dass sie sich nicht darum kümmerten. Hauptsächlich ging es darum, dass Mädchen nicht Fußball spielen dürfen, weil sie eben Mädchen sind. Ich habe den Eltern erzählt, dass auch ich ein Kopftuch trage, dass wir nur Fußball spielen und keinen Kontakt zu Jungs haben und dass ich immer dabei bin."

Auch sie selbst kann von Vorurteilen berichten:

„Wenn ich bei Turnieren in anderen Jugendtreffs mein Kopftuch trug, haben die mich erst einmal komisch angesehen. Die dachten, ich müsste eine moderne Frau ohne Kopftuch sein, weil ich Fußball spiele. Die konnten sich nicht vorstellen, dass ich die Trainerin bin."

Da es keine Vereinsstruktur gab, die die Mädchen unterstützte und ihnen auch kein Platz zum regelmäßigem Spielen sicher war, fanden die Mädchen eigene Lösungen. So spielten sie auch gegen Jungen oder Männer darum, wer auf dem Freizeitsportplatz in der Falkstraße spielen darf. „Die hat es nicht interessiert, ob sie gewinnen oder verlieren, die wollten nur zeigen, dass sie Fußball spielen, auch mit den Jungen. Dort waren auch andere Jungs, mit denen sich keiner anlegen wollte. Die habe ich ausgenutzt. Wenn nämlich die Brüder der Mädchen uns den Ball weggenommen haben, dann habe ich immer diesen anderen Jungs gesagt: ‚Kuckt mal, die stören uns, rettet uns!' Dann sind die zu den Brüdern gegangen und haben Drohgebärden gemacht; und ich sage dir, den ganzen Tag haben uns die Brüder nicht mehr gestört. Wenn die damenhaft sind, bin ich auch damenhaft, aber wenn die wie die Mafia sind, dann bin ich auch Mafia."

Wie Ingrid Heinrich erzählt auch Seval Aslanboga von der selbst organisierten Kinderbetreuung: Viele Mädchen mussten ihre kleineren Geschwister zum Spielen mitbringen und wechselten sich beim Spielen und Aufpassen ab.

Nach dem dritten Jahr wurde eine weitere Förderung des Fußballprojekts vom Quartiersmanagement abgelehnt. „Ich hatte den Eindruck, dass sie kein Verständnis für Fußball spielende Frauen haben." Sie erzählt von den schwierigen Familienverhältnissen, aus denen viele Mädchen kommen und bedauert, dass ein wichtiger Anlaufpunkt wie der Mädchentreff nicht mehr Förderung bekommt: „Jetzt arbeiten im Mädchentreff nur ABM-Kräfte, die nicht pädagogisch ausgebildet sind, die machen auch nichts richtiges mehr mit den Mädchen." Aber Seval Aslanboga ist überzeugt von der positiven Auswirkung des Projekts: „Ich bin gespannt, was aus den Mädchen wird. Wenn sie mit der Schule fertig sind, werden sie aufgrund ihres Selbstvertrauens sehr erfolgreich sein."

Verena Sarah Diehl

Ich danke allen, die bereit waren, mir ihre Erfahrungen und ihr Wissen zur Verfügung zu stellen. Die Gespräche fanden im November und Dezember 2003 statt.

Anmerkungen
[1] Lespress, September 2003, S. 28.
[2] Schulze-Marmeling, Dieter: Fußball. Zur Geschichte eines globalen Sports, Göttingen 2000, S. 94.
[3] Buytendijk, F., 1954, zit.n. Beate Fechtig: Frauen und Fußball, Berlin, 1995, S. 20.
[4] Brandle, F.; Koller, Ch.: Goal! Kultur-Sozialgeschichte des modernen Fußballs, 2002, Zürich, S. 230.
[5] Dies., S. 230.
[6] Schulze-Marmeling, Dieter, a.a.O., S. 92.
[7] Brandle, F.; Koller, Ch., a.a.O., S. 210.
[8] Pilz, G.: Mädchen und junge Frauen in gewaltbereiten, rechten Fußballszenen, Quelle: www.erz.uni-hannover.de/ifsw/daten/lit/pil_fraugewalt.pdf
[9] www.pro-ff.de
[10] BFV (Hg.): Fußball in Berlin, Berlin 1987, S. 158–167.
[11] www.neukoelln-jugend.de/freizeitstudie/0-kurzthesen-studie-jugendfoerderung.htm

• Ausruhen nach dem Spiel: Seval Aslanboga (2.v.r.) mit einigen der Fußball spielenden Mädchen, die sie trainiert hat, Hasenheide, 2000

HÜRTÜRKEL UND DIE SUCHE NACH EINEM DEUTSCHEN NAMEN
Fußball und Migration

„Einen Beitrag über türkischen Fußball in Berlin wollen Sie schreiben?" Mehmet Matur, Inhaber eines Sportgeschäfts in Neukölln und Kenner der Berliner Fußballszene, schüttelt den Kopf. „Das ist nicht ganz richtig. Türkischen Fußball, den gibt es in der Türkei. Ich achte darauf, wenn ich darüber rede: Das sind keine türkischen Vereine, das sind Berliner Vereine, die türkischstämmig geführt werden. Die sind genauso Mitglied beim Berliner Fußballverband wie die ‚deutschen' Vereine auch. Und schließlich haben viele von denen, die ehrenamtlich in diesen Vereinen arbeiten oder in den Clubs spielen, die deutsche Staatsbürgerschaft."

Eine kleine Vereinsgeschichte

Der BSV Hürtürkel e.V. ist einer von rund 30 Vereinen im Berliner Fußballverband, die einen türkischen Namen tragen.[1] Ein großer Teil dieser Sportvereine wurde in den 1980er Jahren gegründet, aber die Anfänge „ethnischer" Vereinsgründungen liegen weiter zurück. Der erste Verein dieser Art in Berlin war Türkspor, der 1965 von Arbeitsmigranten ins Leben gerufen wurde, die im Zuge der Anwerbung von „Gastarbeitern" nach Deutschland kamen. Bei diesen Vereinsgründungen stand vor allem der Wunsch nach einer gemeinsamen Freizeitgestaltung innerhalb der türkischen Community im Mittelpunkt, da gerade für die erste Einwanderungsgeneration die Möglichkeiten, sich in der Öffentlichkeit zu treffen, gering waren.[2] Die Vereine boten aber auch türkischstämmigen Geschäftsleuten, die als Sponsoren und Vereinsgründer auftraten, die Chance, ihr Sozialprestige zu erhöhen und ihr Klientel an sich zu binden.[3]

Hürtürkel selbst wurde 1980 unter dem Namen Hürtürk gegründet. Zafer Külekçi, der damals noch nicht volljährig nach Deutschland gekommen war, um eine Berufsausbildung zu absolvieren (sein Vater arbeitete bereits seit den 60er Jahren in Deutschland), gehörte zu den Gründungsmitgliedern. Heute ist er 2. Vorsitzender des Vereins. „Wir haben gerne Fußball gespielt, wir waren ein Freundeskreis und sind auf einmal auf die Idee gekommen, eine Mannschaft zu gründen. Da fehlte was – damals gab es noch nicht so viele türkische Vereine wie heute und wir wollten zusammen Sport treiben. Schon in der Türkei hatte ich viel Fußball gespielt." Ein befreundeter Ingenieur, der etwas älter war, half den Jugendlichen, die entsprechenden rechtlichen Schritte zu unternehmen, und es gab neben türkischstämmigen Migranten auch Deutsche im Vorstand.

Und wie kam es zu dem Namen? Viele türkische Vereinsnamen weisen einen symbolischen Herkunftsbezug auf – oft werden Städte und Regionen zu Namensgebern (zum Beispiel Izmirspor) oder große Clubs des Herkunftslandes stehen Paten, wie beim Neuköllner Verein 1. SV Galatasaray Berlin, der erst vor ein paar Jahren gegründet wurde. Der erfolgreichste „türkische"

• Die 1. C-Jugend von Hürtürkel mit ihren Eltern vor dem Spiel gegen Schwarz-Weiß Neukölln, das 2:0 für Hürtürkel ausging, Jahn-Sportplatz, März 2004

• Die 1. C-Jugend, links außen Hüseyin Çay, rechts außen der Trainer Kenan Ahizer, Jahn-Sportplatz, März 2004

Club Deutschlands ist der 1978 gegründete Kreuzberger Verein Türkiyemspor, der Ende der 80er Jahre in der Regionalliga, der dritthöchsten Spielklasse, spielte – „Türkiyem" bedeutet so viel wie „meine Türkei". Die türkischen Vereinsnamen spiegeln auch die Heterogenität der ethnischen Community wider: Hilalspor aus Kreuzberg gilt als islamische Gründung,[4] Göktürkspor aus Neukölln als Verein der Nationaldenkenden und Hürtürk, der spätere Hürtürkel, wurde nach dem gleichnamigen Freiheitlich Türkisch-Deutschen Freundschaftsverein benannt, der vom damaligen türkischen Ministerpräsidenten Süleyman Demirel und Bundeskanzler Helmut Kohl gegründet wurde, um „die Beziehung zwischen Türken und Deutschen zu pflegen"[5]. Der Freundschaftsverein Hür Türk e.V. versteht sich als „Sammlungsbewegung der politischen Mitte"[6]. Aber politisch tätig war der Fußballverein Hürtürk nie; und ähnlich wie bei vielen anderen Vereinen spielte die politische Strömung, die zur Gründung geführt hatte, bald keine Rolle mehr.

Dass Migranten Fußballvereine gründen, war dem Deutschen Sportbund zunächst eher ein Dorn im Auge. Zu Beginn der 80er Jahre verstand der Deutsche Sportbund in der Grundsatzerklärung „Sport der ausländischen Mitbürger" die „Einzelmitgliedschaft ausländischer Mitbürger in deutschen Sportvereinen als die normale Form der Mitgliedschaft"[7], die es anzustreben gelte, und empfahl die Gründung und Förderung von ethnischen Vereinen als eine „Übergangs- oder Ausnahmelösung", die dort sinnvoll sei, wo durch einen hohen „Ausländeranteil" der deutsche Verein „überfremdet" (sic!) werde. In dieser Argumentation wird ein hoher „Ausländeranteil" in „deutschen" Clubs als störend oder gar bedrohlich für die deutschen Mitglieder dargestellt; Vereinsgründungen von Migranten werden nicht in ihrer Bedeutung als Netzwerke innerhalb der eigenen Community gewürdigt, sondern gelten als Aufbewahrungsort für den Störfaktor „Ausländer", der sich von selbst erledigt, sobald die Integration vollzogen ist.

Dass ein solch mechanisches Integrationsverständnis der Wirklichkeit nicht entspricht, zeigt die Berliner Entwicklung. „Ethnische" Vereinsgründungen sind im Berliner Amateurfußball auch mehr als zwei Jahrzehnte nach dieser Grundsatzerklärung präsent. Gleichzeitig gibt es in vielen „deutschen" Vereinen in Kreuzberg, Neukölln und Wedding einen hohen Anteil an Spielern mit einem familiären Migrationshintergrund.

1985 begann Hürtürk, die Jugendarbeit systematisch aufzubauen und stellte als erster türkischstämmig geführter Verein Jugendmannschaften im regulären Spielbetrieb des Berliner Fußballverbandes. Doch schon 1990 wurde es eng mit der Unterstützung durch ehrenamtliche Trainer und Jugendleiter und die Jugendarbeit musste aufgegeben werden. Außerdem waren die Rahmenbedingungen für das Training schwierig, denn im Unterschied zu vielen anderen Vereinen hatte Hürtürk nur einen Schotterplatz.

Aus finanziellen Gründen und weil die ehrenamtlichen Trainer und Vorstandmitarbeiter fehlten, fusionierte Hürtürk nach jahrelangen Verhandlungen mit dem Berliner Sportverein Türkel, einem Kreuzberger Verein. Ab 1999 konnte die Jugendarbeit wieder systematisch aufgebaut werden, was nicht zuletzt Hüseyin Çay zu verdanken ist, der in der Saison 2000/2001 das Angebot von dem inzwischen fusionierten Verein Hürtürkel annahm, um dort als Jugendleiter zu arbeiten. Dem erfahrenen Çay, der bereits lange Jahre als Trainer beim 1. FC Neukölln und bei Türkiyemspor hinter sich hatte, gelang es zusammen mit dem inzwischen 15-köpfigen Trainerteam, innerhalb weniger Jahre eine der erfolgreichsten Jugendabteilungen in ganz Berlin aufzubauen.

Zur Zeit spielen zwei Mannschaften in der höchsten Berliner Spielklasse, und auch die C-Jugend, die die Tabelle souverän anführt, wird

• Eltern der B-Jugend-Spieler, die treuesten Fans, die bei jedem Spiel dabei sind, im Stadion des VFB Lichterfelde, Februar 2004

in dieser Saison in die Verbandsliga aufsteigen. Schade eigentlich, dass es für Mädchen noch keine Möglichkeit gibt, bei Hürtürkel Fußball zu spielen – da setzt der Verein lieber auf Basketball.

Von den rund 540 Vereinsmitgliedern sind etwa 200 Kinder und Jugendliche, die in 13 Jugendmannschaften spielen und die nicht nur aus Neukölln kommen, sondern auch aus den Bezirken Kreuzberg, Schöneberg und Tempelhof. Lange Wartelisten gibt es beim Verein nicht, denn es wird leistungsorientiert gespielt. „Als Verein kann man sich zwei Ziele setzen", erklärt Hüseyin Çay. „Entweder man arbeitet in Richtung Breitensport, so dass Kinder und Jugendliche ohne Druck Fußball spielen können – bei Vereinen, die so arbeiten, muss man manchmal zwei Jahre und länger warten, um einen Platz zu bekommen. Oder man arbeitet leistungsorientiert: Die Jugendlichen kommen zum Probetraining und werden aufgrund ihres Spiels aufgenommen. Ich habe selbst 27 Jahre aktiv Fußball gespielt und wenn ich schon so viel Arbeit in meiner Freizeit investiere, dann will ich auch davon profitieren; und wenn wir am Ende der Saison aufsteigen, dann ist das wie eine Genugtuung für die Leistungen."

Hüseyin Çay kam mit zehn Jahren nach Deutschland und wuchs in Kreuzberg auf, wo er lange Zeit bei den Berliner Amateuren spielte. Die Berliner Amateure sind bekannt für ihre gute Jugendarbeit im Breitensport. Dort spielen Jugendliche unterschiedlicher Herkunft Fußball – und für ihre Integrationsarbeit erhielten die Kreuzberger schon mehrere Preise.

„Es sind zwei Gesellschaften, A und B, da gibt es eine Ungleichbehandlung"

Fußball hat deswegen eine wichtige Funktion, weil der Verein oft der einzige Ort ist, an dem sich Alltagswelten von deutschen Jugendlichen und Jugendlichen nicht-deutscher Herkunft überschneiden. Während die Schule stärker von ethnischen Gruppenbildungen geprägt ist, bietet der Fußballverein die Möglichkeit, gemeinsam als Team ein Ziel zu verfolgen. Da der Erfolg auch

● Die 2. C-Jugend vor dem Spiel gegen den BSC Rehberge, das 12:1 für Hürtürkel entschieden wurde, Jahn-Sportplatz, März 2004

vom Teamgeist der Mannschaft abhängt, verringern soziale und kulturelle Barrieren die Erfolgschancen der Mannschaft. Neue Spieler müssen deshalb sofort in die Mannschaft integriert werden; auch die gemeinsame Erfahrung von Sieg und Niederlage trägt zur Herausbildung eines Teamgeistes bei. Spieler werden weniger nach ihrer kulturellen oder sozialen Herkunft beurteilt als viel mehr nach ihrem Einsatz auf dem Spielfeld. Fußball wird in überschaubaren Gruppen gespielt, was den Kontakt vor, nach und während des Spiels erleichtert.

Während in den 80er Jahren in den Vereinen, die von türkischstämmigen Migranten gegründet wurden, auch viele Deutsche spielten, ist der Anteil deutscher Spieler in den 90er Jahren nach Aussagen eines ehemaligen Neuköllner Fußballtrainers zurück gegangen. Das hat den Effekt, dass die „deutschen" Vereine in Bezirken wie Neukölln, Kreuzberg und Wedding oftmals „multikultureller" sind als die „türkischen". Die „türkischen" Vereine reflektieren damit den Rückzug in die ethnische Community, der seit den 90er Jahren zu verzeichnen ist. Vor allem die schlechtere wirtschaftliche Lage und die hohe Arbeitslosigkeit unter Migranten seit der Wende führte zu einem verstärkten Bezug auf die eigenen ethnischen Netzwerke bei der Arbeitssuche. Hinzu kommt außerdem ein „härteres" gesamtgesellschaftliches Klima, das verstärkt durch Fremdenfeindlichkeit und Rassismus geprägt ist und das auch in den Vereinen zu spüren ist.

Bei Hürtürkel spielen nicht nur türkischstämmige Jugendliche – die Mannschaften sind „gemischt", wie mir versichert wird. Aber auf Nachfragen stellt sich heraus, dass es wenig nicht türkischstämmige Spieler in den Mannschaften gibt – in der C-Jugend ist es zum Beispiel nur einer, in anderen Altersklassen sind es zwei oder drei. Nur die D-Jugend macht da eine Ausnahme: Hier spielen Jungs italienischer, kroatischer, bosnischer, deutscher und türkischer Herkunft zusammen.

Von einem Rückzug in die türkische Community ist bei Hürtürkel allerdings nichts zu spüren, ganz im Gegenteil. Dazu Hüseyin Çay: „Integration ist ja das Motto von Sport überhaupt, dass man da einen gemeinsamen Nenner hat. Davon abgesehen können wir es uns auch gar nicht leisten, dass wir bestimmte Nationalitäten nicht aufnehmen. Wir beurteilen die Spieler nach ihrer Leistung und Einsatzbereitschaft, nicht nach ihrer Herkunft." Woran liegt es dann, dass die türkischstämmigen Jugendlichen doch eher „unter sich" bleiben? Für Hüseyin Çay liegt das Problem vor allem in der äußeren Wahrnehmung des Vereins als „türkisch": „Das wesentliche Problem war immer, dass die Eltern Hemmungen hatten: Der Verein hat keinen deutschen Namen, die Trainer und der Vorstand sind türkischstämmig. Aber peu à peu: Die Eltern merken, dass bei uns gute Arbeit geleistet wird, dass die Trainer mit den Jugendlichen nicht nur türkisch reden, sondern auch deutsch. Die Fußballfachbegriffe sind ja den Kindern nur auf deutsch bekannt, da ist die deutsche Sprache viel verständlicher für die Kinder." Um den Verein für deutsche Eltern attraktiver zu machen, sollen ab der kommenden Saison auch deutsche Trainer mit den Kindern und Jugendlichen arbeiten – momentan sind alle 15 Trainer türkischstämmig. Außerdem ist der Club auf der Suche nach einem neuen, größeren Vereinsheim in der Nähe des Sportplatzes am Columbiadamm, damit die Spieler die Möglichkeit haben, sich in den Räumen des Vereins zu treffen. Dort soll auch eine Hausaufgabenhilfe organisiert werden, damit die schulische Entwicklung der Jugendlichen nicht zu kurz kommt.

Was es bedeuten kann, als türkischer und eben nicht als deutscher, Berliner oder Neuköllner Verein wahrgenommen zu werden, davon erzählt Zafer Külekçi: „Für die Berliner war es erst schwer, diesen Namen auszusprechen: Hürtürkel. Und dieses Problem haben wir immer noch. Vor kurzem waren wir in Westfalen bei einem Turnier – klar, da galten wir als die türkische Mannschaft und keiner hat sich unseren Namen gemerkt." Der Vorstand überlegt sich deswegen, den Verein umzubenennen und ihm einen deutschen Namen zu geben. „Von außen werden wir als türkischer Verein gesehen. Aber wir sind ein Berliner Sportverein. Damals, als der Verein

● Die 1. B-Jugend im Stadion Lichterfelde vor dem Spiel gegen den VFB Lichterfelde, das Hürtürkel 3:2 verlor, Februar 2004

gegründet worden ist, hatten wir vor allem türkische Spieler. Aber jetzt wird es anders: Wir gehören dazu, wieso soll es kein deutscher Name sein? Aber einige Mitglieder wollen aus Traditionsgründen den Namen nicht ändern. Aber das finde ich Unfug, denn mit dem türkischen Namen kommen wir nach außen nicht so klar."

Als es kürzlich zu einer Prügelei nach einem Spiel mit Tasmania Gropiusstadt kam, titelte der Berliner Kurier: „A-Jugend-Skandal – Hürtürkel-Fans drohen mit Schusswaffen!" und brachte einen reißerischen Artikel über mit Baseballschlägern und Waffen randalierende Hürtürkel-Fans. Dazu Külekçi, der an die „Berliner Fußballwoche" seine Sicht des Vorfalls schickte: „Das waren nicht unsere Fans, unsere Fans sind die Eltern der Jungs, die Familien, die sind alle friedlich."

„Wenn türkische und deutsche Mannschaften gegeneinander spielen und es kommt zu Ausschreitungen", fährt Zafer Külekçi fort, „dann kommt das immer groß in die Presse. Aber Krawall gibt es auch, wenn deutsche Mannschaften miteinander spielen, nur darüber wird nicht so häufig in der Presse berichtet. Die Schuldigen sind immer die türkischen Mannschaften, dann heißt es ‚Ach, schon wieder eine türkische Mannschaft'. Und um solche Sachen zu vermeiden, reden wir auch von einer Namensänderung. Dann müssen sie uns gerecht behandeln." Der Verein fühlt sich auch im Berliner Sportverband nicht richtig vertreten und führt das darauf zurück, dass es im Verband keine Mitarbeiter gibt, die die Interessen der „türkischen" Vereine stärken. So erklärt sich Zafer Külekçi, dass bei gewalttätigen Ausschreitungen, die zu einem Spielabbruch führen, meist nur die „türkische" Mannschaft bestraft wird und die Spieler dieser Vereine auch leichter suspendiert werden, also vorübergehend vom Spielbetrieb ausgeschlossen werden. „Es sind zwei Gesellschaften, A und B, da gibt es eine Ungleichbehandlung."

Lauftraining am Columbiadamm

Neukölln, Jahn-Sportplatz am Columbiadamm. Der Himmel ist strahlend blau, aber es herrschen eisige Temperaturen. Der Platz ist vereist und damit unbespielbar – die C-Jugend, also die 13- und 14-Jährigen, müssen sich mit einem Lauftraining begnügen und drehen ihre Runden. Dreimal in der Woche trainiert jede Altersklasse hier. Bei insgesamt 18 Mannschaften ist also immer etwas los. Vor den Umkleidekabinen gibt es Kaffee und Tee in großen Thermoskannen zum Aufwärmen und ich komme mit dem C-Jugendtrainer Kenan Ahizer, der früher Trainer bei Türkiyemspor war, ins Gespräch. Auch wenn im Training meist deutsch gesprochen wird, erzählt er, kann er doch die Zweisprachigkeit der Kinder auf besondere Weise nutzen. Das Türkische ist ein Code, mit dem er den Kindern während eines Punktspiels taktische Anweisungen geben kann, die die gegnerische Mannschaft in der Regel nicht versteht.

„Scheiß Kanacken, geht dahin, wo ihr hergekommen seid!" – das müssen sich die Kinder schon manchmal anhören, vor allem, wenn sie im Ostteil Berlins spielen. Dazu Ahizer: „Die Vereine wissen genau, dass die Mannschaft durch solche Äußerungen schnell aus dem Rhythmus gebracht werden kann, weil sich die Spieler dann nicht mehr auf das Spiel konzentrieren können. Manche lassen sich anstecken, kontern ‚Türkenschwein' mit ‚Ossischwein' oder foulen den gegnerischen Spieler und werden dann vom Platz gestellt. Und das ist genau das, was die gegnerische Mannschaft mit ihren rassistischen Provokation erreichen will. Wobei die Kinder eigentlich weniger schlimm sind als die Eltern, die ihre Kinder anheizen." Nach Einschätzungen von Ahizer, der früher auch als Fan von Türkiyemspor bei Auswärtsspielen in Ostberlin war („das war hart"), sei es Mitte der 90er Jahre viel schlimmer gewesen mit den rassistischen Sprüchen, das habe inzwischen stark abgenommen. Wenn es doch zu solchen Attacken kommt, versucht er es mit der Deeskalationstaktik, indem er die Jungs davon überzeugt, sich nicht provozieren zu lassen – denn das sei ja genau das, was der Gegner sich wünscht.

Auch der Jugendleiter Hüseyin Çay ist zum Lauftraining gekommen – schließlich spielt sein Sohn in der C-Jugend. Mit von der Partie ist auch der Rentner Dieter Neumann, Organisationsleiter, einziger Deutscher im Vorstandsumfeld und schon seit Jahren treuer Vereinsanhänger mit guten Kontakten zur Berliner Fußballszene, der sich bei Hürtürkel geborgen fühlt. Selami Erbay, 1. Vorsitzende des Vereins, ist ebenfalls gekommen. Da es sehr kalt ist, stehen wir lieber im Vorraum vor den Umkleidekabinen und schauen den Jungs aus dem Fenster beim Laufen zu. Erbay, der an der Technischen Universität Luft- und Raumfahrttechnik studiert hat und durch einen Studienfreund 1989 zu Türkel kam, ist stolz darauf, was der Verein in den letzten vier Jahren seit der Fusion geleistet hat: In vier Saisons drei Mannschaften in der höchsten Spielklasse zu haben, ist ein großer Erfolg. Natürlich spielt auch sein Sohn im Verein – er ist Torwart in der C-Jugend. Wir kommen auf die mögliche Umbenennung zu sprechen. Erbay sagt: „Wir wollen, dass in dem Namen was Deutsches und was Türkisches drin ist." „Bosporus-Express", schlägt Çay scherzhaft vor und alle lachen. „Oder ‚Anatolien-Express', das war tatsächlich ein Verein bei mir an der Uni", erzählt Erbay. Die Diskussion um die Namensfindung ist noch in vollem Gange …

Jetzt stürmen die Jungs in die Umkleidekabinen. Kaan, Mohammed, Ridvan, Steven und Murat spielen schon seit acht Jahren für Hürtürkel. Sie träumen davon, Profifußballer zu werden. Was macht denn Spaß am Fußball? „Na, alles!", ist die überzeugende Antwort von Mohammed und irgend jemand ergänzt noch: „Besonders Tore schießen." Kaan erzählt, dass seine Mutter ihn zum Verein geschickt habe – „damit ich nicht so ein Straßenkind werde". Kaan zieht es vor, in einem „türkischen" Verein zu spielen, weil er dort nicht wegen seiner Herkunft diskriminiert werde. Ridvan findet die Atmosphäre in einem „türkischen" Verein besser als in einem „deutschen" – „die Stimmung ist besser, die trommeln immer und feuern uns an".

Alle sind entweder Fenerbahçe-, Beşiktaş- oder Galatasaray-Fans – die großen türkischen Vereine. Nur Steven, der einzige Spieler nicht-türkischer Herkunft in der Mannschaft, kann sich nicht entscheiden oder will es nicht verraten. Hertha stößt auf keine große Begeisterung – „da ist nur einer gut, Marcelinho", findet Kaan, ohne dies genauer erläutern zu wollen. Der Vater von Ridvan begründet seine Sympathien für den Brasilianer mit unterschiedlichen ethnischen Spielkulturen: „Marcelinho, der spielt nicht so gewaltig wie die Deutschen, der hat Köpfchen, der streichelt den Ball." Ridvan ist mit seiner Familie nach Lichtenrade gezogen, ist aber trotz des weiten Anfahrtswegs immer noch dabei. „Die Punktspiele sind wie kleine Ausflüge", erzählt der Vater, „meistens kommen zehn, zwanzig Eltern mit, auch die deutschen Eltern, und das Zusammengehörigkeitsgefühl ist sehr gut, auch unter den Jungs. Hüseyin Çay ist ein toller Trainer, der ist wie ein Vater zu den Kindern – der Verein ist wie eine Familie."

Fußball und Integration

Fußball ist ein Spiel, das international geprägt ist. Profi-Spieler sind Migranten auf einem globalen Arbeitsmarkt – allein in Deutschland spielten seit Bestehen der Bundesliga etwa 700 Nicht-Deutsche für Vereine der ersten Bundesliga. Dass die multi-ethnische Zusammensetzung einer Nationalmannschaft gängige Vorstellungen des ethnisch homogenen Nationalstaats konterkarieren kann, zeigte der Diskurs um den französischen WM-Sieg 1998, der als Sieg der multikulturellen Nation gefeiert wurde. Die französische Nationalmannschaft wurde zum Symbol für eine gelungene Integrationspolitik, die nicht Abstammung, sondern territoriale Zugehörigkeit zur zentralen Voraussetzung für die Vergabe von Staatsbürgerschaft gemacht hat.

Nahezu überall auf der Welt wird Fußball gespielt. Über 250 Millionen Menschen spielen Fußball und etwa ein Fünftel der Weltbevölkerung ist auf die eine oder andere Art in den Fußballsport involviert. Fußball schafft so Austauschmöglichkeiten über ethnische und nationale Grenzen hinweg und bietet überall Anknüpfungspunkte zu Gesprächen. Das Spiel selbst kann auch Sprachbarrieren überwinden helfen, denn es basiert zum großen Teil auf non-verbaler Kommunikation. All dies sind Argumente, die die These von der Integration durch Fußball stützen. Umgekehrt gibt es wohl kaum eine Sportart, die in dieser Vehemenz nationale Identitäten mobilisiert, was zur Verstärkung ethnischer Grenzziehungen innerhalb eines Landes oder auch zwischen zwei Ländern führen kann. Auch kann Fußball innerhalb eines Nationalstaats zu Spaltungen führen, indem ethnische Identitäten aktiviert oder verstärkt werden. Das gilt sowohl für Länderspiele (Deutschland gegen Türkei) als auch für Spiele großer Clubs, die als Repräsentanten des jeweiligen Landes wahrgenommen werden (Hertha gegen Galatasaray), und wirkt bis in den Amateurfußball hinein, wenn deutsche gegen vorwiegend nicht-deutsche oder ethnisch gemischte Mannschaften spielen. Aber Fußball mobilisiert nicht nur nationale Identitäten; Fußball hat auch – stärker als andere Sportarten – massiv mit Problemen von Rassismus und Fremdenfeindlichkeit zu kämpfen, was lange Zeit von den Vereinen und Verbänden ignoriert wurde.

Diese Ambivalenz von Internationalität, Multikulturalität und Integration einerseits und von Ausgrenzung, Ethnisierung und Rassismus andererseits durchzieht den Fußball in unterschiedlicher Ausprägung auf allen Ebenen – vom Profi-Verein bis hin zum Amateursport. Der Neuköllner Verein Hürtürkel mit seinem Bemühen darum, durch eine Namensänderung als deutscher Verein wahrgenommen zu werden, zeigt, wie mächtig die Etiketten „deutsch" und „türkisch" nach außen wirken. Gleichwohl bietet der Amateurfußball in vielen Vereinen, so auch bei Hürtürkel, die Chance, ethnische Grenzen zu überwinden.

Der eingangs zitierte Mehmet Matur antwortet auf die Frage nach dem Weddinger Verein Burgund Birlik, der den Zusatz „Birlik" (dtsch. Gemeinschaft) 1993 auf Wunsch der türkischen Vereinsmitglieder annahm: „So was sehe ich gern, so kann man viele negative Schatten beseitigen. Deutsche und türkischstämmige Funktionäre kommen da zusammen und arbeiten miteinander. Das muss zur Geschichte werden, dass man da Unterschiede macht. Das muss zusammenwachsen. Vielleicht ist der Anfang in den Vereinen die beste Möglichkeit dazu. Denn Sport, besonders Fußball, ist was Soziales und ein Kind in einem Verein wird sozial erzogen, auch international erzogen. Dadurch wird es freier und aufgeschlossener als ein Kind, das nur zu Hause rumsitzt."

Victoria Schwenzer

Anmerkungen

[1] Hinzu kommen nach Auskunft des Berliner Fußballverbandes noch etwa 50 Freizeitvereine.
[2] Vgl. Özbaşı, Kemal: Keine Ausländer im Stadion – Gibt es integrative Ansätze in der sozialen (Fan-)Arbeit? In: Koordinationsstelle Fanprojekte (Hg.): Verordnete Defensive, Frankfurt a.M. 2000, S. 167.
[3] Ebd., S. 163ff.
[4] Bis vor kurzem, berichtet Özbaşı im Jahr 2000, habe Hilalsport seine Spieler noch in langen Hosen spielen lassen. Einer seiner Interviewpartner gibt an, dass der Verein von Islamisten gefördert werde, was einige meiner Gesprächspartner auf Nachfrage, wenn auch zögerlich, bestätigten; vgl. ebd., S. 166f.
[5] Vgl. www.huertuerk.de.
[6] Ebd.
[7] Zit.n. Weber-Klüver, Katrin: „Neger raus" gegen „Zeugen Yeboahs". In: Fußball und Rassismus. Mit Beiträgen von Dieter Beiersdörfer et al., Göttingen 1993, S. 63f.

DIE ACHTERBAHNFAHRT DER NEUKÖLLNER TASMANEN

Am 2. Juni 1900 wurde der Rixdorfer Fußball-Club Tasmania in der heutigen Karl-Marx-Straße gegründet. Die Namensgebung lässt sich auf eine geplante Reise der jugendlichen Gründerväter zur australischen Insel Tasmanien zurückführen. So erklärt sich auch das langjährige Trikot-Motiv des so genannten Tasmanischen Teufels, ein schwarzes Beuteltier mit roten Ohren und gebleckten Zähnen. 1904 trat der Verein dem DFB bei und gelangte als Märkischer Fußball-Meister 1910 bis ins Halbfinale der deutschen Meisterschaft. 1912 wurde die Namenstaufe Neuköllns durch die Umbenennung in Neuköllner Sport – Club Tasmania nachvollzogen. Es folgte eine wechselvolle Geschichte mit Auf- und Abstiegen, die zum Markenzeichen der Tasmanen werden sollte.

Erst 1958 gelang mit einem 3:1 im Berliner Pokalfinale gegen die Wilmersdorfer vom BSV 92 ein aufsehenerregender Erfolg, der durch den viermaligen Gewinn der Berliner Meisterschaft zwischen 1959 und 1964 fortgesetzt wurde. Hintergrund der tasmanischen Glanzzeit Anfang der 60er Jahre war eine weitsichtige Jugendarbeit, aus der die „Recken" Posinski, Talaszus, Bäsler und Peschke hervorgingen. Zusammengeschweißt wurde die Elf, die meistens unverändert spielte, durch Trainer Fritz „Napoleon" Mauruschat, dessen Wort Gesetz war. Bei Gründung der Bundesliga 1963 war allerdings Hertha BSC die Nummer Eins in Berlin und wurde mit knappem Vorsprung vor Tasmania vom DFB ausgewählt.

1964 warfen die Neuköllner sogar Bayern München mit einem 3:0 aus der Aufstiegsrunde zur Bundesliga. Im völlig überfüllten Poststadion wurden die Mannen um Beckenbauer, Maier und Müller ausgeknockt. Weil zahlreiche Fans das Spielfeld stürmen wollten, drohte zwischenzeitlich sogar ein Spielabbruch. In seiner Autobiografie beschreibt Franz Beckenbauer die dicke Luft in der Bayern-Kabine: „Ich erinnere mich noch, wie sauer Sepp Maier damals war. Und Tschik [der damalige Trainer Zlatko Cajkowsky] erst! Er beschimpfte mich als Schuster und Kofferträger; ich hatte wirklich einen schlechten Tag gehabt."[1] Dies war der Zenit der historischen Tasmania zu einer Zeit, als sie nur knapp die höchste Spielklasse verfehlten.

Aufgrund von damals unerlaubt hohen Transferzahlungen für zwölf neue Spieler flog Hertha 1965 wieder aus der Liga. An deren Stelle setzte der DFB den drittplatzierten Regionalligisten Tasmania, um wenigstens einen Verein der damaligen „Frontstadt Berlin" erstklassig spielen zu lassen. Der damalige Tasmania-Fan und heutige Krimiautor Horst Bosetzky sieht darin bis heute ein „Bubenstück des DFB", um die Berliner gezielt zu blamieren. Schnell wurde ein Alt-Star wie Horst Szymaniak aus Italien reaktiviert, andere erfuhren über eine Suchmeldung von Radio Luxemburg im Urlaub von ihrer Rekrutierung: „Tasmanen-Spieler bitte sofort in Berlin melden!" Laut damaligem Spielführer Hans-Günther „Atze" Becker wandelten die werktätigen Tasmanen schleunigst ihre Arbeitsverträge in halbe Stellen um. Allerdings nur für den Zeitraum von einer Saison, denn danach wähnten sich die Tasmanen bereits wieder in der Regionalliga.

Aufgrund der kurzfristigen Entscheidung für die Neuköllner gab es kaum Gelegenheit für Spielerkäufe. Einziger Neuzugang war Horst Szymaniak, 31 Jahre alt und 43-facher Nationalspieler, der aus Italien eingekauft wurde. Er war einer der ersten deutschen Fußballer, die den Schritt ins Ausland gewagt hatten. In Italien war sein Marktwert auf mehr als eine Million Mark gestiegen, die Inter Mailand für ihn locker gemacht hatte. Sowohl Becker als auch Bosetzky attestieren dem Alt-Star eine „katzenhafte" und

• Die Tasmania-Elf: (v.l.n.r.) Burgdorff, Steinbock, Schreiber, Klamet, Geiseler, Richter, Kümmel, Meffert, Engelhardt, Schulz, Geisendorf, 1906/1907

• Fans stürmen das Feld des Berliner Poststadions nach dem 3:0 gegen Bayern München; 2.v.r. „Atze" Becker, 24. Juni 1964

„brasilianische" Spielweise. Während Szymaniaks skurrile Beschwerde, er erhalte statt des versprochenen Viertels „nur" ein Drittel der Einnahmen, in die Geschichte des unfreiwilligen Humors eingegangen ist, weiß heute kaum noch jemand, dass er an guten Tagen einen Beckenbauer alt aussehen lassen konnte.

Das erste Bundesligaspiel gegen den Karlsruher SC fand vor der imposanten Kulisse von 80.000 Zuschauern im Olympiastadion statt. Als sympathisch bescheidene Geste hielt Kapitän Becker eingangs eine Rede, in der er vor überhöhten Erwartungen an den krassen Außenseiter warnte. In den anschließenden 90 Minuten genügte Tas dann jedoch auch den höchsten Ansprüchen. Der Mann des Tages war Wolf-Ingo Usbeck, dessen Tore zum 2:0 in der letzten halben Stunde die Partie entschieden. Unter der Überschrift „Zwerg Usbeck wurde zum Riesen", schrieb die Fußball-Woche: „Er tänzelte um vier Karlsruher herum, schoss noch erfolgreich ab, dann brach er mit einem Wadenkrampf in beiden Beinen zusammen. Über ihm lagen fünf oder sechs Tasmanen, die ihn vor Freude zu erdrücken schienen." Tasmania auf Platz Eins nach dem ersten Spieltag – nun schien alles möglich. Aber es sollte alles ganz anders kommen: Schon vier Wochen später war das Tabellenende erreicht. Bis auf einen einzigen weiteren Sieg am vorletzten Spieltag gelangen Tasmania nur vier Unentschieden bei 28 Niederlagen – das konnte bis heute nicht unterboten werden. Kein Wunder, dass auf diese Weise auch hinsichtlich der Besucherzahlen ein negativer Liga-Rekord von 827 Zahlenden erzielt wurde. Vor dem Hintergrund 79.000 leerer Plätze müssen diese wohl ein gespenstisches Bild abgegeben haben. Kapitän „Atze" Becker trotzte dem wenigstens verbal: „Ich sage immer: Seht, Jungs, wir peitschen die gesamte deutsche Elite vor uns her."

Wo der Misserfolg blühte, gedieh auch die Schadenfreude: So narrte etwa Hamburgs Charly Dörfel die Tasmanen durch Beinschüsse, bis Kapitän Uwe Seeler dies mitleidig unterband. Ähnlich pikant war das Spiel gegen die Münchener Bayern, als Tasmania im Mittelkreis einen Freistoß erhielt. Der Ausführende Ulli Sand forderte die Bayern auf, dort eine Mauer zu bilden, was besonders Sepp Maier belächelte. Dem verging dann aber das Lachen, als das Leder nur knapp über die Latte strich ...

Zumindest in der Hinrunde hielten die Fans stets zu Zehntausenden zu Tas und für Horst Bosetzky hatte ein Ingo Usbeck die gleiche Bedeutung wie heute ein Ronaldo. Der Autor bekommt immer noch leuchtende Augen, wenn er die damalige Bedeutung Tasmanias für das Selbstbewusstsein der Fans betont: „Während die Neuköllner sonst eher auf der Verliererseite des

Lebens waren, putzte Tas TeBe und Hertha weg und forderte die Großen des deutschen Fußballs heraus."

Nach der sportlichen Talfahrt in den Abstieg erfolgte 1973 auch der finanzielle Bankrott mit einem aus heutiger Sicht geringfügigen Defizit von 600.000 Mark. Dies führte zum Lizenzentzug und hatte zur Folge, dass der Verein in die unterste Liga versetzt wurde. Der damalige Vorstand löste den alten Verein auf und gründete ihn als SV Tasmania-Gropiusstadt 73 neu. Dieser ist inzwischen wieder bis in die Verbandsliga aufgestiegen und verfehlte 2003 hinter SV Yeşilyurt nur knapp den Sprung in die Oberliga.

• Basikow rettet sicher: Tasmania Berlin gegen Karlsruher SC endete mit einem 2:0, 14. August 1965

Unter der Regie von Ex-Hertha-Profi Axel Kruse wird derzeit ein neuer Anlauf genommen. Während die Erste Herren-Mannschaft von Tasmania lediglich fünftklassig spielt, kann der Jugendbereich ohne weiteres als erstklassig bezeichnet werden. Hinter der großen und reichen Hertha rangiert dieser auf Platz 2 in Berlin, noch vor Tennis-Borussia und Hertha Zehlendorf. Während die A-Jugend in der Nordost-Staffel der Bundesliga vertreten ist, spielt die B-Jugend in der entsprechenden Regionalliga ganz oben mit. Das war nicht immer so: Bis Mitte der 90er Jahre konnte durchaus noch ein Bier trinkender Trainer an der Seitenlinie ausgemacht werden. Mit forcierter Leistungsorientierung wurden nur noch solche mit A- oder B-Lizenz engagiert, denen ein bis zwei Co-Trainer assistierten. Kam es in den 80er Jahren noch vor, dass Spieler wegen des Geburtstags der Oma beim Training fehlten, so ist das heutzutage ausgeschlossen. Derlei Professionalisierung begründete zunehmend den guten Ruf bei den jungen Kickern Neuköllns und darüber hinaus. Eine logische Folge war die Auszeichnung mit dem „Grünen Band" 1999, die jeweils für die beste Jugendarbeit von der Dresdener Bank vergeben wird. Die stark vergrößerte Reproduktion des Schecks in Höhe von 10.000 DM ziert noch heute den Eingangsbereich des Vereinshauses. Als Sponsoren des Vereins treten die Wohnungsbaugesellschaften GEHAG und DEGEWO auf, nach deren Trabantenstadt der Verein bei seiner Neugründung umbenannt wurde. Darüber hinaus sind die finanziellen Mittel verglichen mit Hertha und TeBe recht bescheiden, außer Aufwandsentschädigungen kann Trainern und Spielern kaum etwas geboten werden. Umso erstaunlicher sind die sportlichen Erfolge der letzten Jahre: Der Nationalspieler Carsten Ramelow ist ebenso aus Tasmanias A-Jugend hervorgegangen wie das Dortmunder Jungtalent Sahr Senesi. Präsident Detlef Wilde rechnet damit, dass aus dem aktuellen Kader zwei bis drei künftige Bundesligaprofis hervorgehen dürften. Vor dem Hintergrund dieser kontinuierlichen Arbeit beklagt die Vereinsführung die als stiefmütterlich empfundenen Zuwendungen des Bezirks.

Fazit: Seit dem quasi legendären Misserfolg in der Bundesliga 1965/66 und dem Neuanfang 1973 hat Tasmania Gropiusstadt einen steilen Aufstieg besonders im Jugendbereich genommen. Im Verhältnis zu den bescheidenen Mitteln stellt dabei der Einzug der aktuellen A-Jugend in die neu gegründete Junioren-Bundesliga einen außerordentlichen Erfolg dar. Die Grundlagen sind also gelegt, dass Tasmania künftig wieder die Herzen der Neuköllner Massen im Sturm erobert.

Jörg Beier

Der Beitrag basiert auf einem Gespräch mit Hans-Günther Becker und Horst Bosetzky am 17. Februar 2004 sowie Gesprächen mit dem Vereinspräsidenten Detlef Wilde, 2004.

Anmerkung
1 Beckenbauer, Franz: Einer wie ich, München 1975, S. 79.

• Tasmania gegen Stuttgart endete mit einem 0:2; v.l.n.r. Peters, Becker, Posinski, 20. Oktober 1965

• Tasmania gegen 1860 München mit dem Ergebnis 0:5; Parade von „Jockel" Posinski, 20. November 1965

Die Achterbahnfahrt der Neuköllner Tasmanen

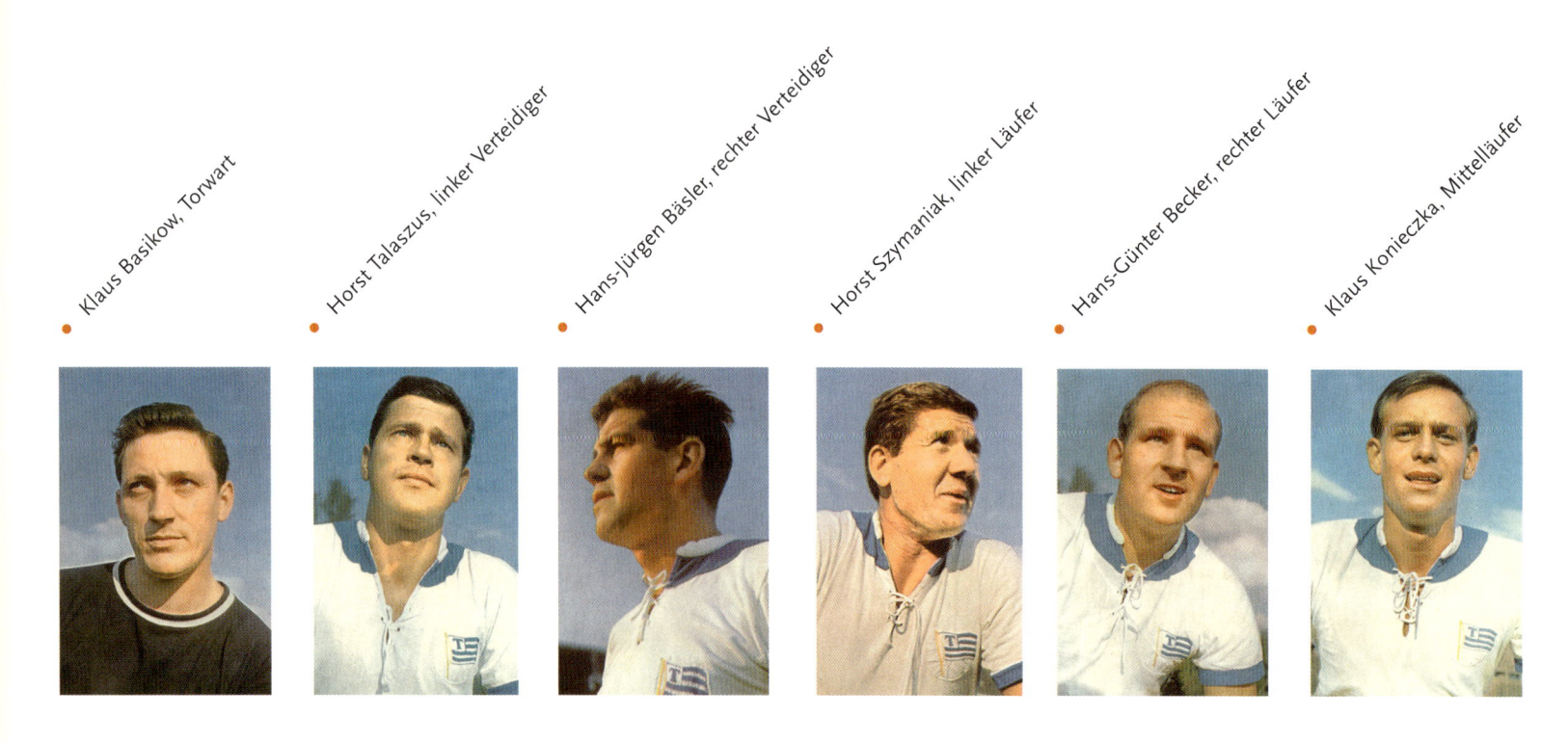

Klaus Basikow, Torwart

Horst Talaszus, linker Verteidiger

Hans-Jürgen Bäsler, rechter Verteidiger

Horst Szymaniak, linker Läufer

Hans-Günter Becker, rechter Läufer

Klaus Konieczka, Mittelläufer

- Mannschaftsaufstellung von Tasmania 1900 gegen Karlsruher SC (2:0) in der Bundesliga-Saison 1965/66, 1. Spieltag, 14. August 1965

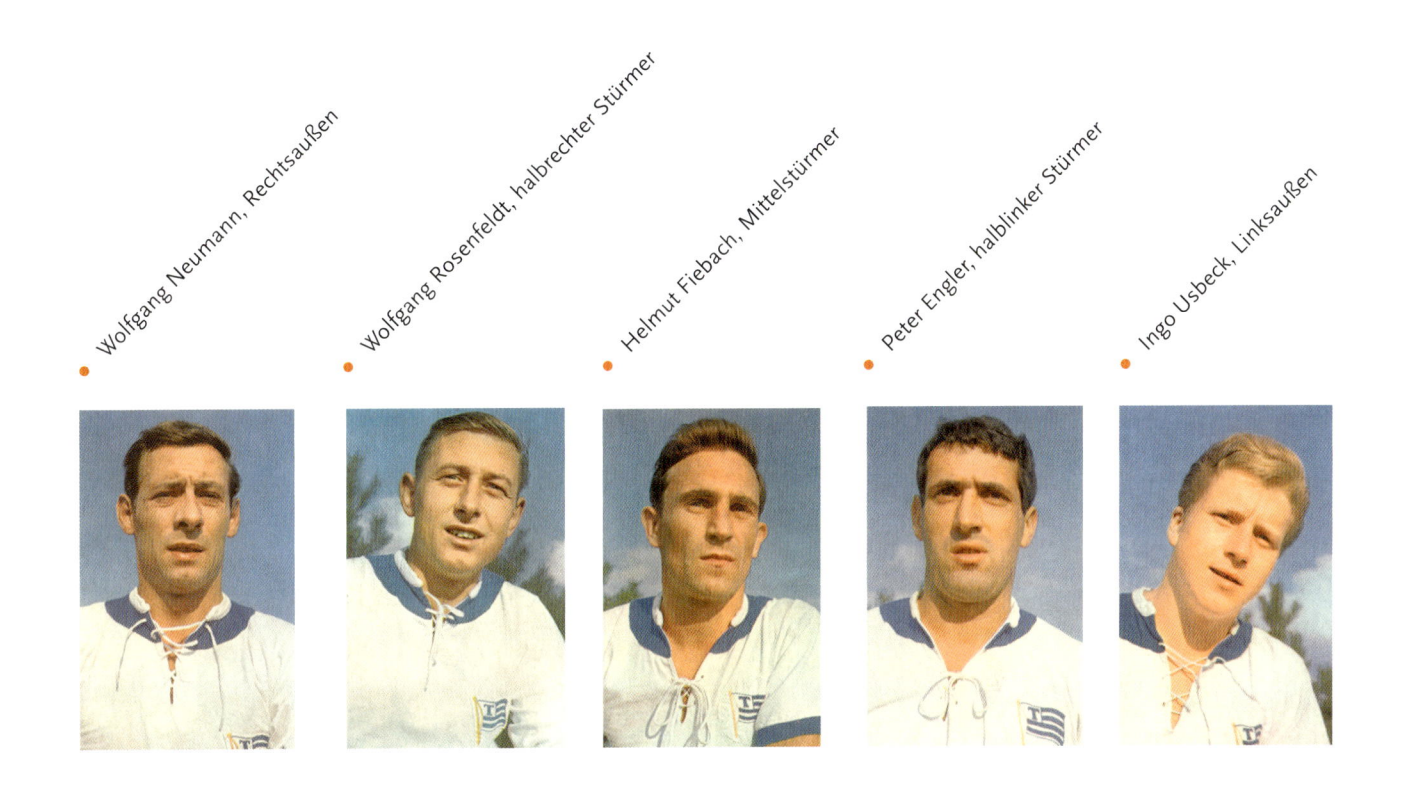

- Wolfgang Neumann, Rechtsaußen
- Wolfgang Rosenfeldt, halbrechter Stürmer
- Helmut Fiebach, Mittelstürmer
- Peter Engler, halblinker Stürmer
- Ingo Usbeck, Linksaußen

ELF FREUNDE MÜSST IHR SEIN –

Porträts der A-Jugend von Tasmania Gropiusstadt 1973

Fotografien: Denise Venillio

Ken Reichel ist 16 Jahre alt, wohnt in Rudow und geht aufs Gymnasium. Er spielt bei Tasmania als linker Außenverteidiger.

Ken war zunächst beim TSV Rudow und ist seinem Trainer zu Tasmania gefolgt. Seine Eltern unterstützen die sportlichen Ambitionen ihres Sohnes und sind oft bei den Spielen dabei. Kens Freunde spielen meist ebenfalls bei Tasmania und er trifft sich mit ihnen auch in seiner Freizeit. Die allerdings ist knapp bemessen, da sie weitgehend durch Training und Schule eingeschränkt ist. Ansonsten ruht er sich einfach nur aus oder kickt aus Spaß mit seinen befreundeten Mitspielern. Das Motto „Fußball ist unser Leben" scheint auf Ken anwendbar zu sein.

Auf die Frage nach seinen Vorbildern nennt er zuerst seinen Vater, der als Torwart gespielt hat. Entsprechend spielte auch Ken auf diesem Posten, bis er ihm zu langweilig wurde und er als Feldspieler in die Verteidigung wechselte. Seitdem hat er auch im „großen Fußball" ein Idol: den schussgewaltigen linken Verteidiger von Real Madrid, Roberto Carlos. Sein Traum ist es, Fußballprofi zu werden, aber er macht sich keine Illusionen über die Chancen, in diesen erlauchten Kreis zu gelangen. Alternative Vorstellungen über das künftige Abitur hinaus sind eher vage, vielleicht etwas im Informatikbereich.

Ken sieht im Training vor allem harte Arbeit, die aber immer noch Leidenschaft ist und Spaß macht. Seine Zeit opfert er gern dafür, denn schließlich lautet der Wunschverein für die Zukunft FC Bayern München. Kens Vorstellungen vom Dasein eines Profi-Spielers sind zwiespältig: Einerseits hält er den Job für stressig angesichts des Drucks von Fans und Medien, andererseits würde ihn die Stadion-Atmosphäre etwa bei eigenen Toren schon reizen. Im Guten wie im Schlechten schätzt er eine Profilaufbahn als emotional aufgeladen ein. Das hindert ihn aber nicht, schon frühzeitig die Weichen vom Neuköllner Sportpark gen Münchener Olympiastadion zu stellen.

Aleksander Marjanovic ist 18 Jahre alt, wohnt in Steglitz und hat nach der mittleren Reife Technischer Zeichner gelernt. Bei Tasmania spielt er im zentralen Mittelfeld mit der Nummer 10.

Aleksanders Familie ist aus dem serbischen Teil Jugoslawiens Anfang der 1980er Jahre nach Deutschland emigriert. Wichtigstes Motiv dabei war die Hoffnung auf bessere Lebensbedingungen. Aleksander begann seine fußballerische Laufbahn beim FC Neukölln 95 und wechselte von dort gleich zur großen Dame Hertha BSC. Dort sollte er nach einem halben Jahr von der ersten in die zweite Jugendmannschaft wechseln, als Tasmania auf ihn aufmerksam wurde. Deren Angebot, in der damals höchsten Jugendliga zu spielen, nahm er sofort an.

Von seinen Eltern wird Aleksanders Fußball-Leidenschaft voll unterstützt, nachdem er sowohl die Realschule als auch seine Ausbildung erfolgreich abgeschlossen hat. Seine Freundin interessiert sich ebenfalls für Fußball und lässt sich die Spiele ihres Freundes nicht entgehen. Da seine Freunde aus dem Kreis der Mitspieler stammen und er mit ihnen auch in der Freizeit oft kickt, kann man ihnen einen „Vollzeitspieler" nennen. Bei Aleksander scheint Fußball eben mehr zu sein als die „wichtigste Nebensache der Welt".

Entsprechend ambitioniert sind seine Vorbilder, nämlich als Mittelfeldregisseur die Nummer Eins des europäischen Fußballs: Zinedine Zidane. Da aber dessen Club Real Madrid für Aleksander Marjanovic eine Nummer zu groß ist, wäre auch der CF Barcelona „ne gute Schiene". Gefragt nach seinen eigenen Zielen, antwortet er eher bescheiden: „So hoch wie möglich zu kommen", nicht ohne anzufügen, dass der größte Traum natürlich die Welt des bezahlten Fußballs ist. Aber auch Aleksander ist sich des dornigen Wegs dorthin bewusst, viel Glück sei dafür nötig. Denn schließlich ist es nicht sicher, dass man genau dann in Bestform ist, wenn zufällig der Scout eines Profi-Vereins zuschaut. „Es kommt mehr aufs Glück als aufs Können an." Dennoch erübrigt sich die Frage nach dem Berufswunsch und eher nachrangig klingt seine Alternative des Fachabiturs mit anschließendem Architekturstudium. Fußball bleibt eher Leidenschaft als Anstrengung und selbst das harte Training wird nicht als Belastung angesehen: „Macht ja dann Spaß, wenn man dafür noch Geld kriegt."

Aleksanders Vorstellung vom Leben eines Profi-Fußballers: „Morgens trainieren, danach mit zwei, drei Kumpels aus der Mannschaft essen, dann vielleicht ein Foto-Shooting und anschließend wieder trainieren."

Elf Freunde müsst ihr sein – Porträts der A-Jugend von Tasmania Gropiusstadt 1973

Alexander Schostock ist 18 Jahre alt, wohnt in Gatow und macht eine schulische Ausbildung als Kaufmann im Außenhandel. Bei Tasmania steht er im Tor.

Der Keeper von Tasmania ist beim Interview nicht bester Laune, weil er gerade eine dreiwöchige Sperre absitzt: „Ein kleiner Schubser … na ja, ne Tätlichkeit auf dem Platz." Begonnen hat seine fußballerische Laufbahn bei Hertha BSC, allerdings bewirkten gleich zwei Gründe seinen Wechsel zum Sportpark Neukölln. Neben persönlichen Problemen mit dem Trainer hatte er dort auch Schwierigkeiten mit seiner für einen Torhüter geringen Größe von 1,80 Metern. Daher ist auch ein relativ kleiner Bundesliga-Keeper wie Timo Hildebrand vom VfB Stuttgart wichtig für Alexander. Auch ohne „Gardemaß" kann man also groß herauskommen.

Darüber hinaus hat Alexander keine Vorbilder unter prominenten Fußballern, sondern nennt eigene Trainer, die prägenden Einfluss auf ihn hatten. Die Eltern wiederum stehen voll hinter seinen fußballerischen Ambitionen und „finden es natürlich super", zumal seine Ausbildung nach eigenen Angaben nicht darunter leidet.

Die Tasmanen sind „logischerweise auch befreundet", verstehen sich in sportlicher Hinsicht gut, gehen aber auch mal zusammen in die Disco. Alexander sieht im Fußballspielen eine gute Basis für Freundschaften. Probleme mit der multinationalen Zusammensetzung der Mannschaft hat er noch nicht bemerkt. Stattdessen kicken manchmal „die Südländer gegen die Deutschen", um die Motivation zu steigern. Dann reißen sich alle mehr zusammen.

Alexander wünscht sich, möglichst weit oben weiter zu spielen, denn nur bei hohem Niveau macht es richtig Spaß. Sein Traum ist es, einmal in der Champions League zu kicken: „Da auf dem Platz zu stehen, muss echt großartig sein." Außer Fußballprofi zu werden hat er noch keine konkreten beruflichen Vorstellungen, vielleicht Arbeit als Trainer oder Sportlehrer.

Alexander betont, dass es im Fußball längst nicht so einfach ist, wie es für den Zuschauer aussieht. „Es steckt wirklich viel Arbeit dahinter", und außerdem hat er schon jetzt eine Vorstellung davon, was es heißt, von der Presse verrissen zu werden. Alles, was auf dem Platz geschieht, ist für ihn harter Kampf, auch die Konkurrenz um den Stammplatz. Nach dem Spiel und in der Kabine sieht das anders aus, da ist auch Raum für Freundschaften.

Das Leben als Vollprofi stellt er sich traumhaft vor, „und wenn man dann noch Geld dazu verdient, das macht einfach Spaß!" Ein Bundesligatorwart wird von den Fans bei Fehlern niedergemacht, aber „wenn ich mal nen Superball halte, bin ich für eine Woche der Held."

Mark Schmidt ist 17 Jahre alt, wohnt in Neukölln und besucht dort die 11. Klasse der Clay-Gesamtschule. Er spielt im linken Mittelfeld von Tasmania.

Mark wurde schon mit sechs Jahren Mitglied des VfB Britz, den sein Vater trainiert. Bei diesem meldete sich später ein Trainer von Tasmania und holte Mark in die Oderstraße. Da seine Mutter die Buchhaltung von Vater und Sohn verwaltet, ist Fußball quasi eine familiäre Angelegenheit. Mit Mädchen hat er in der D-Jugend gespielt, wo gemischte Teams existierten. Neben Schule und Training bleibt außer am Wochenende kaum Zeit für andere Aktivitäten: „Ich komme nach Hause, dann lerne ich, anschließend Training und abends werden die Hausaufgaben abgeschlossen bis zum Wochenende." Zwar gibt es bisweilen die Überlegung, etwas anderes zu machen, aber letztlich macht ihm diese Art zu leben Spaß.

Marks Vorbild war immer Jürgen Kliensmann, „der hat aus unmöglichen Lagen Tore gemacht". Sein Ziel ist es, so lange wie möglich so hoch wie möglich zu spielen. Als Traumziel „wäre Bayern München schon nicht schlecht". Falls dieses unbescheidene Ziel nicht erreicht wird, hat er noch keine alternative Berufswahl getroffen. Zunächst will das Abitur absolviert sein, dann werden die Planungen konkretisiert. Fußball ist für Mark eine Leidenschaft, die eng mit Arbeit verbunden ist. Das Leben als Profifußballer stellt Mark sich ziemlich anstrengend vor, da ständig hohe Leistungen gefordert werden. Sein bisher größter sportlicher Erfolg war der „Goldene Fußball" in der D-Jugend vor fünf Jahren.

Ugur Binici ist 17 Jahre alt, wohnt in Kreuzberg und macht eine schulische Ausbildung als Konstruktionsmechaniker. Bei Tasmania schießt er im Sturm aus allen Positionen.

Ugurs Mutter kam 1978 aus der Türkei nach Deutschland. Da ihr Vater bereits in Berlin lebte, konnte sie im Rahmen der Familienzusammenführung einreisen; fünf Jahre später folgte ihr Mann und künftige Vater von Ugur nach. Ugur spielte zunächst bei Eintracht Südring, bei dem sein älterer Bruder Trainer war. Vereinsmitglied wurde Ugur jedoch erst bei Tasmania 73, für die er jetzt seit sechs Jahren nach Toren jagt. Seine Eltern haben keine Probleme mit seiner Fußball-Manie, sehen sie vielmehr „ganz positiv". Besonders sein Vater hat sich inzwischen zu einem regelrechten Fan entwickelt und kommt häufig zu den Spielen.

Ugur erzählt, dass seine Freundin sich zwar auch für ihn selbst, aber in erster Linie für Luis Figo von Real Madrid interessiere: „Wie die Mädchen nun mal sind – die gucken mehr aufs Aussehen", fügt aber als weitere Erklärung hinzu, dass sie Halbspanierin ist. Obwohl sie ihr Interesse bekundet hat, beim Training dabei zu sein, lehnte Ugur dies ab. So recht weiß er nicht warum, nur dass die Mitspieler nichts Dummes denken sollten: „Ich komme hierher, um Fußball zu spielen." Gegen Mädchen gespielt hat er sowohl in seiner Kindheit als auch mit seiner Freundin. Nachdem er sich beim letzten Mal den Zeh gebrochen hat, ließ er es erst einmal dabei bewenden … Freunde hat er in verschiedenen Altersklassen von der D-Jugend bis zu den Herren. Über einen Mangel an Freizeit beklagt er sich nicht, geht vielmehr oft zum Fitness oder mit Freunden shoppen.

Sein großes Vorbild war früher Diego Maradona, von dem er sich häufig Videokassetten angesehen hat. Dessen Spielweise und die Auffassung vom Fußball haben ihn begeistert. Derzeitiger Traum ist natürlich der Sprung ins Profilager, den er wie seine meisten Mitspieler für eine Frage von Disziplin und vor allem auch Glück hält. In diesem Zusammenhang bezeichnet Ugur seine sportliche Karriere als Alternative zum Dealen oder anderen kriminellen Aktivitäten. Auf die Frage, ob Fußball für ihn Leidenschaft oder Arbeit sei, antwortet er „beides".

Sein Traumberuf war früher Pilot, jetzt möchte er entweder Steuerberater oder Polizist werden. Ugurs ursprüngliche Ausbildung als Steuerfachangestellter konkurrierte mit den Trainingszeiten, daher beschloss er gemeinsam mit seinem Vater, sich zunächst voll auf den Fußball zu konzentrieren. Sollte sein Wunsch, Profi-Fußballer zu werden, in den kommenden Jahren nicht in Erfüllung gehen, könne er immer noch zur Lehre zurückkehren.

Ugur meint, dass es der Traum eines jeden Fußballers sei, in einem vollen Stadion, angefeuert von den Fans, als Profi zu spielen. „Da sichert man sich auch finanziell ab, würde vielen Leuten helfen können – zum Beispiel der Familie. Das wäre ein großer Erfolg, wenn man sieht, dass man anderen Menschen helfen kann."

Seinen bislang größten sportlichen Erfolg erzielte er in der C-Jugend, als er mit 80 Treffern in einer Saison Torschützenkönig wurde. Daraufhin erhielt er Angebote von Hertha BSC bis zum VfB Stuttgart, blieb aber weiterhin Tasmania verpflichtet. Hier fühlt er sich bis heute wohl und hat starke Rückendeckung durch Trainer Mario Reichel.

Ugurs Lieblingsverein ist der CF Barcelona wegen der enthusiastischen Fans, während es in Deutschland Bayern München ist.

Oktawian Torchala ist 17 Jahre alt, wohnt in Rudow und macht gerade sein Abitur. Er spielt bei Tasmania in der Abwehr.

Oktawians Eltern sind 1988 aus Polen nach Berlin eingewandert. Mit sechs Jahren fing er beim Rudower SV an, Fußball zu spielen und ist dann in der D-Jugend zu Tasmania 73 gewechselt. Die Eltern akzeptieren seine Fußball-Liebe und sind stolz auf die Leistungen ihres Sohnes – aber die Schule geht eindeutig vor. Auch Oktawians Freundin interessiert sich für seinen Sport, obwohl ihr der Profifußball gleichgültig ist. Gegen Mädchen hat Oktawian noch nie gespielt und hat auch keinerlei Bedürfnis danach. „Das ist ja wie beim Boxen – da kann doch nicht ein Mann gegen ne Frau kämpfen."

Er hat viele Freunde bei Tasmania: „Die ganze Mannschaft ist eigentlich ein Freund." Doch in der Freizeit bleibt außer für seine Freundin kaum Zeit. Da ist das Training natürlich nicht immer angenehm – „aber da muss man durch!" Sein größtes Vorbild ist der Verteidiger Rio Ferdinand von Manchester United, aber einen favorisierten Verein hat er nicht. „Wenn das Umfeld stimmt, ist das eigentlich egal."

Sollte sein größter Wunsch, im bezahlten Fußball zu spielen, nicht in Erfüllung gehen, möchte er wenigstens in der Regional- oder Oberliga möglichst weit oben spielen. Dann aber ginge das Privatleben vor, auch wenn Oktawian noch nicht weiß, was er nach Abitur und Zivildienst machen wird. Ob Fußball eher Spaß macht oder als harte Arbeit empfunden wird, hänge davon ab, ob er mit oder ohne Lust betrieben werde. Im bezahlten Fußball dominiere allerdings die harte Arbeit, obwohl das in allen Berufen der Fall sei. Für den Umgang mit dem medialen Druck empfiehlt er: „Da muss man durch und es ignorieren." Als sein schönstes sportliches Erlebnis betrachtet er den Aufstieg der Tasmanen in die Bundesliga im letzten Jahr.

Mirko Kumovic ist 18 Jahre alt, wohnt in Tempelhof und begann Anfang 2004 eine Lehre als Bürokaufmann. Bei Tasmania spielt er im zentralen Mittelfeld.

Mirkos Vater wanderte 1970 aus dem damaligen Jugoslawien in die Bundesrepublik ein, fünf Jahre später folgte ihm seine Frau. Ursprünglich wollten sie nur für ein paar Monate bei Verwandten bleiben, woraus schließlich ein dauerhafter Aufenthalt wurde. Schon mit sechs Jahren spielte Mirko bei Blau-Weiß Vereinsfußball, nachdem er zuvor erste Kick-Erfahrungen mit seinem Vater gesammelt hatte. Erst im vergangenen Jahr hat ihn Trainer Mario Reichel entdeckt und zu Tasmania geholt. Mirkos Familie unterstützte von Anfang an seine sportlichen Ambitionen.

Zu seinen Freunden zählt Mirko alle Mitspieler – den einen mehr, den anderen weniger. Entsprechend harmonisch beschreibt er das Verhältnis in der Mannschaft insgesamt. Darüber hinaus trifft er sich mit anderen Freunden, geht mit ihnen samstags aus, wenn am kommenden Tag spielfrei ist, was aber nur selten vorkommt. Schwimmen und ab und zu ins Kino gehen sind Dinge, die er in seiner Freizeit gern unternimmt. Die wenige Zeit, die dafür verbleibt, reicht ihm voll aus: „Es passt alles zusammen."

Großes Vorbild als Spieler ist der ehemalige jugoslawische Nationalspieler Dragan Stojkovic, der vielen noch als Torschütze gegen die deutsche Elf bei der WM 1998 in Frankreich präsent ist. „Mein Traum ist es natürlich, ganz nach oben zu kommen, wenn's geht – mal gucken, ob sich der verwirklicht ..." Seine Ausbildung würde Mirko dafür aber nicht aufgeben, sondern versuchen, Fußball und Lehre miteinander in Einklang zu bringen. Erst wenn die Fußballträume platzen sollten, würde er sich nach der Ausbildung ganz auf seinen erlernten Beruf konzentrieren.

Auch Kreativität und Disziplin möchte Mirko miteinander verbinden: Sowohl Kampf als auch Spielwitz sind für ihn unzertrennlich. Seine Vorstellungen vom Profi-Dasein gehen eher von harter Arbeit aus, das Rampenlicht durch Presse und Fans ist ausschließlich ein Traum.

Das bislang schönste sportliche Erlebnis für ihn war in der B-Jugend, als er in der Regionalliga Ost mit seiner Mannschaft den Titel errang. Bei den anschließenden Spielen um die gesamtdeutsche Meisterschaft scheiterten sie erst an Borussia Dortmund, der absoluten Nummer Eins des Jugendfußballs. Da war es schon eine große Ehre, einem solchen Gegner Paroli bieten zu können.

Ercan Dogan ist 18 Jahre alt, wohnt in Wedding und macht eine kaufmännische Ausbildung. Bei Tasmania spielt er als Mannschaftskapitän alle Positionen in der Abwehr.

Sein Vater ist vor 30 Jahren aus der Türkei nach Deutschland gekommen und hat nach und nach seine Familie nachgeholt. Ercan hatte bereits vier Jahre für Hertha BSC gespielt, als er zu Tasmanias A-Jugend wechselte, die ihm von drei Angeboten am attraktivsten erschien. Inzwischen spielt er dort seit zwei Jahren, fühlt sich gut integriert und wird als Spielführer respektiert.

Eine Freundin hat er, „na klar", auch, die den Fußball allerdings kritisch als Konkurrenten sieht, da er nicht mehr soviel Zeit hat. Dennoch besucht sie ab und zu Training und Spiele der Tasmanen, was Ercan freut. Gegen Mädchen hat er nur in der D-Jugend gespielt. Dort traf er auf eine beeindruckend robuste Gegenspielerin, die ihm eine bleibende Erinnerung ist.

Während Ercan bei Hertha BSC kaum zu anderen Aktivitäten als Schule und Fußball kam, empfindet er das Training bei Tasmania als weniger zeitraubend: „Hertha muss halt öfter mal trainieren …" Sein großes Vorbild ist Roberto Carlos, auf dessen Position er auch spielt – „ein klasse Spieler".

Sein Traum ist der aller Tasmanen: Nach oben zu gelangen und mit Fußball Geld zu verdienen. „Gut, wenn es klappt, wenn nicht, ist es auch nicht so schlimm." Er macht jedoch den Eindruck, als ob seine Gelassenheit nicht ganz aufrichtig ist, dafür wird die Alternative des kaufmännischen Berufs doch eher nüchtern erwähnt. Derzeit sieht Ercan im Fußball in erster Linie noch eine Kunst, woraus höchstens im Profi-Bereich richtige Arbeit werden kann. Das Leben als Berufskicker stellt er sich dennoch relativ erträglich vor und sieht neben dem harten Training immer noch Freiraum für ein zukünftiges Familienleben.

Ercans schönsten sportlichen Erlebnisse waren bisher der Gewinn des Berlin-Pokals mit Hertha BSC sowie der Staffelsieg, der zur Teilnahme an der deutschen Meisterschaft qualifizierte. Hierbei ist sein Team erst gegen die Schalker ausgeschieden, die dann den Titel gewannen.

Elf Freunde müsst ihr sein – Porträts der A-Jugend von Tasmania Gropiusstadt 1973

Orhan Soner ist 17 Jahre alt, wohnt in Kreuzberg und besucht die Realschule. Bei Tasmania spielt er als Stürmer.

Orhans Eltern kamen 1990 aus der Türkei nach Deutschland, wo bereits seine Großeltern lebten. Mit dem Vereinsfußball hat er im Alter von 13 Jahren bei Türkiyemspor begonnen, wo auch die meisten seiner Freunde spielten. Vor einem Jahr ist er zu Tasmania gewechselt, um dort in der Bundesliga zu spielen. Auch hier war es Trainer Mario Reichel, der ihn nach Neukölln holte.

Orhans Eltern tolerieren die sportlichen Ambitionen ihres Sohns, sein Vater kommt manchmal als Zuschauer zu den Spielen. Schwieriger ist es da schon mit der Freundin, die durch den Fußball die gemeinsame Zeit mit Orhan reduziert sieht. Darüber gibt es manchmal Streit, aber der Fußball geht letztlich vor. Vor fünf Jahren spielte er auch einmal gegen zwei Mädchen, die er zufällig auf dem Platz traf. Deren Spielstärke imponierte ihm sehr und er kann sich auch heute noch vorstellen, gegen Frauen zu spielen.

Das fünfmalige Training in der Woche lässt auch Orhan kaum Freizeit. Das stört ihn zwar etwas, wird aber als unabänderlich in Kauf genommen. Sein Idol ist Ronaldo, dem er bis heute nacheifert. Auch sein größter Traum ist es, Profifußballer zu werden. Aber: „Wenn es nicht klappt, klappt es nicht – ich muss nicht unbedingt Fußballer sein." Kicken ist für ihn so etwas wie Kunst, allerdings auch harte Arbeit. Viel Planung ist notwendig, um die Ansprüche von Fußball, Schule und Freundin unter einen Hut zu bringen.

Orhans Vorstellung vom Profi-Dasein wird mit „keine Ahnung" beantwortet, klar ist ihm aber die Bedeutung des großen Publikums: „Das Beste, was es überhaupt gibt." Von seinen bisherigen Erfolgen (Pokalsieg in der D-Jugend, Berliner Pokalsieger 2002) dürfte es bis dahin noch ein weiter Weg sein.

Tolgay Asma ist 16 Jahre alt, wohnt in Steglitz und geht in die 10. Klasse der Realschule. Er spielt für Tasmania im offensiven Mittelfeld.

Tolgays Eltern haben in der Türkei geheiratet und sind dann ihren Eltern nach Berlin gefolgt. Als Grund für die Migration nennt Tolgay die besseren Lebensbedingungen in Deutschland.

Seine sportliche Laufbahn verlief nicht gradlinig: Erst Türkiyemspor in Kreuzberg, dann Tennis Borussia, von dort zu Tasmania, wieder zu TeBe und über Türkiyemspor schließlich erneut zu Tasmania. Dort hatte er schon in der C-Jugend mit dem Trainer die Übereinkunft getroffen, später in der A-Jugend wieder bei Tasmania zu spielen. Dieses Versprechen hat Tolgay eingehalten, so dass ihn seine Vereins-Odyssee doch wieder nach Neukölln führte.

Seine Eltern halten viel vom sportlichen Ehrgeiz ihres Sohnes, nicht zuletzt weil sein Vater selbst Jugendtrainer bei Tennis Borussia ist und sogar eine Fußball-Akademie gegründet hat. Sie hoffen, dass aus ihrem Sohn fußballerisch „etwas wird" und sich das zeitraubende Training auszahlt. Die Schule hält Tolgay auch für wichtig, aber erst in zweiter Linie.

Tolgays Freundin kann mit Fußball nicht viel anfangen, doch sie interessiert sich für seine Leistungen und kommt im Sommer auch zu Spielen von Tasmania. Aber auch hier geht der Sport vor, denn: „Ich spiele schon viel länger, als ich sie kenne." Seine Freundin, so Tolgay, akzeptiere das. Befreundet ist Tolgay mit zahlreichen Spielern, die er aus den früheren Vereinen, vor allem Tasmania, kennt. Die knapp bemessene freie Zeit widmet er vor allem seiner Freundin, die er am trainingsfreien Mittwoch oder Wochenende trifft. „Ich habe alles, was ich brauche", beschreibt er sein Leben.

Seine Vorbilder sucht er zunächst nicht im bezahlten Fußball, aber nach kurzem Zögern nennt er den Türken Emre Belözoğlu, der bereits mit 23 Jahren bei Inter Mailand vor 100.000 Zuschauern spielt. Sein Lieblingsverein ist Beşiktaş Istanbul, in dessen Vereinsreihen schon sein Großvater gespielt hat. Obwohl sein Vater Trabzonspor favorisiert, hält Tolgay den Istanbuler Konkurrenten für den stärkeren der beiden.

Tolgay träumt davon, später vor ausverkauftem Stadion ganz oben zu spielen, schon allein, um damit seine Familie versorgen zu können. „Da hat man ein schönes Leben, ein Haus – kriegt einfach, was man will." Die hohen Erwartungen von Publikum und Medien schätzt er als hart ein, aber: „Man leistet auch was, aber vergnügt sich mit dem Verdienten." Wie für die meisten seiner Mitspieler ist die Berufswahl außerhalb einer Profi-Karriere noch offen.

Tolgay sieht im Kicken schon heute primär eine harte Arbeit, die er diszipliniert verfolgt, um zu den Profis aufzusteigen. Dennoch betreibt er den Sport immer noch leidenschaftlich gerne, obwohl er schon ein paar schwerere Verletzungen erlitten hat. Als größten sportlichen Erfolg nennt er den Pokalsieg mit Türkiyemspor gegen die favorisierten Herthaner im vergangenen Jahr.

Elf Freunde müsst ihr sein – Porträts der A-Jugend von Tasmania Gropiusstadt 1973

Gokhan Cetintas ist 17 Jahre alt, wohnt in Kreuzberg und macht gerade sein Abitur. Für Tasmania spielt er als Außen- oder Innenverteidiger.

Gokhans Großvater war bereits in den 1970er Jahren nach Deutschland eingewandert, seine Eltern wurden noch in der Türkei geboren, er selbst lebt in der dritten Generation hier. Angefangen hat seine sportliche Laufbahn beim BFC Südring Kreuzberg, dann wechselte er zu Türkiyemspor, von dort ging er schließlich zu Tasmania. Trainer Mario Reichel war auf ihn aufmerksam geworden, da er ihn mehrmals in der Berlinauswahl beobachten konnte. Die Eltern teilen Gokhans Fußball-Begeisterung und sind häufig bei Spielen im Sportpark Neukölln dabei.

Als Kind war Mehmet Scholl Gokhans Vorbild, aber auch alle anderen damaligen Spitzenspieler der Nationalmannschaft wie Lothar Matthäus oder Jürgen Kliensmann. Oft träumt er von einer Zukunft mit Championsleague-Siegen und Weltmeisterschaften. Sollte der große Sprung ins Fußball-Geschäft nicht gelingen, ist nach Abitur und Wehrdienst ein Studium geplant – welches, weiß er noch nicht.

Gokhan sieht in seinem Sport eine anstrengende Arbeit, deren Voraussetzung aber in jedem Fall die Leidenschaft ist. Eine Profikarriere verbindet er mit Geld und abgesicherter wirtschaftlicher Existenz auch für seine künftige Familie. Im zu erwartenden Erfolgszwang sieht er etwas, für das er ja bezahlt wird.

Sein größter Erfolg war wie bei seinem Teamkollegen Tolgay Asma der Pokalerfolg mit Türkiyemspor gegen Hertha BSC im letzten Jahr. Der Sieg vor 1.200 Zuschauern im Stadion Neukölln, wo die Pokalfinale im Jugendbereich stattfinden, war eine kleine Sensation.

Jörg Beier

Die Gespräche mit den Tasmania-Spielern fanden im Sommer 2003 statt.

• Mario Reichel, Trainer der A-Jugend von Tasmania

ZWEI SPORTLER-KARRIEREN –

Christian Ziege und Carsten Ramelow

Was bedeutet wohl Heimat für einen Fußballprofi? Vor allem für einen wie Christian Ziege, der mit seinen erst 32 Jahren beruflich so weit herum gekommen ist wie kaum ein anderer: Von Berlin, München, Mailand, Middlesborough, Liverpool bis London. Ganz zu schweigen von den Reisen mit der Nationalelf, die ihn in die entlegensten Winkel der Erde geführt haben. Der Mann ist rastlos. Und dennoch fällt ihm die Antwort nicht schwer: „Heimat ist für mich Berlin, Neukölln." Vor wenigen Monaten hat er das wieder demonstriert. Am Rande eines Verwandtenbesuchs in der Hauptstadt bat er seine Frau Pia sowie die Kinder Alessandro-Christian, Maria und Katharina zu einer Stadtrundfahrt der besonderen Art. Zu all jenen Orten, die andere nicht als Sehenswürdigkeiten bezeichnen würden: Die Hans-Fallada-Grundschule und das Ernst-Abbe-Gymnasium an der Sonnenallee zum Beispiel. Aber auch all die Plätze rund um die Weise- und die Harzer Straße, wo Christian Ziege früher gewohnt und mit seinen Kumpels gekickt hat. Oder die Anlage des FC Südstern 08, wo er mit sechs Jahren sein erstes Vereinstrikot trug. Als logische Konsequenz für einen Jungen, der schon im Kindergarten nur ein Spielgerät liebte: den Ball. „Ich wollte, dass meine Kinder einen Eindruck von meiner Kindheit bekommen", sagt Ziege, der heute in Yarm, einem kleinen Dorf in Großbritannien lebt: „Neukölln, mit seinen sozialen Spannungsfeldern und vielen liebenswerten Ecken, hat mich geformt. Ich habe die gewohnte Umgebung schon oft vermisst."

Ortswechsel. Kürten, im Naturpark Bergischen Land. Carsten Ramelow wohnt in der Gemeinde. Auch er ist ein berühmter Sohn Neuköllns. In der F-Jugend von Tasmania 73 hat er mit sechs Jahren angefangen. Heute ist der Nationalspieler bei Bayer 04 Leverkusen unter Vertrag – und nur noch selten zu Gast an seiner Geburtsstätte. „Berlin ist schon eine schöne Stadt", sagt er deutlich emotionsloser als Ziege, „ich bin hin und wieder gerne da. Aber auch froh, wenn ich wieder zu Hause bin." Berlin sei eben ein Moloch und er mittlerweile „ein richtiges Landei", das sich vor der Großstadt fürchte, sagt Ramelow lächelnd. Neukölln ist ihm völlig fremd geworden, Kontakt hält er nur noch zu den Eltern in Zehlendorf und zwei alten Schulfreunden: „Ich habe die Bindung zur Stadt verloren."

Oft habe er sich dennoch schon mit Christian Ziege bei der Nationalelf über die Vergangenheit in Berlin unterhalten – auch wenn es kaum Berührungspunkte gab. Beide haben eine Zeit lang gemeinsam in einem Verein gespielt – allerdings nicht in ihrem Heimatbezirk, sondern bei Hertha Zehlendorf. Weil Ziege aber zwei Jahre jünger ist und in anderen Jugendteams kickte, kreuzten sich ihre Wege erst später in den Auswahlmannschaften des Berliner Fußballverbandes. „Wirklich viele Gemeinsamkeiten haben wir nicht", sagt Carsten Ramelow.

• Carsten Ramelow bei Bayer Leverkusen, 2003

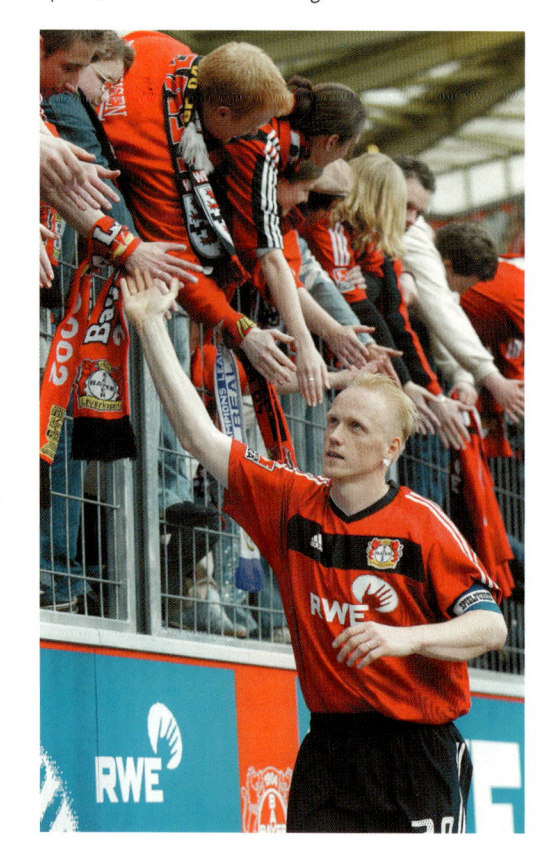

Während Christian Ziege ein Asphaltcowboy in den Schluchten Neuköllns war, ist Ramelow im grünen Buckow aufgewachsen. Sein Vater Günther hat ihn dann zu Tasmania gebracht. Weil er nicht mehr ertragen hat, dass sein Sohn ständig in der Wohnung bolzte. Beim ersten Training aber hat Carsten geweint. Den Tag wird er nie vergessen: „So viele Kinder, etwas völlig Neues, am Anfang hat es mir gar nicht gefallen im Verein." Beim nächsten Training, eine Woche später, war das dann schon ganz anders. Und einen Traum hatte er damals schon: „Ich wollte von Anfang an Bundesligaspieler werden." Er ging seinen Weg konsequent – und Stück für Stück entfernte er sich dabei weiter von Neukölln. Nach sieben Jahren bei Tasmania („Ich habe eine super Ausbildung bekommen, die Zeit hat mich sehr geprägt") wechselte er zu Tennis Borussia, dann zu Hertha 03 Zehlendorf, SC Siemensstadt und schließlich in die A-Jugend von Hertha BSC.

Mit den Amateuren des Vereins stand er 1993 im DFB-Pokalfinale (0:1) gegen jenen Verein, der ihn 1996 holte: Bayer Leverkusen. Erzählt wird die Geschichte von seiner Schwiegermutter Christa, die als Angestellte in einem Hotel in Berlin seine Karriere forciert habe, indem sie ihrem prominenten Stammgast Reiner Calmund, dem Manager in Leverkusen, den Tipp gab, doch bitte den Carsten zu verpflichten. Der steckte damals noch in seiner Ausbildung als Polizist und brach diese ab, als die große Karriere lockte. „An der Story ist durchaus was dran", sagt Ramelow, „meine Schwiegermama hat mit ihrer Berliner Schnauze tatsächlich oft mit dem Reiner Calmund rumgeflachst." Heute ist Ramelow ein Star, auch wenn er bescheiden geblieben ist und das Wort nicht gerne mag: „Es gehört viel Glück dazu, so zu werden wie die Spieler, die man in seiner Kindheit anhimmelt." Aber auch Ehrgeiz und Können. War er doch nicht zufällig Mitglied jener deutschen Nationalmannschaft, die 2002 überraschend Vizeweltmeister in Südkorea und Japan wurde. Auch Christian Ziege spielte eine gute WM. Neukölln war stolz auf seine beiden Jungs, auch wenn sie heute weit weg wohnen.

Seit dem 0:2 im Finale gegen Brasilien gingen die Karrierewege von Ramelow und Ziege auseinander. Ramelow blieb fester Bestandteil der Nationalmannschaft und gilt längst als einer der besten einheimischen Defensivkräfte, sehr variabel einsetzbar auf dem Spielfeld. Ein Dauerläufer und Stratege, der Spiele lesen kann und Bälle präzise an die Mitspieler verteilt. Der nach außen eher stille Zeitgenosse wurde in Leverkusen zum Führungsspieler und reifte dabei auch durch viele Auftritte gegen international renommierte Gegner. Er, dessen unspektakuläre Spielweise lange nicht die gebührende öffentliche Aufmerksamkeit bekam, hat sich regelrecht durchgebissen. Im Prinzip seit jener Zeit in einem stählernen Fußballkäfig in Buckow, wo er sich laut Schilderungen seines Vaters Günther immer mit älteren Spielern gemessen hat, die ihm körperlich überlegen waren: „Carsten war früher Stürmer und von Anfang an ein Talent. Heute gehört er zu den wenigen Spielern im deutschen Fußball, die vor allem des Idealismus wegen für Deutschland spielen." Der Hochgelobte sagt, er habe sich „den Respekt erst hart erarbeiten müssen". Nun sei er rundum zufrieden: „Von einer Laufbahn wie

● Die D-Jugend von Tasmania Gropiusstadt 1973 wird 1986 im Poststadion Berliner Pokalsieger, unter ihnen Carsten Ramelow (hintere Reihe, 3. v. l.), Foto: Walter Glatzel

meiner, vor allem von der Teilnahme an der Champions League, habe ich immer geträumt." Damals in Buckow.

Christian Ziege hingegen blieb zwischenzeitlich bei 71 Länderspielen stehen. Das sieht er ohne Verbitterung („Ich habe schließlich schon viel erreicht"), aber er musste nach der Weltmeisterschaft viele Tiefschläge einstecken. Kaum hatte er eine Verletzung überstanden und wagte ein Comeback bei Tottenham Hotspur, streikte sein Körper schon wieder. Der schnelle Mann von der linken Außenbahn verbrachte mehr Zeit in Reha-Zentren als auf dem Platz und nannte irgendwann genervt 2003 „ein absolutes Seuchenjahr. Ich war oft deprimiert und wollte verzagen. Aber mittlerweile weiß ich: Der liebe Gott will mich nur mehr auf die Probe stellen als andere. Damit muss ich klar kommen."

Nur um Haaresbreite entging er dabei sogar dem Karriere-Ende: Nach einem im Spiel erlittenen Bluterguss war sein Oberschenkel derart angeschwollen, dass er fast hätte amputiert werden müssen. „Aber auch das habe ich schon in meiner Kindheit gelernt: Man darf nie aufgeben, wenn man hinfällt", sagt er: „Was sollen denn andere Menschen sagen? Es gibt doch noch ganz andere Schicksale." So unterstützt er seit Jahren finanziell das Münchener Projekt „Arche Noah", das kranken Kindern in sozial schwachen Familien hilft. „Ich habe nicht vergessen, wo ich herkomme", sagt er: „Zu Hause war nie viel Geld vorhanden."

Auch deshalb wurde er wohl zum „Straßenfußballer aus voller Überzeugung", wie er betont: „Ich war das einzige Kind meiner Eltern. Ich hatte eine sehr schöne Kindheit und sehe meine alten, sehr einfachen Verhältnisse, in denen ich in Neukölln gewohnt habe, nicht als schlimm an", sagt er: „Aber materielle Freuden, die heutzutage selbstverständlich sind, konnten wir uns damals nicht leisten. Auch deshalb bestand mein ganzer Tagesablauf aus Fußball."

Ein Mann hat sich also nach oben gekickt. Und dabei alte Weggefährten nicht vergessen. So hat der TSV Rudow, für den er bis 1990 gespielt hat, unlängst ein neues Vereinsheim gebaut. Ziege hat sich mit einer stattlichen Summe daran beteiligt. Ein Dankeschön, auch und vor allem an den Rudower Funktionär Holger Thießen, den Christian Ziege „meinen ältesten Freund" nennt. Aber auch an den ganzen Verein, der für ihn wie eine zweite Familie gewesen sei: „Damit kann ich mich ein wenig erkenntlich zeigen für die erstklassige Ausbildung, die ich von den Trainern in Rudow genießen durfte." Klar doch, dass der Wahl-Brite sich auch vor Ort von den Bauarbeiten überzeugt hat. Immer wieder kommt dann die Frage seiner Freunde: Wann kehrst du endlich ganz nach Berlin zurück?

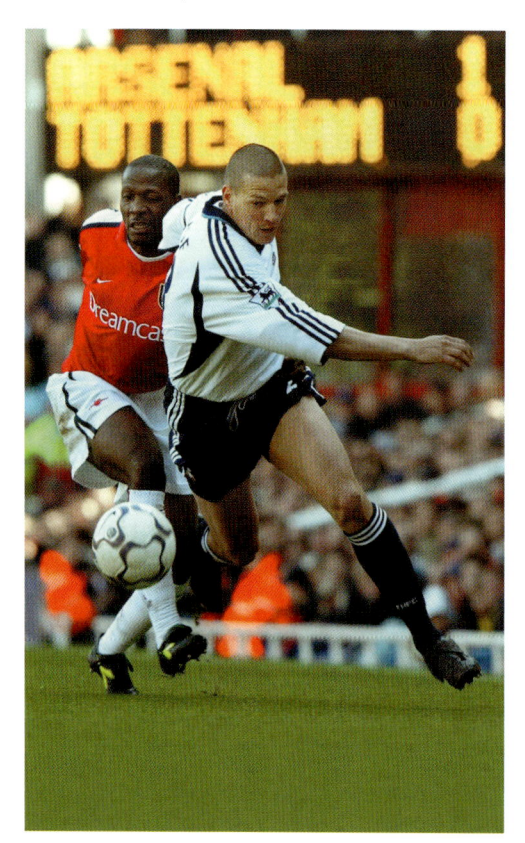

„Es ist immer wieder wunderschön zu Hause", sagt er: „Wer weiß, vielleicht spiele ich irgendwann ja mal für Hertha." Vor ein paar Jahren ist ein Wechsel nur knapp gescheitert. Ziege hatte nach sieben Jahren bei Bayern München (für das Angebot des Rekordmeisters hat er in der 12. Klasse die Schule abgebrochen) in Mailand das Glück verlassen. Der große AC Milan war immer sein Traumverein. Als Kind hatte er mit seinem Vater um eine Kiste Limonade gewettet, dass er einmal für den berühmten Club spielen würde.

● Tottenham Hotspurs' Christian Ziege versucht, an Lauren von Arsenal London vorbeizukommen, Spiel der Premier League in London, 6. April 2002

Getreu seinem Lebensmotto („Träume nicht dein Leben, sondern lebe deinen Traum") hat er es dann 1997 auch geschafft. Die Italiener wurden auf den dynamischen Linksfuß mit den vielen Erfolgen aufmerksam: Ziege war nicht nur zweimal Deutscher Meister mit Bayern München, sondern 1996 auch UEFA-Pokalsieger und Europameister. Auch die erste Saison in Mailand verlief noch grandios: Er wurde sofort Stammspieler, geriet dann aber aufs Abstellgleis. Ziege ging – nicht ohne Titel: Italienischer Meister 1999. Seitdem spielt er in England und kann eines mit Sicherheit sagen: „Ich bin ein echtes Stehaufmännchen. Denn ich hatte viele Höhen und Tiefen in meiner Laufbahn. Mein Leben war nie langweilig."

Er war bisweilen der Buhmann der Fans (WM 1998 und EM 2000), aber auch ein umjubelter Held wie beim Weltturnier 2002. Beim FC Middlesborough wurde er sofort zum Liebling aller und zum bestem deutschen Profi in England gewählt. In Liverpool vereinsamte er dann auf der Tribüne und der Ersatzbank. Seit 2001 spielt er, der akribisch seine eigene Homepage im Internet pflegt, beim Londoner Vorortclub Tottenham. Er mag England, genießt es, „mal eine andere Mentalität zu erleben und Dinge ganz anders zu sehen als typisch deutsch". Ja, er liebt solche Experimente. Ziege spricht perfekt Englisch, sehr gut Italienisch. Er hat einen bayerischen Akzent in der deutschen Aussprache. Und ein Haus in Passau. Aber sein Herz schlägt nach wie vor auch im Rhythmus von Berlin. „Ich weiß nicht, wo ich nach meiner Karriere leben werde", sagt er nachdenklich, „mein Leben war nie berechenbar. Aber Berlin ist sicher eine Option."

Allerdings nicht für Carsten Ramelow. Wenn auch sein Vater betont, der 30-Jährige sei „so geblieben, wie er immer war", hat er doch anderswo Wurzeln geschlagen. „Ich werde sicher nie mehr zurück kehren", sagt er. Ein natürlicher Vorgang ist das sicherlich nach mittlerweile neun Jahren im Rheinland. Doch eines ist auch Ramelow wichtig: „Ich bin dankbar für die schönste Kindheit, die man sich vorstellen kann. Es gibt viele Menschen in Neukölln, ohne die ich nicht das wäre, was ich bin."

Matthias Wolf

KNEIPENSPORT

ES SPIELT, WER ES KANN –

Eine Exkursion durch Neuköllner Kneipen

Fotografien: Malte Jäger

Sportler – fein säuberlich in Geschlechter eingeteilt, strategisch zusammengekauft und technisch bestmöglich ausgestattet: Zu Höchstleistungen angetrieben, begeistern sie immer wieder unzählige Zuschauer. Bruchteile von Sekunden nur entscheiden über Sieg oder Niederlage, und auf dem Treppchen erscheint schon der Zweite oftmals als Verlierer. Hier etwas Doping, dort eine schlimme Verletzung – Spitzensport spielt Millionen in die Kassen … So etwa könnte Sport, wie er in den Medien präsentiert wird, grob skizziert werden.

In der lexikalischen Definition von Sport wird beim Spitzensport besonders der Wettkampf und die harte, perfektionierte Körperarbeit betont. Allgemein anerkannt werden vor allem die Sportarten, die den Sportlern eben diese Körperarbeit abverlangen, um sich darin mit anderen zu messen. Diese Definition von Sport gibt jedoch nur eine sehr allgemeine Beschreibung dessen wieder, was er in Wirklichkeit an Fülle in sich birgt. Vergleicht man den Leistungs- oder Spitzensport mit denjenigen Aktivitäten, die viele Menschen der Gesundheit und des Wohlbefindens wegen in ihrer Freizeit ausüben, so stellt man fest, dass eine einzige Definition für den Begriff Sport kaum befriedigend sein kann.

Zwischen diesen beiden Sportvarianten – der wettkampforientierten auf der einen und der gesundheitsbetonten auf der anderen Seite – gibt es unzähliges aktives Treiben, das sich durch die Akzentuierung einzelner Elemente zu einer ganz besonderen Art von Sport herausbildet. Eine dieser Aktivitäten ist der Sport in Kneipen: vor allem Tischfußball, Dart, Billard und auch Kegeln. Vielleicht scheinen Kneipen auf den ersten Blick nicht gerade die geeignetsten Orte zu sein, um Sport zu treiben. Dennoch – oder gerade deshalb – bieten sie offensichtlich den idealen Rahmen für diese Form der Freizeitgestaltung. Wettergeschützt wird hier bei Musik in geselliger Umgebung nach ein wenig Zerstreuung gesucht. Abendliches Ziel sind vor allem die Kneipen, die sich in der Nähe des eigenen Wohnorts befinden. So kennen sich die Menschen meist auch untereinander. Freunde sind sie nicht unbedingt, zum Spielen aber finden sie sich sehr häufig zusammen. Mannschaften werden unkompliziert und freiwillig nach Sympathien und Bekanntschaftsgrad zusammengestellt, dabei ist es egal, ob Männer oder Frauen mit- oder gegeneinander spielen. Es spielt, wer es kann. Aber auch die Ungeübten oder jene, die durch Doping mittels Alkohol und Rauchwaren ihre sportlichen Leistungen erzielen, sind willkommen. Die Spielregeln sind klar, können aber von Kneipe zu Kneipe variieren und werden auch unterschiedlich ernst genommen. Wenn sich also am frühen Abend die ersten Spieler an die Sportgeräte begeben, beginnt das tägliche Kleinturnier.

So zum Beispiel beim Tischfußball: Gespielt werden elf Bälle, damit es zu keinem Unentschieden kommen kann. Die Verlierer zahlen dann in der Regel das nächste Spiel, es sei denn, die Gewinner wurden bereits durch eine weitere Mannschaft herausgefordert, indem diese klopfend eine Münze an den Tischrand gelegt hat. Dies ist meistens der Fall, denn: „Man kommt hierher, um zu spielen, und nicht, um zu quatschen!" So wird Runde für Runde gespielt. Zwischendurch werden die Mannschaften gemischt, damit das Spiel durch ungleiches Können nicht zu zäh wird. Denn Spaß soll es schon machen. So steht der etwa sechzig Kilo schwere Kickertisch kaum still. Die Spieler wischen sich ihre schweißnassen Hände an den Hosenbeinen ab und sind angespannt über den Tisch gebeugt. Zum süßlichen Tabak-Bier-Geruch gesellt sich ein unruhiges Klack-Klack des harten Balls. Die Metallstangen des Tischs werden gedreht und gezogen, bis sich das Spiel entscheidet. Dabei ist jedem klar, dass das Drehen der Stange um mehr als 360° nicht der Stil eines echten Tischfußballers ist. Viele der Spieler beherrschen eine Technik, die es ermöglicht, auch ohne „Kurbeln" die Stangen schnell und kraftvoll zu drehen, so dass der Ball mit bloßem Auge kaum mehr zu verfolgen ist. Die Zuschauer, die im Laufe des Abends fast ausnahmslos auch selbst mal die Stangen in die Hand nehmen, werfen anerkennende Blicke auf die Spieler, klatschen zu besonderen Ereignissen Beifall und geben einander Ratschläge. So wurde einem Spieler, der stets vorn im Sturm spielte, von einem anderen empfohlen: „Du musst auch mal hinten spielen. Das ist gut für eine runde Kicker-Persönlichkeit." Wenn man ihn spielen sieht, so ahnt man, dass er diesen Rat befolgt hat.

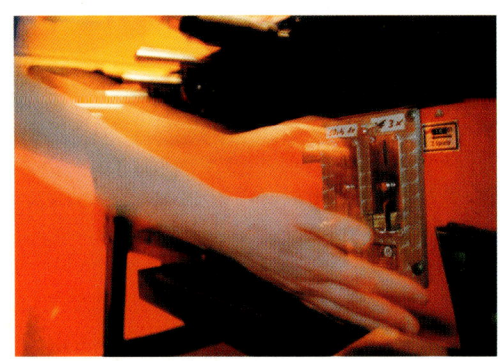

Vergleichbar sportlich aktiv geht es beim Dart, Billard und Kegeln zu. Technisches Können und spielerische Konkurrenz vereinen sich mit Spaß und Geselligkeit in vertrauter Umgebung. Nicht dass es hier nie zu Sportverletzungen käme. Sie sind in der Regel aber harmloser und weniger spektakulär als ein Oberschenkelbruch in Zeitlupe auf dem TV-Bildschirm. Dies mag unter anderem an der vorbildlichen Fairness unter den Kneipensportlern liegen. Manch einer von ihnen hat sicher Ambitionen, einmal außerhalb seiner üblichen Sportstätte an einem offiziellen Turnier teilzunehmen und trainiert häufig dafür. Doch ein solcher Erfolg scheint meist nebensächlich zu sein, zumal externe Turniere straffere Ordnungen und strengere Spielregeln bedeuten.

Aber sind es denn organisierte Wettkämpfe, die aus einer Freizeitbeschäftigung eine allgemein akzeptierte Sportart machen? Solche mit wenig körperlicher und gesundheitlicher Auswirkung scheinen auch weniger anerkannt zu sein, was manch einem ein Lächeln entlockt, wenn von Schach als sportlicher Disziplin die Rede ist. Doch die psychischen und sozialen Auswirkungen des Sporttreibens in Kneipen sind wesentliches Merkmal und werden hier höher eingestuft als andere Aspekte – eine Eigenart, die diesen Sport im Bewusstsein der Öffentlichkeit scheinbar so unsportlich macht.

Ob Leistungssport, Gesundheitssport, Kneipensport oder andere Begrifflichkeiten – Sport ist Sport. So präzise und gleichzeitig ungenau dieser Begriff auch definiert ist, so ist er doch immer abhängig von komplexen Zusammenhängen und ist nicht mehr als eine Sammelbezeichnung, die letztlich von jedem Menschen individuell formuliert und gelebt wird.

So ist Sport all das, was Sport eben sein kann.

Alexandra Penzel

Die Fotos wurden aufgenommen im „Syndikat" (Tischfußball), „Nachtkafé" Dilemma" (Billard), „Lutz'sKegelbar" (Kegeln) und im „Bierteufel" (Dart).

Es spielt wer es kann – Eine Exkursion durch Neuköllner Kneipen

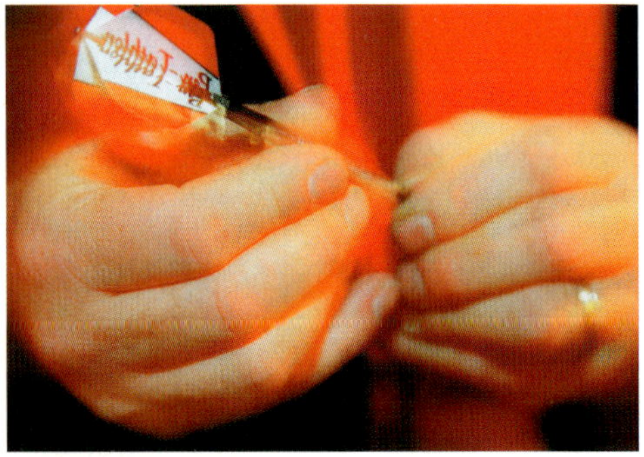

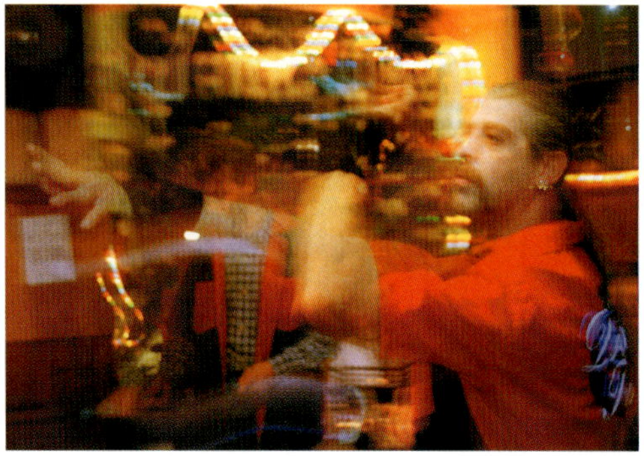

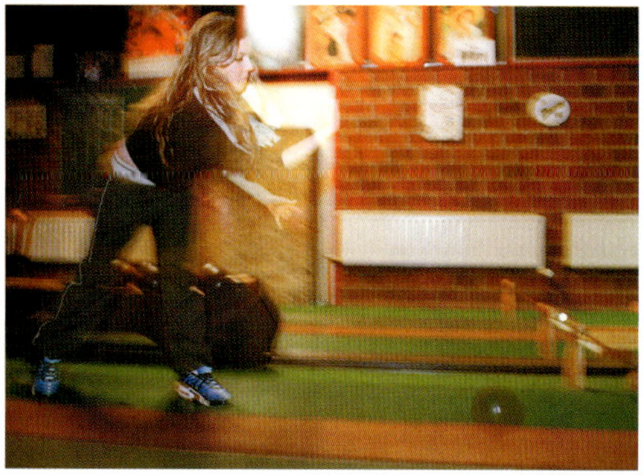

Es spielt wer es kann – Eine Exkursion durch Neuköllner Kneipen

SPORTSTÄTTEN, AKTEURE UND VEREINE

DER SPORTPARK AN DER ODERSTRASSE

Die starke Nutzung des Tempelhofer Feldes durch Militär, Ausflügler und Sportler führte dazu, dass der schützende Bewuchs an vielen Stellen verschwand. Sobald starke Westwinde über das Land fegten, entwickelten sich Sandwolken, die die angrenzenden Wohngebiete heimsuchten. Die Lebensqualität der Bevölkerung in den Mietskasernen aus der Gründerzeit litt so sehr darunter, dass vor dem Hintergrund massiver Beschwerden der Rixdorfer Magistrat mit dem Militärfiskus als Eigentümer des Geländes in schwierige Verhandlungen eintrat. Das Ergebnis war die Erlaubnis zur „Anlage eines einen Kilometer langen und 80 Meter breiten Gehölzstreifens auf der Ostgrenze"[1].

Zu dieser Zeit pflegte Neukölln unter dem Stadtbaurat Heinrich Best und dem Gartendirektor Otto Karl Halbritter ein ambitioniertes Bau- und Grünflächenprogramm. Das Projekt wurde ein Teil davon. Anlässlich einer Rundreise der Berliner Presse, die der Magistrat organisiert hatte, fand auch eine Besichtigung des Pflanzstreifens statt. Ein Redakteur des Neuköllner Tageblatts lieferte folgende Beschreibung: „Derselbe […] weist, abgesehen von den Durchlässen für die Truppen, einen 5 Meter breiten Promenadenweg auf. Der Pflanzenstreifen besteht aus gemischtem Baumbestand; es sind nicht nur Laubhölzer wie Linden, Kastanien, Akazien, Pappeln, Birken, Erlen, Ebereschen, Platanen, Eichen, Rüstern, Ahorn, Schwarz- und Walnuß, Rot- und Hainbuchen, sondern auch Nadelhölzer, nämlich Kiefern und Lärchen sowie die verschiedenartigsten Sträucher, im ganzen ca. 40.000 Stück, zur Anpflanzung gekommen. Hoffentlich wird diese herrliche Grünanlage, die nicht nur den Neuköllnern allein, sondern auch der Allgemeinheit zugute kommt […], der Zukunft erhalten bleiben."[2]

Es gab längst weitergehende Überlegungen, was nach diesem ersten Schritt passieren sollte. Der Verband Groß-Berlin plante einen Wettbewerb „für einen großen Erholungs-, Sport- und Spielplatz."[3] Kurz darauf fanden sich mehrere hundert Sportbegeisterte in der Aula des Köllnischen Gymnasiums ein. Nach einem Vortrag von Oberlehrer Dr. Siebert, in dem er die Sportstätten Amerikas pries, verfassten die Teilnehmer eine Resolution: „Die große Ausdehnung des geschlossenen Wohnungsgebietes Großberlins und das Eingehen der Freiflächen haben für die heranwachsende Jugend und die großen Massen der Bevölkerung einen schweren Notstand hervorgerufen. Eine Abhilfe ist nur durch umfassende Maßnahmen zu erreichen, insbesondere durch Anlage von Volksparks, Spielplätzen und Jugendheimen für alle Stadtteile."[4]

Im Ersten Weltkrieg verliert sich die Spur des Gartendirektors Halbritter. Sein Nachfolger Ottokar Wagler trat das Amt am 1. März 1919 an.[5] Kaum vierzehn Tage später gab die Stadt Neukölln die Erweiterung der bestehenden Grünfläche zum Volkspark bekannt, die Arbeiten sollten „schon in den nächsten Wochen beginnen."[6] Die konkreten Planungen gingen jedoch zunächst in eine andere Richtung. Dies lag an der öffentlichen Diskussion um den Bau eines Flughafens mit Reparaturwerkstätten, Benzinstationen und Schuppen auf dem Tempelhofer Feld. In den politischen Vertretungen vor Ort regte sich heftiger Widerstand, weil man die dringend benötigten Flächen zur Naherholung gefährdet sah. Kurzerhand tauchten Forderungen nach einem Volkspark und Spielplätzen östlich der Tempelhofer Chaussee auf, so von Bürgermeister Wiesener vor der Tempelhofer Gemeindevertretung. In Neukölln stand der Stadtverordnete Radtke von den Unabhängigen Sozialisten hinter diesem Vorschlag.[7]

Die eigentliche Schlüsselfigur war jedoch Stadtrat Emil Wutzky. Seit 1897 Mitglied der

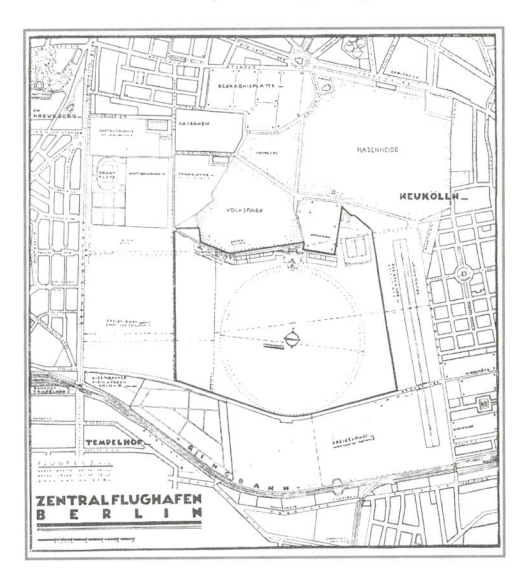

• Lageplan des Zentralflughafens Berlin, um 1924/1926

Sozialdemokratischen Partei und Turnwart beim TV Jahn Rixdorf, organisierte er ab November 1916 als unbesoldetes Mitglied des Magistrats die Lebensmittelversorgung Neuköllns, hinzu kamen die Aufgaben der Park- und Gartenverwaltung. Er betrachtete das Grün der Natur als freudigen Kontrast zum Leben der Menschen. Wutzky hatte die Vision eines Spazierwegs von der Hasenheide bis Rudow.[8] Rückblickend stellte er in der Berliner Stimme am 27. November 1954 bezüglich der wilden Bautätigkeit der Gründerzeit, von der er geprägt worden war, fest: „Sie war ziemlich planlos in dem weit auseinandergezogenen Ortsgebiet von Rixdorf. Obwohl zwischen dem Rollkrug und dem alten Mittelweg noch keine Verbindungsstraßen bestanden, wurde nach dem Grundsatz gebaut: Größtmöglicher Nutzen von der kleinsten Fläche. Es entstanden jene häßlichen Hinterhofkasernen, ohne die geringste Rücksicht auf die Wohnbedürfnisse der Menschen, mit der Aussicht auf Haus-Mauern"[9].

Die Kommunalpolitiker errangen einen Teilerfolg. Um die unterschiedlichen Interessen am Tempelhofer Feld zufrieden zu stellen, blieben der nördliche und östliche Teil den Grünflächen vorbehalten, womit kurze Wege für die Bevölkerung Neuköllns, Tempelhofs und insbesondere Kreuzbergs zu diesen geschaffen wurden. Ausersehen für den neuen Flughafen war ein Areal im Kernbereich des Feldes: Aus damaliger und heutiger Sicht ein recht problematischer Kompromiss, weil bei einer Erweiterung die Grünflächen als erste verschwinden würden. Der endgültige Standort des Volksparks Tempelhofer Feld lag dem Garnisonsfriedhof westlich gegenüber, so dass ein Streifen frei blieb, um eine Straße direkt auf das Flughafenhauptgebäude zuführen zu können. Den Entwurf für den Volkspark fertigte Gartendirektor Wagler an.

Nachdem Neukölln 1920 ein Verwaltungsbezirk von Groß-Berlin geworden war, konnte ab Dezember 1921 auf Finanzmittel der Stiftung „Park, Spiel und Sport" zurückgegriffen werden. Am 1. März 1924 öffneten sich dem Publikum die Tore gegen Eintrittsgebühr. Der noch im Entstehen begriffene Park wies gemäß der Konzeption am Ende einige Tennisplätze, eine Rodelbahn, eine große Spielwiese, einen Kinderspielplatz sowie eine Freilichtbühne auf. Im April führte Stadtrat Schneider, Dezernent des Jugendamtes, die Presse durch die Anlagen und zog die fertigen Pläne eines weiteren Projekts hervor: Ein Sportpark an der Oderstraße mit Stadion, zwei Hockeyplätzen und Spielflächen sollte für die Allgemeinheit errichtet werden. Es wurde auch in Erwägung gezogen, dass ein Luft- und Sonnenbad, ein Schulgarten und die städtische Gärtnerei dort angesiedelt werden sollten,[10] was dann aber nicht geschah.

- Stadtrat Emil Wutzky (1871–1963), Aufnahme vermutlich nach 1945

- Die Feldbahnlokomotive mit Muldenkippern im Stadionrund, vermutlich Sommer 1926

- Kinderspielplatz im Sportpark Neukölln, um 1934

Im Mai 1925 stimmte der Magistrat den Plänen zu. Über das Städtebauamt pachtete die Stadt Berlin für mehrere Jahrzehnte einen Abschnitt an der Oderstraße, um ihn gezielt dem Sport zur Verfügung zu stellen. Der Bezirk Neukölln wies gerade mal 223.000 Quadratmeter Spielfläche auf und lag mit 0,8 Quadratmetern pro Kopf deutlich hinter dem Richtwert von 3,0 Quadratmetern, den der Reichsausschuss für Leibesübungen propagierte. Nur im südlichen Drittel zwischen Ringbahn und Grüner Weg sollten zunächst ein Stadion mit Rasenfläche innerhalb der Kampfbahn sowie drei Übungsplätze realisiert werden.[11]

Im Rahmen der Berliner Turn- und Sportwoche nahm Stadtrat Schneider im Juni 1925 den ersten Spatenstich an der Emserstraße vor. Die Erdarbeiten für das Stadion und das übrige Gelände begannen am 24. November bzw. 21. Dezember des Jahres. Bei Frostwetter sprengte man den Boden auf. Im folgenden Februar waren 150 Erwerbslose, die nach drei Monaten gegen neue Kräfte ausgetauscht wurden, im Rahmen von Notstandsarbeiten auf der Baustelle eingesetzt. Die Anzahl steigerte sich auf im Schnitt 450 Arbeiter im April 1927.

Zu diesem Zeitpunkt waren die Erdmodulierungen der Zuschauerterrassen weitgehend abgeschlossen, die innere Stützmauer befand sich jedoch noch im Bau. Eine Feldbahnlokomotive, ein Triebwagen, ein Pferd, 125 Muldenkipper sowie zwei Motorwalzen unterstützten die Männer bei der Arbeit. Der Spielbetrieb hatte auf dem ersten entstandenen Fußballfeld bereits Wochen zuvor angefangen. Am 30. April folgten Aktivitäten auf dem zweiten Platz im zweiten Bauabschnitt. Den fertigen Kinderspielplatz an der Siegfriedstraße rahmten eine Hainbuchenhecke und Birken ein. Als Blickfang fungierten ein üppiges Rosenbeet und ein ausgegrabener Findling von 150 Zentnern.[12]

Ab dem 20. März 1928 wirkte Ottokar Wagler in Mainz. Seine Stelle blieb unbesetzt und so bekam der junge Gartenarchitekt Konrad Glocker vorerst freiberuflich die Leitung übertragen. Seine eigentliche Wirkungsstätte hatte er im Entwurfsbüro der Gartenbaufirma Ludwig Späth, wo er von 1924 bis 1934 tätig war.[13] Im Herbst, am 14. Oktober, gab es die offizielle Einweihungsfeier aller bis dahin fertiggestellter Teile mit Bürgermeister Scholz. Die Bevölkerung nahm die Möglichkeiten zur vielseitigen Freizeitgestaltung begeistert an.[14] Täglich strömten Tausende bei gutem Wetter in den Sportpark. An den Sonntagen stieg der Besucheransturm so sehr an, dass schließlich einstündige Promenadenkonzerte als eine zusätzliche Attraktion durchgeführt wurden.[15]

Den zentralen Punkt des Geländes hob ein Rondell hervor, das sich gut als Standort für ein

• Luftaufnahme des Stadions während einer Sportveranstaltung mit dem Vorplatz an der Oderstraße, Oktober 1928

Kunstwerk eignete. Da mit solchen der Bezirk eher spärlich ausgestattet war, stellte die städtische Kunstdeputation ein Werk des Bildhauers Ernst Freese zur Verfügung. Die Skulptur einer Krugträgerin wurde Mitte Juni 1929 aufgestellt.[16] Ihr fast athletisch schreitender und unbekleideter Körper fügte sich in die Hauptwegachse eines Sportparks außerordentlich sinnig ein.

Die konservativen Parteien betrachteten den Sportpark mit wachsendem Unbehagen, weil sie ihn vornehmlich als sozialdemokratische Prestigeangelegenheit werteten. Das Neuköllner Tageblatt trat als deren Sprachrohr auf und kritisierte 1930, dass sowohl die bürgerlichen Turn- und Sportvereine als auch die kommunistischen Vereinigungen keine Einladung zur aktiven Teilnahme an der Einweihung des Stadions erhalten sollten. Wörtlich: „Sie alle werden nur als Zuschauer zugelassen, damit sie sich die Vorführungen der sozialdemokratischen Turner und Sportler ansehen und die klassenbewußten Gesänge des Arbeiter-Sängerbundes anhören können. Auch Beifall dürfen sie klatschen, aber beileibe keine Mißbilligung äußern, denn ein starkes Polizeiaufgebot soll aufmarschieren."[17] Der sozialdemokratische Abend, die Spätausgabe des Vorwärts, verteidigte die Vorgehensweise als Parteiorgan teilweise recht spitzfindig: „Das Bezirksamt hat keinerlei Vereine zur Mitwirkung bei der Einweihung eingeladen, sondern lediglich *von einem Angebot* der Vereine, die in der Zentralkommission für Arbeitersport und Körperpflege zusammengeschlossen sind, *Gebrauch gemacht*. Das Bezirksamt glaubte zu dieser Handlungsweise aus Gründen der Gerechtigkeit gezwungen zu sein, weil bisher bei allen amtlichen Veranstaltungen in Neukölln, unter anderem bei der Einweihung des Städtischen Sportplatzes in Rudow, die sogenannten bürgerlichen Vereine allein mitgewirkt haben!"[18] Zugleich gab es einen Aufruf an die Kartellvereine Berlins zur Teilnahme an der Einweihung. Treffpunkt war um 14 Uhr an der Schule Schillerpromenade.[19]

Genüsslich bemerkte das Neuköllner Tageblatt im Bericht über die Einweihung: „Als die Feierlichkeiten begannen, wies das weite Rund der Arena eine peinliche Leere auf, die auch während der Wettkämpfe der Arbeitersportler anhielt. Kurzum, man konnte sich des Eindrucks nicht erwehren, als sollte sich der unverständliche Ausschluss der neutralen, sogenannten ‚bürgerlichen' Vereine, die die breite Masse der Sporttreibenden hinter sich haben, bitter rächen. Die ‚große Allgemeinheit, für die die Anlage geschaffen ist', wie Stadtrat Radtke in seiner Begrüßungsrede sagte, war eben nicht da."[20] Eine Platane, drei Meter hoch, symbolisierte im Park die deutsch-amerikanische Freundschaft. Gepflanzt von Paul Harris, dem Präsidenten der Rotary-Gesellschaft, am 17. August 1932. Die Nähe zum Flughafen Tempelhof war eine bewusste Wahl, um eine erste symbolische Grußadresse für die Amerikaner zu positionieren, die per Luftweg die Stadt Berlin erreichten und sie „an die engen Freundschaftsbande zu erinnern, die die beiden Nationen eng verknüpfen"[21].

Die Nationalsozialisten ließen keinen Zweifel daran, dass sie den Sport als Vorbereitung zum Militärdienst und als Teil der politischen Erziehung ansahen. Sie planten, im nördlichen Teil auf der Fläche, die einer Badeanstalt vorbehalten war, einen Wehrsportplatz anzulegen.[22] Auch die Veranstaltungen verloren ihren ehemals sorglosen Charakter, im fairen Wettkampf die Leistungen zu messen. Die konstruierte Verbindung von Sport, Kampf, Krieg und Tod rückte die Diktatur gezielt in den Blick des Publikums im Stadion. Um die „Opferbereitschaft" zu stärken, begannen die Machthaber mit der Verehrung im Ersten Weltkrieg gefallener Fußballer und Leichtathleten. Ein Sportfest benannten sie nach dem Läufer Hanns Braun.

Das Gedenken an die Toten entwickelte sich

• Die Skulptur „Krugträgerin" des Bildhauers Ernst Freese, Juni 1929

• Sportpark Neukölln, Übersichtsplan, 1928

zum integralen Bestandteil während der Rahmenprogramme und Wettbewerbe.²³ Die Vereinnahmung wurde im Mai 1935 auch noch anders deutlich: Im Stadion versammelten sich zur Hauptveranstaltung des Tages der Frontsoldaten und Kriegsopfer an die 30.000 Teilnehmer.²⁴ Es fehlten eigentlich nur die Sportler. Zu den strategischen Maßnahmen im Vorfeld des Zweiten Weltkriegs gehörte auch der Ausbau des Flughafens Tempelhof. Ab Oktober 1935 stand die Existenz des Sportplatzes auf dem Spiel. Durch

Nach dem Zweiten Weltkrieg richtete das Sportamt Berlin für die Opfer des Faschismus eine Gedenkfeier aus. Im Sportpark wurde die Urne des von den Nationalsozialisten hingerichteten Ringkämpfers Werner Seelenbinder beigesetzt, dessen Vater an der Trauerzeremonie teilnahm. Ein Zeitungsfoto führte den Lesern ein provisorisches Transparent vor. Darauf stand: „WERNER-SEELENBINDER-KAMPFBAHN". Im Anschluss folgte „reges sportliches Leben"²⁷, wie die Berliner Zeitung zu berichten wusste.

planierten. „Die Bevölkerung, die die Vernichtung ihres Lieblingsaufenthaltes nicht verhindern kann, ist angesichts der mangelnden Kohlen- und Brennstoffversorgung bemüht, Holzstämme und Baumstämme zu sägen oder zu bergen [...]."²⁸ Eingriffe in den übrigen Bereichen erfolgten durch umfangreichere Baumaßnahmen. Die Freikunsteis- und Rollschuhbahn, das Columbiabad, das Stadionumkleidegebäude und die Turnhalle an der Oderstraße wurden, mehr oder minder gelungen, hinzugefügt.

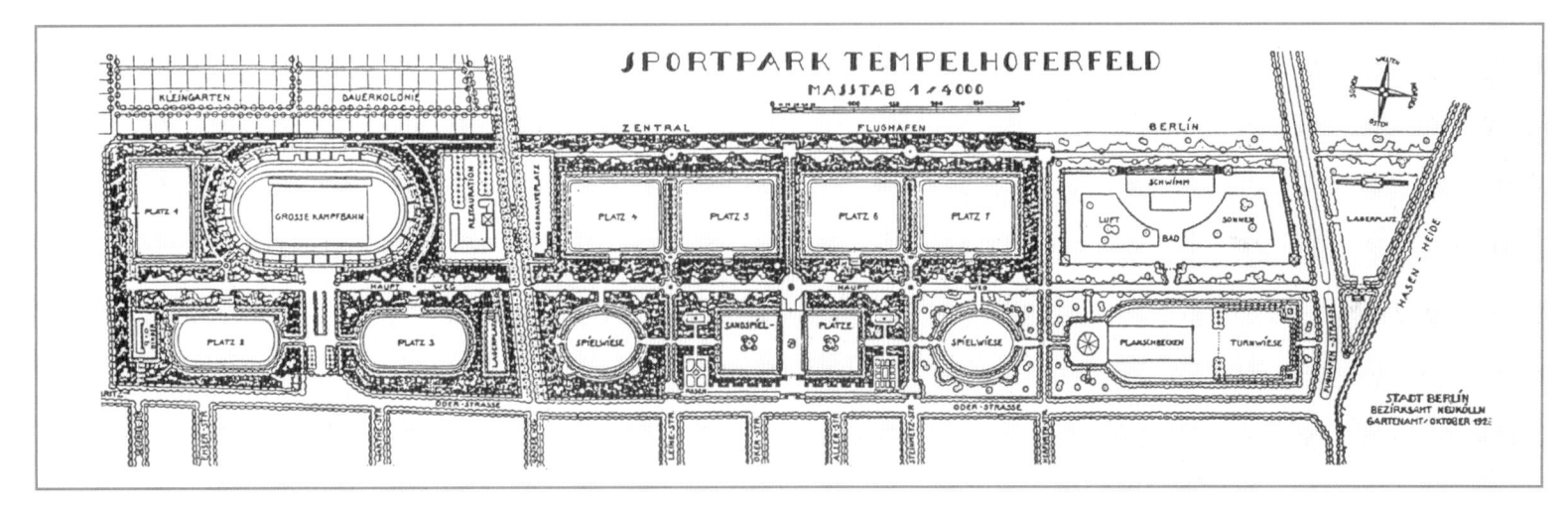

Kappung und Fällen der Bäume sowie einer veränderten Auswahl bei den Neuanpflanzungen trug man den stetig steigenden Ansprüchen des Luftverkehrs Rechnung.²⁵ Ob 1936 die vollständige Beseitigung des Volksparks²⁶ unbedingt nötig gewesen wäre, darf bezweifelt werden, weil die Flächen am äußersten Rand nicht zwingend für den Start- und Landebetrieb erforderlich waren. Der Flughafen forderte jedenfalls seinen Tribut.

1948 erlebten 25.000 bis 30.000 Zuschauer die Einweihung der Zementbahn. Dem Werner-Seelenbinder-Stadion bot sich nun die Chance, durch den Radsport wirtschaftlich effektiver genutzt zu werden. Eine goldene Zukunft stand dem Sportpark bevor. Doch mit der Luftbrücke erhielt der Flughafen eine neue Startbahn. Eine Schneise von 300 mal 500 Metern wurde von Bulldogmaschinen geschlagen, die das Areal

Das aktuelle Konzept des Landes Berlin zur Nachnutzung des Flughafens Tempelhof²⁹ geht zwar von dem richtigen Ansatz aus, sich an den vorhandenen Gegebenheiten zu orientieren. So sollen die denkmalgeschützten Gebäudestrukturen einer neuen Nutzung zugeführt werden. Das Flugfeld wandelt sich demnach in ein Wiesenmeer mit einer ovalen Bauminsel, damit die Weite inmitten der Stadt zum Erlebnis wird. Ein Park im südlichen Teil entsteht, dessen Ränder von Baumreihen eingefasst werden. Nur wer in solchen Kontinuitäten denkt, kann ein pulsierendes Stadtleben erwachsen lassen, außerdem bleiben die geschichtlichen Bezüge ablesbar. Doch leider haben sich die verantwortlichen Gartenarchitekten und Stadtplaner nicht die Mühe gemacht, die Flächen außerhalb des Kernbereichs nach ihrer Historie abzusuchen, sonst wäre ihnen weder der Volks- noch der Sportpark an der Oderstraße entgangen, deren Standorte teilweise oder ganz weggeplant werden. Sind diese unglücklicherweise verschwundenen Zeugnisse Berliner Gartenkunst keiner Erinnerung oder Wiederbelebung wert?

In diesem Zusammenhang erscheint die Teilplanung an der Oderstraße geradezu grotesk. Hier bilden die verputzte Mauerböschung, die Fronten und die Fassaden des angrenzenden Häusermeers eine scharf geschnittene Stadtkante. So präsentiert Neukölln nach Westen ein äußerst signifikantes Ortsbild. Dies würde verloren gehen, wenn nach den Planungen turmartige Wohnblöcke davorgesetzt würden. Dabei wären nach Ansicht des Verfassers alternative Überlegungen realisierbar. Das Nachnutzungskonzept sieht im südlichen Bereich an der S-Bahn westlich des Stadions zahlreiche Sportflächen vor. Wenn diese nun an die Oderstraße verlagert würden, könnte an deren Stelle eine Wohnbebauung entstehen. So würde die Stadtkante erhalten und eine neue Chance für den Sportpark wäre gegeben. Damit die

• Luftaufnahme des Sportparks Neukölln, Blick aus Richtung des S-Bahn-Rings, um 1930

Lärmbelästigung der Anwohner gering bleibt, sollte der Parkcharakter hervorgehoben werden. Zum Beispiel keine künstlichen Bodenbeläge und statt der Tennisplätze gäbe es welche für Badminton. Eine der Rasenflächen käme dem Frisbeespielen zugute. Interessante Elemente des Volksparks könnten in die Bau- und Grünflächen am Columbiadamm einbezogen werden.

Noch ist nichts verloren, die Ausgangslage ausbaufähig. Zukünftig wären die Restaurierungen der alten Treppenzugänge an der Böschungskante in Höhe Leinestraße und Kienitzerstraße die vordringlichsten Aufgaben. Zudem müssten die gartenarchitektonischen Spuren in den noch bestehenden Teilen des Sportparks herausgearbeitet und ein Pflegekonzept entwickelt werden. Dieses Juwel von Neukölln verdient eine liebevollere Behandlung als bisher geplant.

Holger Maraun

Anmerkungen

[1] „Zur Verwirklichung eines für die Zukunft Neuköllns und seiner Gartenanlagen bedeutungsvollen Planes". In: Neuköllner Tageblatt (NT) vom 26.6.1913.
[2] „Eine Rundreise durch Neukölln". In: NT vom 8.5.1914.
[3] „Die Bebauung des Tempelhofer Feldes". In: NT vom 9.1.1914.
[4] „Mehr Spielplätze in Groß-Berlin!" In: NT vom 25.1.1914.
[5] „Als städtischer Gartendirektor". In: NT vom 22.2.1919.
[6] „Ein neuer Volkspark in Neukölln". In: NT vom 13.3.1919.
[7] Vgl. „Tempelhof gegen den Flugzeughafen auf dem Tempelhofer Feld". In: NT vom 3.5.1919; „Stadtverordneten-Versammlung". In: NT vom 10.5.1919.
[8] Vgl. Wutzky, Emil: Lebenslauf vom 19. Juni/ 7. Oktober 1948, Archiv Heimatmuseum Neukölln; „Neuköllns Stadtältester wird geehrt". In: Neuköllner Anzeiger vom 4.10.1951; „Erinnerungen aus dem alten Rixdorf". In: Berliner Stimme vom 27.11.1954.
[9] Berliner Stimme vom 27.11.1954.
[10] Vgl. „Ein Volkspark für Neukölln". In: NT vom 25.4.1924.
[11] Vgl. „Ein neuer Spiel- und Sportplatz für Neukölln". In: NT vom 17.5.1925.
[12] Vgl. „Was geht auf dem Tempelhofer Feld vor sich?" In: NT vom 7.8.1925; „Volkspark und Sportpark Tempelhofer Feld". In: NT vom 25.2.1926; „Der Bau des Neuköllner Stadions". In: Neuköllnische Zeitung vom 18.3.1926; „Notstandsarbeiten im Verwaltungsbezirk Neukölln". In: NT vom 11.5.1927.
[13] Vgl. Gröning, Gert: Grüne Biographien, Berlin/Hannover 1997, S. 111f., S. 401f.
[14] Rundschreiben vom 5.11.1928 von Karl Schneider: „Um Verwechslungen mit dem Volkspark Tempelhofer Feld vorzubeugen, führt die Sportplatzanlage Tempelhofer Feld von jetzt ab den Namen SPORTPARK NEUKÖLLN", Landesarchiv Berlin: A Rep 044 – 08 Nr. 244.
[15] Vgl. „Promenadenkonzerte im Sportpark Tempelhofer Feld". In: NT vom 1.6.1929.
[16] Vgl. „Unser Sportpark". In: NT vom 16.6.1929.
[17] Zit.n.„Der Kampf um Neuköllns Stadion". In: Der Abend vom 13. 6.1930.
[18] Vgl. Der Abend vom 13.6.1930.
[19] Ebd.
[20] „Die Neuköllner Stadion-Weihe". In: NT vom 17.6.1930.
[21] „Wir haben eine neue Sehenswürdigkeit bekommen". In: NT vom 18.8.1932.
[22] „Unterredung mit Bürgermeister Samson". In: NT vom 30.7.1933.
[23] Vgl. „Hanns-Braun-Sportfest im Regen". In: NT vom 29.5.1934.
[24] Vgl. „Der Ehrentag der NSKOV". In: NT vom 28.5.1935.
[25] Landesarchiv Berlin: A Rep 044 – 08 Nr. 150 und Nr. 153.
[26] Vgl. Stürmer, Rainer: Die historische Entwicklung des Volksparks Hasenheide – Dokumentation für die Gartendenkmalpflege, Berlin 1990, S. 50.
[27] „Gedenkfeier in Neukölln". In: Berliner Zeitung vom 31.7.1945.
[28] „Volkspark Neukölln unter der Axt". In: Berliner Zeitung vom 22.7.1948.
[29] Senatsverwaltung für Stadtentwicklung, Umweltschutz und Technologie (Hg.): Vom Flughafen zum Park der Luftbrücke, Berlin, o.D.

DIE NEUKÖLLNER SPORTFREUNDE 1907 –

Ein Leichtathletikverein mit Tradition

Ursprünglich zum Schutz der Jugend gedacht und daher vom „Freiwilligen Erziehungsbeirat für die Jugend" 1906 ins Leben gerufen, entwickelte sich aus einem Jugendclub im Rollbergviertel, in dem sich 14- bis 18-jährige Jungen unter der Aufsicht von Lehrern sportlich betätigten, über die Jahrzehnte hinweg ein Sportverein, der vor allem wegen seiner Erfolge in den Laufdisziplinen bekannt geworden ist.[1] Der Verein hat im Laufe seiner langen Geschichte auch sehr erfolgreich andere Sportarten betreut; an dieser Stelle soll es jedoch in erster Linie um die Leichtathletik gehen.

Der Jugend-Club

In der Gründungsphase des Vereins zwischen 1906 und 1910 bestimmten nicht nur sportliche, sondern auch musische und kulturelle Aktivitäten das Vereinsleben, zum Beispiel Theaterspiel und musikalische Aufführungen, die für „die Gemütlichkeit" sorgen sollten. Sport und Spiel, das war die Formel, mit der man in der Jugendarbeit recht erfolgreich war – bis 1920 war der Träger des Jugend-Clubs der Ortsausschuss für Jugendpflege (vgl. Gunter Keil in diesem Band). In der bewusst konfessionsfreien und parteilosen Zielsetzung der Vereinsarbeit lässt sich zumindest der Wunsch nach einem „neutralen", geschützten Freiraum für die Heranwachsenden angesichts der aufkommenden Politisierung der Gesellschaft ablesen, deren sich verschärfende Gegensätze gerade in einer explosionsartig gewachsenen Stadt wie Rixdorf zutage traten. Gab es 1905 in Rixdorf bereits 153.513 Einwohner, so war 1910 die Bevölkerung um fast 55 Prozent gestiegen, auf 237.289 Einwohner; der Anteil der Jugendlichen betrug 83.776.

In diesen Jahren waren überall in Deutschland die so genannten Jugendbewegungen sehr populär, spontane Organisationen, die sich intensiv mit jenen zeittypischen Umwälzungen in Arbeit, Wirtschaft und Gesellschaft auseinander setzten, die man damals kurzerhand mit „Moderne" umschrieb. Es gab die Wandervogelbewegung mit ihren für die damalige Zeit „subversiven" Gegenmodellen zu der bis 1900 dominanten Turn-Sportart. Diesem ursprünglich freiheitsbewegten, mittlerweile jedoch als Ausdruck wilhelminischen Ordnungsdrills empfundenen Körper- und Bewegungsmodell[2] setzte man ein neues individualisiertes Körpergefühl entgegen, das sich unter anderem im Tanz artikulierte.

Parallel dazu zeichnete sich im aufkommenden Arbeitersport eine mehr klassenorientierte Bewegungskultur ab, die, zeitgemäß ausgedrückt, zur Identitätsbildung beitrug. Der Jungdeutschland-Bund hingegen, der 1913 große Sportfeste für alle Berliner „Athletik-Vereine" zusammen mit Militär-Konkurrenzen abhielt, wähnte eine „völkische Idee" im Sport: „‚deutsch' heißt doch zuguterletzt nur stark sein für Volk und Land"[3].

Ob sich der Jugend-Club, der 1907 ein eigenes Clubheim in der Kienitzer Straße erhielt, auf die vorgenannten Ideale und Utopien bewusst einließ oder nicht, sei dahingestellt. Jedenfalls umfasste das Angebot mittlerweile neben Wandergruppen und turnerischen Wettspielen auch so genannte Zimmerspiele wie Schach, Schwimmen und Theaterspiel. Im März 1910 veranstaltete der Verein das erste internationale Leichtathletik-Meeting auf dem Tempelhofer Feld (heute Flughafen) mit diversen Laufdisziplinen von 100- bis 800 Metern, Hoch- und Stabhochsprung, Diskus, Dreikampf (Kugelstoßen, Weitsprung, 400-m-Mallaufen, ein Staffellauf, bei dem die Wechsel frei sind), Schleuderball, Staffellauf und, man staune, Schach. Man trug dabei schwarz mit roter Einfassung, später rote Hosen. Es folgten weitere große Sportfeste auf dem Hertzbergplatz, ab 1913 nicht nur regionale, sondern auch nationale Leichtathletik-Wettkämpfe.

Nach dem Park von einst im Rollbergviertel, späteren Sportfesten auf dem Hertzbergplatz, der sich bis 1927 zum öffentlichen Schauplatz fast sämtlicher sportlicher Aktivitäten in Neukölln

• Sportfest auf dem Hertzbergplatz, um 1910

entwickelte, und diversen Turnhallen, die im Zusammenhang mit den vielen um 1909 erbauten Schulen der Stadt Rixdorf entstanden, erhielt der Verein 1914 endlich einen festen Spielort. Den Sportplatz Grenzallee bekam der Verein knapp zwei Wochen vor dem Ersten Weltkrieg. Bevor die Verluste unter den eingezogenen Sportlern den Patriotismus dämpften, zählte er 250 Mitglieder, hatte den Fußball nebenbei auch im Programm, dafür aber kaum noch Vorträge und Musik. Gleichwohl benannte sich der Verein 1917 im Anklang an klassische Vorbilder zunächst in Jugend-Club Hellas, dann in Sportvereinigung-Hellas 07 um. Zum Ausgleich für den Wegfall der musikalischen Aktivitäten sorgte die mittlerweile gebildete Frauensportgruppe: „Diese unterstützte die männlichen Mitglieder bei der Durchführung von Theaterstücken, führte Brettspiele durch, veranstaltete Waldläufe und beteiligte sich an geeigneten sportlichen Übungen."[4] Noch im März 1919 bildete die Hauptstütze des alljährlich stattfindenden Stiftungsfestes ein Theaterstück, während es mit der musikalischen Gemütlichkeit wohl vorbei war.

Die Bezeichnungen Jugend-Club Rixdorf, Jugend-Club Neukölln (vgl. Vereinsporträts in diesem Band) usw. deuten an, dass der Sport eine von mehreren Clubsparten war, die der Erziehung zu Selbstdisziplin und Gemeinschaftssinn dienten. Das Herauslösen der Sportabteilungen zu einem eigenen Vereinszweck, der sich nicht mehr auf bestimmten Altersgruppen bezog, spiegelte sich in Bezeichnungen wie Sport-Vereinigung, Sport-Club etc. wider.

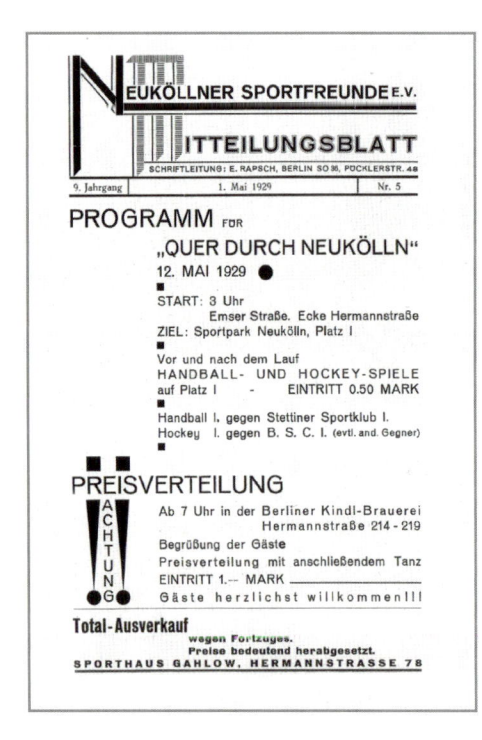

Sport und Kultur

Die Zusammenführung von sportlichen und kulturellen Aktivitäten ist uns aus der Antike überliefert, aus Griechenland etwa, wo die Sportstadien komplexe, mit musischen Funktionen belegte Gebäudeansammlungen waren und körperliche mit geistiger Bildung einher ging bzw. einher gehen sollte. Die Rückbesinnung auf diese enge kulturelle Verbindung des Sports erfolgte in den industrialisierten Ländern Europas des 19. Jahrhunderts als Reaktion auf Maschinenflut und Zeitkontingentierung der Arbeitswelt, die dringend einer Kompensierung in der Freizeit bedurfte. Während sportliche Betätigung im antiken Griechenland als Voraussetzung bürgerlicher Rechte und Identität galt, war sie in der ersten Hälfte des 20. Jahrhunderts nicht nur bürgerliche Freizeitgestaltung, sondern eine Art Wellnessprogramm für gereizte und reizbare Arbeiterschichten.

Nicht von ungefähr ist das Heimatmuseum in Neukölln einerseits Austragungsstätte der Ausstellung, andererseits Austragungsort der eben

beschriebenen Synthese von körperlicher und geistiger Bildung/Hygiene: Stadtbad und ehemals Volksbibliothek (heute Heimatmuseum) sind über ein Atrium miteinander verbunden wie in den antiken Überlieferungen, an denen sich der Architekt des Ensembles, der bekannte Baustadtrat Reinhold Kiehl, orientiert hat.[5] Zwar hat das Heimatmuseum ursprünglich gar keinen Ort besessen und ist über verschiedene Zwischenstationen und Umstände schließlich in der ehemaligen Stadtbücherei angekommen (seit 1967), doch hatte der Museumsgründer Emil Fischer 1889 eine naturkundliche Einrichtung im Sinn, die nicht nur die naturwissenschaftliche, sondern auch die hygienische Bildung des Schulkindes berücksichtigte, logischerweise also auch die körperliche Selbsthygiene durch Sport. So gesehen war die zeitweilige, bis 1945 währende Unterbringung des Museums in dem separaten Turnhallengebäude einer Schule (Boddinstraße, heute Volkshochschule Neukölln) durchaus programmatisch.[6] Zudem war der Verein Anfang 1941 dem Neuköllner Heimatverein beigetreten, „um diese Körperschaft in der Durchführung ihrer Aufgaben, Pflege und Vertiefung des Heimatgedankens zu unterstützen"[7]. Vielleicht war es bei all dem auch kein Zufall, dass der Jugend-Club Rixdorf ab 1912 eben jene Turnhalle in der Boddinstraße zu benutzen pflegte, unter deren Dach auch das Heimatmuseum residierte.

- Olympia-Ausscheidung 1936 in Wittenberg, 400-m-Lauf, 2.v.l. Kurt Kalähne

- Deutsche Meisterschaften in Frankfurt am Main, 1937/1938; v.l.n.r. unbekannt, Karl Tschackert, Mücke Graßmann und Kurt Kalähne

Turnen versus Sport

Kurios aus heutiger Sicht mutet eine Kontroverse an, die in den 20er Jahren zu einer Spaltung zwischen Turn- und Sportvereinen führte, zumindest formell. Ob es sich dabei um ideologische oder andere Differenzen gehandelt hat, wird nicht so recht deutlich; auf jeden Fall war die Trennung weniger im Sport selbst als vielmehr in seinen Funktionären begründet.[8]

Die schwindende Bedeutung der Turner auf Vereins- und Verbandsebene zugunsten des Fußballs und seiner Organisationen ging zurück auf Kompetenzstreitigkeiten und Machtkämpfe und führte schließlich zur Bildung von Fachverbänden. Die Turnbewegung war ursprünglich keine wettkampforientierte Sportart, sondern eher dem „Breitensport" oder, modern ausgedrückt, der Fitness verpflichtet, der „Körperstählung". Dazu zählte interessanterweise auch die Leichtathletik, die man als Volksturnen oder volkstümliches Turnen bezeichnete, bevor die formale Abgrenzung vollzogen wurde. Vor dieser Kontroverse, die sich 1924 zuspitzte, war bei den Leichtathletik-Wettbewerben die Teilnahme von Turnvereinsmitgliedern völlig normal, in Neukölln zum Beispiel nahmen regelmäßig Sportler vom T.V. Friesen und T.V. Jahn teil.

Der sportliche Unterschied zum Turnen ergab sich in jedem Falle aus der „objektiven" Messbarkeit von Höhe, Weite, Schnelle, Gewicht sowie dem zählbaren Spielergebnis im Mannschaftssport. In dem Maße, wie die Zeitströmung Rekorde als neue Qualität sportlicher Betätigung unterstrich oder brauchte, wirkten die überwiegend durch Bewertung der Ausführung eingestuften Resultate im Turnen überholt.

Die Neuköllner Sportfreunde 1907 – Ein Leichtathletikverein mit Tradition

Großvereine, Fusionen

Seit Beginn der 20er Jahre gewann der Wettkampfsport enorm an Bedeutung, damit entstand zugleich ein gesteigertes öffentliches Interesse an Rekordleistungen. Vor diesem Hintergrund ist der Zusammenschluss mehrerer Vereine zu Großvereinen zu verstehen; anstatt gegeneinander anzutreten, legten die kleineren Vereine ihre Ressourcen zusammen und wurden somit leistungsfähiger. So schloss sich 1920 die Sport-Vereinigung Hellas mit dem 1912 gegründeten Sport-Club Neukölln und dem Neuköllner Sportclub Cimbria 1900 zusammen und nannte sich fortan Neuköllner Sportfreunde 1900 e.V. Das große N, das sich als Emblem durchsetzte, ist bis heute Markenzeichen dieses Vereins geblieben. Ein weiterer Vorteil der Großvereine war das erweiterte Angebot an Sportarten; neben der traditionellen Leichtathletik gab es nunmehr auch Hockey, Handball und Boxen (in dieser Sportart wurde der Verein nach dem Zweiten Weltkrieg zu einem der erfolgreichsten, wenn nicht der erfolgreichste in Deutschland).

Zwar verließen Vereine auch wieder den Zusammenschluss – zum Beispiel Cimbria mit seinen Fußballern – oder man trennte sich zugunsten größerer Geschlossenheit von einigen Abteilungen, zum Beispiel 1927 von den Handballern. In der Hoffnung einerseits, Stärke in der Konzentration auf wenigere Sparten zu gewinnen und der Erwartung andererseits, durch Zusammenschlüsse mit teilweise konkurrierenden Vereinen zu wachsen, pendelte die Vereinsstrategie seit 1920.

Mannschaftssport und Einzelsport

Klagen über mangelnde Leistungs- und „Quäl"bereitschaft in der Leichtathletik zugunsten anderer Sportarten sind keineswegs neu. Liest man die Verbandszeitungen, so stirbt die Leichtathletik einen periodisch wiederkehrenden Tod. Mal ist die mangelnde Geschlossenheit durch die Vielzahl der Vereinssparten verantwortlich, mal der außerordentlich beliebte Handball. Seit Einführung dieses Mannschaftssports in den Verein 1925 war ein stetiger Rückgang in der Leichtathletik zu verzeichnen, die großen Erfolge von früher (bis 1928) wollten sich nicht mehr einstellen. Die Vereinsspitze versuchte, das Phänomen mit diversen Erklärungen und Appellen anzupacken, es gab die üblichen Vorhaltungen von mangelnden Idealen, Schmähungen der „Salonsportler", aber letztendlich auch das Eingeständnis, dass die durch die Rekorde verursachte Leistungsauslese nur die Begabtesten bei der Leichtathletik hält, der frustrierte Rest ginge in den Mannschaftssport. Im März 1929 erklärte man die Leichtathletik im Verein faktisch wieder zum Breitensport, indem man sie zur Grundlage aller sportlichen Tätigkeit erhob.

● Martin Buß, Berliner Meister im Hochsprung im Trikot der Neuköllner Sportfreunde, 1994. Der gebürtige Neuköllner wurde 2001 Weltmeister mit übersprungenen 2,36 Metern.

Reichssportdiktatur

Seit Januar 1935 galt die Einheitssatzung des Reichssportministeriums, vertreten durch den Reichssportführer. Das Führerprinzip machte aus dem Vereinsvorsitzenden bzw. Vereinsvorstand einen Vereinsführer und aus dem Vereinsruf „Gut Sport Hurra" (1920) oder „Sport Heil" (1924) den Einheitsschlachtruf „Sieg Heil". Ansonsten blieb alles beim Alten, was den Tenor der Verbandszeitungen angeht, die immer öfter eingebrachten Einsprengsel des Reichssportführers sollen daran erinnern, wer das Sagen hat. Offiziell gilt Sport jetzt als Dienst am Volke. 1934 schlug die Frauenstaffel des Vereins alle übrigen Neuköllner Vereine. Hockey erfreute sich inzwischen großer Beliebtheit, auch bei den Frauen.

Im Februar 1937 wurde ein „völkisches Aussprachverfahren" für alle an Wettkämpfen teilnehmenden Sportler eingeführt, das in sechs Punkten, unter anderem zum Thema Erbgut und

Volkstum die weltanschaulichen Grundlagen des Nationalsozialismus abfragte. Ab 1941 wurde die Namensänderung in Neuköllner Sport-Klub e.V. eingeführt, statt des gewohnten N galt ab sofort das Reichsbund-Abzeichen, ein grimmiger Raubvogel mit Hakenkreuz. Sportkleidung gab es nur noch über Bezugsscheine, allerdings nicht mehr im Kaufhaus Joseph in der Berliner Straße (heute Hertie in der Karl-Marx-Straße), das arisiert worden war und nunmehr Friedland hieß.

Da die Arbeitersportvereine gleich nach 1933 aufgelöst wurden, gingen viele ihrer Mitglieder zu den Neuköllner Sportfreunden – wie Zeitzeugen sagen, ohne Probleme (vgl. Ursula Bach in diesem Band). Und noch etwas berichten Zeitzeugen: Bruno Kornowsky, seit 1936 wieder als Vereinsvorstand tätig, soll jüdische Freunde versteckt haben. Die markigen „Mitteilungen des Vereinsführers" vom Juli 1940 zur Kriegssituation sollten angeblich vor Entdeckung schützen, die Propaganda jedem Verdacht vorbeugen.

Nachkriegszeit

1947 durfte man sich zunächst Sport-Club Neukölln, ab 1949 endlich wieder Neuköllner Sportfreunde 07 nennen. Vom Modell des Großvereins, das in den 20er Jahren so erfolgreich war, distanzierte man sich erst einmal, vielmehr strebten die einzelnen Vereine in Neukölln die Selbständigkeit an, was nach den Erfahrungen mit der NS-Diktatur nur allzu verständlich war. Die starken Eigentraditionen bei Turnern und Schwimmern verhinderten ohnedies eine solche Fusion. Erst 1978 sollte man von Neuköllner Seite wieder an Zusammenschlüsse anknüpfen, diesmal in Form einer zweckorientierten Leichtathletik-Gemeinschaft (LG Süd / Berlin), der neben Neukölln Vereine aus Zehlendorf, Steglitz und Lichterfelde angehörten. Diese Konstruktion, bei der die einzelnen Sportler Mitglieder ihres eigenen Vereins blieben, aber von den eröffneten Ressourcen besser profitieren konnten, bewährte sich gut zehn Jahre – gescheitert ist das Modell eher an der ehrenamtlichen Verwaltung und Leitung eines solchen Großkomplexes als an sportbezogenen Faktoren.

Die Klage über mangelnde bzw. mangelhafte Übungsstätten haben die Geschichte des Vereins stets begleitet; doch zu keiner Zeit stand man mehr auf Kriegsfuß mit dem städtischen Sportamt als unmittelbar nach 1947. An der Sportplatzfrage entzündete sich so mancher offene Streit, man hielt das Sportamt für amateursportfeindlich und profisportfreundlich (zum Beispiel Radrennsport) und beklagte die mangelnde Unterstützung des Vereins.

Die weiteren Entwicklungen hingen mit der Geschichte der Bundesrepublik Deutschland, im engeren Sinne mit der Entwicklung Berlins zusammen, mit Währungsreform, Teilung und Mauerbau. Bezahlte Trainerarbeit gab es erst ab 1961. Die finanzielle Unterstützung der West-Berliner Sportler bei Fahrten zu Wettkämpfen außerhalb der Stadt ist seit der Wiedervereinigung natürlich weggefallen, der Erfahrungsaustausch mit den Vereinen und Sportlern der ehemaligen DDR war und bleibt problematisch. Heute besteht die Leichtathletikabteilung nur noch aus Schülerkadern und einem Trainer – im Winter trainiert man in der Halle Parchimer Allee (Britz-Süd).

Monika Bönisch

Anmerkungen

[1] Sämtliche Daten zur Vereinsgeschichte aus der Zeitschrift zum 75jährigen Vereinsjubiläum, Neukölln, 1982, sowie der Verbandsmitteilungen und -zeitungen im Bestand des Vereins sowie mündlichen Äußerungen des Vereinsvorstands im Januar 2004.

[2] Ursprünglich war die durch Jahn ins Leben gerufene Turnbewegung auch eine subversive, freiheitsorientierte, vgl. Christa Jančik in diesem Band.

[3] Programm zum VI. Hallen-Sportfest. Berlin, Februar 1913, S. 1.

[4] Neuköllner Sportfreunde 1907 e.V., Festschrift zum 75jährigen Vereinsjubiläum, Berlin 1982, S. 2.

[5] Der originale Durchgang zwischen Stadtbad und Heimatmuseum ist im August 2002 durch das Bezirksamt / Bäderbetriebe wieder ermöglicht worden und in der denkmalpflegerischen Ausführung sehr gut gelungen.

[6] Siehe dazu: Immer wieder Heimat. 100 Jahre Heimatmuseum Neukölln, hrsg. v. Udo Gößwald / Kulturamt / Heimatmuseum, Berlin 1997 (Katalog zur Ausstellung).

[7] Klubnachrichten Neuköllner Sport-Klub e.V., No. 2, 21. Jg. (Februar 1941), S. 1.

[8] Becker, Hartmut: Die reinliche Scheidung. Versuch einer Trennung von Turnen und Sport in den Jahren 1921–1924. In: Forum für Sportgeschichte. Die Entwicklung der Turn- und Sportvereine, hrsg. v. Arnd Krüger, Berlin 1984, S. 118–130.

„ES IST NORMAL, ANDERS ZU SEIN" –

50 Jahre Versehrten-Sport-Verein Neukölln

Im August 1954 fand sich in Berlin-Neukölln eine Gruppe von sechs Kriegsversehrten zusammen, um unter Anleitung der Gymnastiklehrerin Gertrud Gundel gemeinsam Sport zu treiben. „Obwohl wir von Vereinen und ähnlichen Organisationen aus der Vergangenheit wirklich die Nase voll hatten, hielten wir es für richtig, uns zusammenzutun, um Sport zu treiben, was man eben allein im Kämmerlein nicht schafft. Da ein Behinderter von Natur aus leicht zur Bequemlichkeit neigt, ist für ihn das ‚Trimmen in der Gemeinschaft' von großem Nutzen", erinnerte sich der Vereinsvorsitzende Helmut Arndt 1979 anlässlich des 25-jährigen Bestehens des Versehrten-Sport-Vereins Neukölln an die Anfänge.

Was am 16. Dezember 1945 Dr. Robert Havemann als Mitglied des Berliner Hauptausschusses „Opfer des Faschismus" öffentlich benannte, bestimmte auch das Bewusstsein der Gründungsmitglieder des VSV Neukölln: „Am folgenschwersten hat sich der Ungeist der Nazis auf dem Gebiete der medizinischen Wissenschaft ausgewirkt. […] Für den Naziarzt war der Kranke nicht mehr ein hilfsbedürftiger Mensch, sondern nur noch ein Objekt, dessen Wert danach bemessen wurde, ob sein Fortbestehen oder sein Untergang für die ‚Volksgemeinschaft' zweckmäßiger ist. […] Das Recht des Individuums auf bedingungslose Hilfe in der Not wurde aufgehoben. […] Man begann zuerst mit der Tötung aller Geisteskranken unter dem Motto ‚lebensunwertes Leben'. Dieser Begriff setzte sich schließlich auf alle sogenannten hoffnungslosen Fälle fort, die nur als eine Last für den Staat angesehen wurden."[1]

Kranke Menschen wurden systematisch ermordet. Gesunde hatten sich von einem Regime missbrauchen lassen, das Kranke und Behinderte ausschließlich unter wirtschaftlichen Gesichtspunkten betrachtete und sie damit der Vernichtung preisgab. Wer kriegsversehrt und eingeschränkt leistungsfähig aus dem Krieg zurückkehrte, war dankbar, nicht mit den Maßstäben gemessen zu werden, für die man in den Krieg gezogen war.

Die ersten sechs Teilnehmer trafen sich in der Turnhalle in der Morusstraße zum „Trimmen in der Gemeinschaft". Gertrud Gundel, ausgebildete Gymnastiklehrerin und im Berliner Blindensport tätig gewesen, brachte also professionelle Erfahrungen aus dem Behindertensport mit. Die kriegsversehrten Männer waren ehemals aktive, unversehrte Sportler gewesen. Die Resonanz auf ihre sportlichen Aktivitäten war so überwältigend, dass am 8. November 1954 der Versehrten-Sport-Verein Neukölln aus der Taufe gehoben wurde.[2] Aus diesem Gründungsdatum entwickelte sich das Stiftungsfest, das seitdem jedes Jahr gefeiert wird und zum wichtigsten gesellschaftlichen Ereignis des Vereins avanciert ist, der mit 78 Mitgliedern startete.

Das erste offizielle Schreiben vom 5. Januar 1955 war an Bezirksbürgermeister Exner gerichtet. Der Vorstand bat darum, das Neuköllner Wappen im Vereinsabzeichen führen zu dürfen. Dem wurde stattgegeben und darüber hinaus Bezirksstadtrat Lasson als Vertreter des Bezirksamts für den erweiterten Vorstand des Vereins benannt. So waren die Grundlagen für den Versehrtensport in Neukölln gelegt. Alle Körperbeschädigten und Körperbehinderten, ohne Rücksicht auf die

• Auf der Titelseite der Verbandszeitschrift „Der Versehrten-Sportler" ist der zehnjährige Klaus abgebildet, ein Minenopfer. Er nimmt am Berliner Landes-Versehrten-Sportfest in Frohnau teil und versucht sich beim Baskeball-Zielwerfen, Sommer 1958.

Ursache der Versehrtheit, und ihre nächsten Angehörigen konnten Mitglied werden. Als Zweck wurde in der Satzung aufgeführt: „Es ist sein Ziel, durch die planmäßige Ausführung von Leibesübungen und geeigneten Sportarten den Gesundheitszustand von Versehrten und Körperbehinderten zu fördern. Zur Durchführung seiner Aufgaben bildet der Verein Abteilungen für die verschiedenen Sportarten."

Im Unterschied zu den „unbehinderten" Sportvereinen gehörte hier ein Versehrtensportarzt[3] dazu. Er war Ansprechpartner für sportmedizinische Belange und für Untersuchungen über die Sporttauglichkeit. Nach dem Gesetz musste alle sechs Monate eine versehrtensportärztliche Untersuchung erfolgen, ansonsten verlor der Gesundheitspass seine Gültigkeit. Eine weitere Besonderheit war ein Fürsorger, der sich um soziale und sozialversicherungsrechtliche Belange kümmerte.

Im Laufe der 50-jährigen Geschichte des Vereins wurden verschiedene Sportarten angeboten: Ballspiele (Faustball, Prellball und Sitzball), Bosseln, Fechten, Geräteturnen, Gymnastik, Kegeln, Rudern, Schwimmen, Segeln und Tischtennis – eine Mannigfaltigkeit, die erstaunt. Nicht alle Sportarten wurden gleich intensiv betrieben, Ballspiele und Gymnastik waren einfacher zu organisieren als Segelwettbewerbe und Fechtturniere, doch stand und steht Behinderten eine eindrucksvolle Bandbreite an sportlichen Betätigungsfeldern offen. Bei Wettkämpfen auf Landes- und auf Bundesebene konnte der Neuköllner Versehrten-Sport-Verein in diesen Disziplinen jede Menge Lorbeeren erringen.

Über Sportveranstaltungen und Personalien im Versehrtensport wurden die Mitglieder durch den vereinsinternen Rundbrief informiert und durch die Zeitschriften „Der Versehrtensportler" sowie „Du und ich".

Ungezwungenen gesellschaftlichen Umgang miteinander zu pflegen, gehörte stets zu den außersportlichen Glanzlichtern des Vereinslebens, wobei das jährliche Stiftungsfest den Höhepunkt bildete. Doch auch zwischendurch gab es immer wieder die eine oder andere Feier: „Für Herzsportler ist der Eintritt frei, die Musik gratis und das Essen kostenlos! und Gäste sind willkommen", so warb Anfang der 80er Jahre ein neu konstituierter Vergnügungsausschuss für ein Sparschwein-Schlachtefest.

„Freunde müßt ihr sein, um Siege zu erringen", war die Devise des Versehrten-Sport-Vereins. Sie wurde nicht immer befolgt. Im Sommer 1958 spalteten sich nach heftigen internen Querelen einige Mitglieder vom VSV Neukölln ab und gründeten die Versehrten-Sportgemeinschaft Britz. Schmerzlich daran war, dass es Mitglieder aus der Leitungsebene waren, die den VSV Britz mit gründeten.[4] Die Arbeitsgemeinschaft Berliner Versehrtensport e.V. hatte Vorbehalte gegen diese Gründung, da es in jedem Verwaltungsbezirk nur einen Versehrtensportverein geben sollte, und die Senatsverwaltung für Jugend und Sport teilte diese Haltung. So konnte der neue Verein in der Berliner Sportlandschaft nicht Fuß fassen.

Eine weitere Auseinandersetzung betraf die Aufnahme unversehrter Sportkameraden in den Verein. Problematisch hierbei war, dass die Grenzen zwischen „behindert" und „unbehindert" fließend waren und sind. Die Vorstellung, dass ein Mensch krank, behindert und eingeschränkt leistungsfähig zur Welt kommt und diese Behinderung bis an sein Lebensende unverändert beibehält, ist abwegig. Genauso abwegig ist die Vorstellung, dass ein Mensch vollkommen gesund und leistungsfähig zur Welt kommt und diesen Gesundheitszustand unbeeinträchtigt über Jahrzehnte hinweg beibehält. Diese Vorstellungen waren Überbleibsel der faschistischen Ideologie und es bedurfte eines jahrzehntelangen gesellschaftlichen Diskurses in Deutschland, bis eine Umorientierung erfolgte: „Es ist normal, anders zu sein", so das Motto Oliver Nickels, Gründer der „Bewegung Integrale". Tatsache ist, wie Michael Wiedeburg, Schwerbehindertenvertreter des Landes Berlin, betont, dass nur ganz wenige Neugeborene behindert zur Welt kommen, dass fast alle gesundheitlichen

● Das Versehrten-Freizeitheim am Stößensee mit Veranstaltungsräumen und Zimmern für Übernachtungsgäste, dazu ein Ruderhaus mit Liegewiesen und einem Badestrand auf einer Grundstücksgröße von 9.000 Quadratmetern mit 150 m Wasserfront. Das Haus wurde am 14. Dezember 1961 eingeweiht, die Aufnahme stammt vom Sommer 1963.

Beeinträchtigungen auf den normalen Verschleiß durch Alltag, Beruf und Alterungsprozesse zurückzuführen sind und dass sich Behinderung und Arbeitsfähigkeit nicht ausschließen.

Im Versehrten-Sport-Verein Neukölln begann die Diskussion Ende der 50er Jahre. Es tauchten Beschwerden darüber auf, dass Nichtversehrte am Sportbetrieb teilnahmen. Einige der Versehrten fühlten sich gehemmt und wollten beim Sport unter sich sein. Darüber hinaus wurden finanzielle Nachteile zum Beispiel durch Kürzung öffentlicher Mittel befürchtet, wenn unversehrte Sportler in den Verein aufgenommen worden wären. Schließlich stellte die Arbeitsgemeinschaft Berliner Versehrtensport e. V. ihren Vereinen frei, nächste Angehörige aufzunehmen, deren Teilnahme an Sportveranstaltungen jedoch abzulehnen. Das bedeutete gegenüber der bisherigen Neuköllner Praxis keine Veränderung.

Am 12. Mai 1962 erfolgte beim VSV Neukölln eine Satzungsänderung: Während anfangs kriegsversehrte Männer und deren Gesundheitszustand im Mittelpunkt standen, bezog man nun ausdrücklich Frauen und weibliche Kriegsopfer mit ein. Und man erweiterte den Blick für die Wirkungen des Versehrtensports auf die Arbeitskraft. Ein Zeichen dafür, dass auch kriegsversehrte Menschen in den Zeiten des Wirtschaftswunders ihren Beitrag zur Steigerung des Bruttosozialprodukts leisteten und stolz darauf waren.

Ab Mitte der 60er Jahre sah der VSV Neukölln immer mehr die Notwendigkeit, sein Sportangebot auf weitere Personengruppen auszudehnen: „Wir werden in Zukunft aber auch unser Augenmerk noch mehr auf die Unfallgeschädigten richten, die sich ja in der gleichen Lage befinden, wie wir nach Kriegsende […]. Dies schließt Arbeitsunfälle mit ein."[5] Fast dreißig Jahre nach Kriegsende lichtete sich der Kreis kriegsversehrter Sportler, die älter wurden oder starben.

Ein wichtiger Personenkreis der Zivilgeschädigten waren die Herzkranken. 1979 schloss sich dem Verein eine Gruppe Herzinfarktgeschädigter an. Diese hatten zuvor ein Jahr lang unter ärztlicher Aufsicht trainieren müssen. Nun war ihr Gesundheitszustand soweit wieder stabilisiert, dass an den Trainingsabenden die Anwesenheit eines Arztes entbehrlich war. Aus dieser Gruppe entstand eine Gymnastikgruppe, die für das ganze Spektrum der Sporttreibenden mit Zivilisationskrankheiten offenstand. Flankiert wurde dieser Beitritt durch eine Vereinbarung zwischen dem Landessportbund und der AOK, den Betriebs- und den Innungskrankenkassen. Sie betraf den ambulanten Behindertensport nach Herzinfarkt und regelte Inhalt, Kostenabrechnung und ärztliche Betreuung. Im Laufe der Jahrzehnte kamen auf Bundesebene weitere Regelungen hinzu, die letzte datiert vom 1. Oktober 2003. Der VSV Neukölln ist heute von Zivilisationsgeschädigten geprägt.

Die Jugendgruppe des VSV Neukölln

Der VSV Neukölln war in erster Linie eine Anlaufstelle für ältere Menschen, doch gab es auch junge Mitglieder. So wurde im Juni 1958 eine Jugendgruppe gegründet. Geleitet wurde sie von Gerhard Tornow, der als kriegsversehrter Sportler von Anfang an Mitglied war. Ein Nachwuchssportler, der 1942 geborene und in Britz-Süd lebende Bernd Nickel, machte einen Monat später durch ein ungewöhnliches Unternehmen von sich reden: Er trampte nach Stoke Mandeville in England, um am Internationalen Sportfest der Querschnittgelähmten teilzunehmen. Bernd Nickel war erst 16 Jahre und litt als Folge einer Kinderlähmung an einer starken Gehbehinderung. Was er zu diesem Zeitpunkt nicht wissen konnte war, dass sich aus dem Sportfest in Stoke Mandeville die Paralympische Sportbewegung entwickeln sollte.

Drei Jahre später legte Bernd Nickel dem Vorstand überzeugend seine Vorstellungen einer zukünftigen Jugendarbeit dar und schlug vor, die außersportliche Jugendarbeit im VSV Neukölln zu intensivieren. „Bei uns im Versehrtensport ist sie besonders notwendig, weil für viele Jugendliche in unseren Vereinen der Sport die einzige Möglichkeit ist, in einer Gemeinschaft von Gleichgestellten zu sein, wo eine Körperbehinderung nichts außergewöhnliches ist."[6] Bei der Berliner Sportjugend hatte er eine Fortbildung erhalten, die ihn zu einer freizeitorientierten Jugendarbeit befähigte. Er plante Heimabende mit Gesellschaftsspielen und Tanz im Jugendheim Lessinghöhe und versuchte umsichtig, die Interessen der Jugendlichen und der Älteren in Einklang zu bringen. Mit diesem Angebot wollte er den Sport-Jugendwart entlasten.

Die verstärkte Jugendarbeit machte sich rasch positiv bemerkbar. Beim ersten Landessportfest der Jugend in Frohnau im September 1960 nahmen auch Neuköllner teil; beim Jugend-Junioren-Krockett-Turnier am 27. Mai 1967 belegte die Jugendmannschaft des VSV Neukölln den 4. Platz; beim Landesschwimmfest am 9. April 1967 im Stadtbad Zehlendorf beteiligten sich 16 Einzelschwimmer, von denen zehn Jugendliche beziehungsweise Junioren waren, und vier Mannschaftsstaffeln. In der Fechtgruppe qualifizierte sich 1967 der 17-jährige Michael Höckert durch einen 4. Platz bei der Berliner Junioren-Meisterschaft für die Teilnahme am Vierstädteturnier in Hamburg. Dort nahm er an einem gemischten Mannschaftskampf teil. Er muss so erfolgreich gewesen sein, dass er bei Fechtturnieren, die gemeinsam mit dem Fechtclub Neukölln ausgetragen wurden, keine Treffervorgaben mehr erhielt. Um Nachteile für behinderte Sportler auszugleichen, war dies sonst üblich.

1970 löste sich die Fechtgruppe auf, es kriselte insgesamt im Verein. Die kriegsversehrten Sportler wurden immer weniger und neue Personenkreise waren noch nicht ausreichend erschlossen. Die Jugendarbeit kam ganz zum Erliegen.

Die Frauen im VSV Neukölln

In den fünfzig Jahren seines Bestehens wuchs der Anteil weiblicher Mitglieder und ihr Einfluss im Verein nahm zu. Seit 2003 wird er sogar von einer Frau, Margret Hinz, geleitet. Die erste Frau im Verein war die Gymnastiklehrerin Gertrud Gundel, die zunächst die Sportkurse leitete. Im ersten Vorstand arbeitete auch Helga Suchmüller mit. Statistisch betrachtet waren die Frauen jedoch eine Minderheit. Mitte der 60er Jahre waren viermal soviel Männer wie Frauen hier organisiert, Anfang der 80er Jahre verbesserte sich das Verhältnis zugunsten der Frauen ein wenig, doch immer noch waren dreimal soviel Männer wie Frauen im VSV.

- Der 16-jährige Bernd Nickel (r.), der im Sommer 1958 trotz schwerer Kinderlähmung von Berlin nach Stoke Mandeville zu den Festspielen der Querschnittsgelähmten trampte, im Gespräch mit Herbert Kesten. Den Amtlichen Mitteilungen der Arbeitsgemeinschaft Berliner Versehrtensport e.V. „Du und Ich" berichtete er ausführlich von seinen Erlebnissen, 1958.

- Die Gymnastikgruppe des VSV Neukölln bei einer Vorführung in den Gropius-Passagen im Oktober 2003, Foto: Bruno Braun

Die Frauen tauchten beim VSV vor allem in der Rolle als Ehefrau auf und äußerst selten als Sportlerin oder Sportfunktionärin. Ab 1968 war die Neuköllnerin Gerda Schier ehrenamtliche Sportfunktionärin. In ihrer Wohnung in der Emser Straße 34 befand sich lange Zeit die Geschäftsstelle des Vereins. Hier fanden Vorstandssitzungen statt, wurden Rundschreiben verfasst und versandfertig gemacht.

Zwar wandte sich der Verein schon bei der ersten Satzungsänderung ausdrücklich an Versehrte und körperbehinderte Personen beiderlei Geschlechts, doch scheint Sport immer noch Männersache gewesen zu sein. Das änderte sich ab Mitte der 70er Jahre durch den Einfluss der Frauenbewegung, der auch die Frauen im VSV Neukölln selbstbewusster und selbstbestimmter werden ließ. Mitte der 80er Jahre hatte sich der Frauensport so weit etabliert, dass in der Zeitschrift des Landessportbundes „Sport in Berlin" eine Frauenseite eingerichtet wurde. Im Januar 1985 findet sich ein Bericht über ein Frauensportfest des Versehrtensportvereins Wedding/Reinickendorf, an dem auch die Mitfrauen des VSV

"Es ist normal, anders zu sein" – 50 Jahre Versehrten-Sport-Verein Neukölln

unter anderem an einem Square-Dance teilnahmen, der auf die Möglichkeiten der Behinderten zugeschnitten war.

Als im Oktober 2003 die Gymnastikgruppe anlässlich der Gesundheitstage in der Gropius-Passage einen Auftritt hatte, wirkte kein einziger Mann mit. Zeitgleich trat eine neue Rahmenvereinbarung über den Rehabilitationssport in Kraft. Daran beteiligt sind neben den Trägern der Kriegsopferversorgung und weiteren Verbänden das Weibernetz e.V., eine Organisation zur politischen Interessenvertretung behinderter Frauen. Die Frauen haben sich ganz gut durchgeboxt.

Sportveranstaltungen

Der VSV Neukölln hat etliche Sportveranstaltungen, allein oder im Verbund mit dem Berliner Behinderten-Sportverband oder dem Landessportbund, ausgerichtet und war Teilnehmer bei Sportfesten und Wettkämpfen in ganz Deutschland. Über das Sporttreiben hinaus fördern diese Treffen die Mobilität, die Kontaktfähigkeit, das Organisationstalent und die soziale Kompetenz der Teilnehmer.

Der Verein leistete im Bereich der Sportveranstaltungen einiges an Pionierarbeit. Im November 1955 richtete er das erste landesoffene Schwimmfest einschließlich eines Wasserball-Turniers aus, an dem über zweihundert Menschen teilnahmen. Selbst Kunstspringen wurde durchgeführt. Eine weitere Pionierleistung war im Juli 1956 die Organisation des ersten landesoffenen Leichtathletikfestes für Versehrte auf der Sportanlage am Maybachufer. Im November 1959 war man Gastgeber für Mannschaften aus Köln, Hamburg, Flensburg, Lübeck und Braunschweig, um sich auf einem Sportfest zu messen, bei dem Sitzball und Schwimm-Wettbewerbe miteinander kombiniert wurden.[7] Im Februar 1960 organisierte der VSV Neukölln ein weiteres Landesschwimmfest.

Schwimmen war fast nur Breitensport bzw. Gesundheitssport, den die Mitglieder des VSV Neukölln im Stadtbad Neukölln in der Ganghoferstraße betrieben. 1989, zum 75-jährigen Jubiläum des Stadtbads, war es behindertengerecht ausgebaut worden. Dies bedeutete eine Anerkennung der gesundheitspolitischen Aktivitäten und des gesellschaftlichen Werts des Behindertensports.

Zur festen Einrichtung wurde das Training für das Sportabzeichen. Unter dem Motto „Jeder gegen sich selbst" standen im Sommer 1964 die Wettkämpfe, zu denen sich aus ganz Berlin 180 Sportler meldeten, von denen 150 die Prüfung auf dem Hubertus-Sportplatz in Wilmersdorf bestanden. 1977 war der VSV Neukölln Sieger im Berliner Sportabzeichen-Wettbewerb. Die Landesversehrten-Sportwettkämpfe gehören heute der Vergangenheit an. Auf Berliner Ebene wurde der „Tag der Ballspiele" ins Leben gerufen, bei dem sich Mannschaften zum Prellball, Volleyball und Faustball zusammenfanden.

- Die erste Herren-Sitzballmannschaft des VSV Neukölln bei einem Bundesturnier, 1957

- Die Sitzball-Mannschaft des VSV Neukölln in Aktion, 70er Jahre

Sitzball als Stärke des VSV Neukölln

Sitzball-Wettkämpfe waren stets eine Stärke des VSV Neukölln. Hier erzielte er sowohl auf Landes- als auch auf Bundesebene beachtliche Erfolge. Seit 1954 werden Bundesturniere ausgetragen und ab 1955 war der Verein dabei. In guten Jahren konnte der VSV Neukölln bis zu vier Sitzballmannschaften aufstellen. Die Neuköllner qualifizierten sich jedes Jahr für die Endrunde der letzten 16 Mannschaften. 1960 und 1964 wurde der VSV Neukölln Vize-Meister bei den deutschen Meisterschaften. 1959 bis 1983 wurden die Neuköllner Sitzballer ununterbrochen Berliner Meister, bis 1989 mehrfach Vizemeister.

Als Reaktion auf den Mauerbau im August 1961 war West-Berlin zum Austragungsort des III. Internationalen Sportfestes für Querschnitts- und Kindergelähmte gewählt worden. Sportler aus den USA, England, Italien, Schweden und der Bundesrepublik kamen im März 1962 in die geteilte Stadt. Ein Teil dieses Sportfestes war ein Sitzball-Turnier. Das Endspiel bestritten Gelsenkirchen und der VSV Neukölln, der Zweiter wurde. Das deutsche Fernsehen übertrug das Sportfest für das gesamte Bundesgebiet. So richtete sich die Aufmerksamkeit der Medien auf den VSV Neukölln mit seinem Sitzball-Team und auf viele andere Versehrten-Sportler.

Der VSV Neukölln war 1964 Ausrichter des Bundessitzball-Turniers. Die Vorrunden wurden in der Jahnsporthalle am Columbiadamm und in der Kurt-Löwenstein-Schule in der Karlsgartenstraße ausgetragen. In der Endrunde trafen erneut die Gelsenkirchener und die Neuköllner Mannschaften aufeinander, letztere wurden wieder Vizemeister.

Eine kleine Sensation brachte das Jahr 1983 für das Sitzball-Team. Sie erhielten eine Einladung in die DDR, um in Dresden an einem Turnier für Versehrten-Sportler teilzunehmen. An dieser ersten deutsch-deutschen Behindertensport-Begegnung nahm die Betriebssportgruppe Einheit Dresden-Mitte sowie Lokomotive Dresden und Kreischa teil.

Fechten mit blitzenden Augen

Im Februar 1955 fand sich im VSV Neukölln eine Fechtgruppe unter Leitung von Walter Gladis zusammen. Ihre Devise lautete: „Blitzende Augen, blitzende Klingen, helfen Dir Lebenslust erringen!" Sie bestand 15 Jahre lang und löste sich erst 1970 auf. Sie war jahrelang die einzige Fechtgruppe im deutschen Versehrtensport überhaupt und stand deshalb oftmals vor der Herausforderung, sich mit unversehrten

● Die Siegermannschaft des VSV Neukölln: v.l.n.r. Karl-Heinz Schuhmacher, Gilbert Pennig, Helmut Arndt, Horst Krinowsky, Richard Kerrsch, Rudolf Becker, unbekannt, Otto Czeslik, 1976

Sportlern zu messen.

Die Fechtgruppe[8] trainierte in der Gymnastikhalle Innstraße. Ihr Trainingsfleiß wurde im Oktober 1956 dadurch belohnt, dass sie den in ganz Deutschland gültigen Fechterpass erwarben. Auch sportliche Erfolge blieben nicht aus. 1961 gelang es Rudi Busch, bei einem Neuköllner Fechtturnier den 2. Platz im Degenwettbewerb zu erringen.

Enge Kontakte bestanden zu unversehrten Fechtern aus Bad Mergentheim und zum Fechtclub Neukölln, der von einem französischen Fechtmeister trainiert wurde. Ab 1959 bestritt man gemeinsam ein Degen-Turnier, 1963 kam das Er-und-Sie-Turnier dazu. Beide Turniere wurden bis zur Auflösung der Fechtgruppe jährlich durchgeführt. Weitere sportliche Begegnungen gab es auf Stadt- und Bundesebene. 1967 qualifizierte sich der 17-jährige Michael Höckert bei der Berliner Junioren-Meisterschaft durch einen 4. Platz für die Teilnahme an einem Vierstädteturnier in Hamburg, wo er an einem gemischten Mannschaftskampf teilnahm. Im Café Richard fand 1969 die letzte Siegerehrung für die Fechter statt.

Kegeln in der Ideal-Klause

Drei Jahre nach Gründung des VSV Neukölln erweiterte er sein sportliches Repertoire um das Sportkegeln. Trainingsort war die „Ideal-Klause" in der Mareschstraße 14, sportlicher Leiter war zunächst Horst Krinowsky. Die Kegelgruppe existierte über 35 Jahre, bis das Ausbleiben einer sportpolitischen Förderung dem Kegelsport ein Ende setzte. Das Sportkegeln war schon Anfang der 70er Jahre mit Skepsis betrachtet worden. Bei der Deutschen Kegelmeisterschaft in Neumünster 1992 bedauerte der Schleswig-Holsteinische Landesvorsitzende Gerd Probst „die konstante Ablehnung des Sportkegelns unter Reha-Bedingungen durch die Versicherungsträger"[9].

Eine Besonderheit war der Drei-Städte-Pokalkampf der Kegler aus Lübeck, Hamburg und Berlin-Neukölln, der durch persönliche Beziehungen ins Leben gerufen wurde und ab

• Die Kegelmannschaft des VSV Neukölln. Von links die Herren Gremlin, Rüssel, Gramm, Reinhold, Krinowsky und Treptor.

1959 einmal im Jahr stattfand. Er wurde zu einem Dauerbrenner im Vereinsleben. Die Kegler schafften es, dass sich ein wahrer Medaillenregen über den VSV Neukölln ergoss. Zwischen 1983 bis 1988 gewannen die Einzelkegler bei Deutschen und Berliner Meisterschaften 25 Gold-, 12 Silber- und 8 Bronzemedaillen. Die Wettbewerber waren in elf unterschiedliche Klassen unterteilt, je nach Art und Schwere der Behinderung, außerdem gab es zwei Altersgruppen und die drei Kegelkategorien Bohle, Schere und Asphalt. Die starke Differenzierung führte dazu, dass entsprechend viele Wettkämpfe stattfanden.

1985 gab es die erste Deutsche Kegelmeisterschaft in Kassel, die gemeinsam vom Deutschen Behindertensportverband und Deutschen Keglerbund veranstaltet wurde. Rudolf Becker wurde hier in der Kategorie Bohle Deutscher Meister, Gerd Klenke in den Kategorien Asphalt und Bohle. Ihnen stand eine besondere Ehrung bevor: Am 1. Februar 1986 nahmen sie im Internationalen Congress-Centrum Berlin an der Ehrung durch den Senat von Berlin teil, mit der erfolgreiche Sportler sowie verdienstvolle Förderer des Sports gewürdigt wurden. Dort trafen sie quasi auf gleicher Augenhöhe mit Sportgrößen wie dem Boxer Sven Ottke und dem Wimbledon-Sieger Boris Becker zusammen.

1988 war der VSV Neukölln Ausrichter der Deutschen Kegelmeisterschaft der Behinderten. Hier holten sich Günter Kaiser und Gerd Klenke je einen Meistertitel und der VSV Neukölln wurde Deutscher Mannschaftsmeister im Kegeln/Bohle.[10]

Sport pro Gesundheit

Behinderte Menschen treiben regelmäßig Sport, um leistungsfähig zu bleiben oder um mit den Folgen ihrer Krankheit besser umgehen zu können. Die Mitglieder des VSV Neukölln leben es vor. Wäre es dann nicht möglich und sinnvoll, dass gesunde Menschen ihnen nacheifern, um vor gesundheitlichen Beeinträchtigungen so lange wie möglich verschont zu bleiben? Die Kostenexplosion in der Krankenversicherung führt – allmählich – zu einem Umdenken. Medikamente verschrieben zu bekommen, findet man selbstverständlich. Aber Joggingschuhe verschrieben zu bekommen oder eine Jahreskarte fürs Schwimmbad? Ist das nicht Privatvergnügen? Das Private ist das Politische – diese Lehre aus der Frauenbewegung lässt sich ohne weiteres anwenden auf eine vorausschauende Gesundheitspolitik. Da Bewegungsmangel eine der Hauptursachen der meisten Krankheiten ist, liegt hier der Ansatz für einen klugen Umgang mit begrenzten Ressourcen.

Jutta Plewe

Der Beitrag basiert auf unveröffentlichtem Aktenmaterial des VSV Neukölln.

Anmerkungen

[1] Vgl. „Wir klagen an!" Öffentliche Anklage des Hauptausschusses „Opfer des Faschismus", hrsg. v. Hauptausschuss „Opfer des Faschismus", Berlin, o. D., S. 18–19.
[2] Gründungsmitglieder des VSV Neukölln waren Rudolf Becker, Heinrich Caux, Friedemann Günther Hoenischer, Heinz Mühlenkamp, Karl-Heinz Struwe, Werner Gundel und Gertrud Gundel. Werner Gundel wurde Erster Vorsitzender und Friedemann Günther Hoenischer sein Stellvertreter.
[3] Die Sportärzte der ersten Stunde waren: Dr. Bernhard Goepel, Facharzt für Orthopädie (auch Turnierarzt bei den Fecht-Turnieren); Dr. B. Jannsen, Facharzt für Lungenkrankheiten; Dr. med. Rahnfeld und Dr. med Hans Marschner sowie Dr. Laux.
[4] Der Erste Vorsitzende, Werner Gundel, wurde nun Vorsitzender des VSV Britz. Seine Ehefrau Gertrud Gundel wechselte ebenfalls zum neu gegründeten Verein, der bisherige Fechtwart des VSV Neukölln, Benno Beier, wurde Sportwart und Schriftführer. Die Funktion des Versehrtensportarztes wurde K. P. Blumann übertragen.
[5] Vgl. 10 Jahre VSV Neukölln, Berlin 1964, S. 6.
[6] Brief von Bernd Nickel vom 11. Februar 1961. In: Aktenmaterial des VSV Neukölln.
[7] Vgl. „Du und Ich", Berlin, Ausgabe Dezember 1959, S. 2.
[8] Soweit namentlich bekannt, waren in dieser Gruppe außer Rudi Busch noch Gerhard und Detlef Tornow, Manfred Conrad, Manfred Altmann, Helmut Petzold, Doris Richard, Martin Huwel und Michael Höckert aktiv.
[9] Zeitschrift „Treffpunkt Sport" Ausgabe 9/92, S. 14.
[10] Das Siegerteam bestand aus Rudolf Becker, Jürgen Kasimir, Ewald Lang, Manfred Schmidt, Günter Kaiser, Gerd Klenke und Wolfgang Michaelis. Vgl. Kegeln & Bowling, Berlin, September 1988.

„DER BLICK NACH VORN BRINGT ERFOLGE" –

Ein Porträt des Schwimmtrainers Norbert Warnatzsch

In der Wendezeit, spätestens als das Ende der DDR im Oktober 1990 endgültig besiegelt wurde, bekam Norbert Warnatzsch Angst. Er fürchtete um seine Karriere, fürchtete, seinen Job, sein Auskommen und sein Ansehen zu verlieren. Warnatzsch arbeitete zu der Zeit als Trainer beim SC Dynamo Berlin, dessen Träger das Ministerium für Staatssicherheit (MfS) war. „Dann kam die Wende. Und da war ich auf einmal ein Verbrecher", sagt er. Darüber hinaus dürfte auch sein Weltbild ins Wanken geraten sein, denn Warnatzsch stand zur DDR. Die Frage, ob er ihr nachtrauere, beantwortet er, als hätte er sich verhört: „Bedauern, dass es sie nicht mehr gibt? Jetzt? Nein."

Warnatzsch erkundigte sich damals beim Berliner Schwimm-Verband (BSV), ob es eine Möglichkeit gäbe, dort als Landestrainer zu arbeiten und bekam als Antwort: „Herr Warnatzsch, wenn Sie bei der Stasi waren, haben Sie keine Chance."

Norbert Warnatzsch wurde am 16. Januar 1947 in Nenkersdorf (Sachsen) geboren. Sein Vater war bei der Nationalen Volksarmee und wurde in den folgenden Jahren mehrmals dienstlich versetzt. So zog die Familie 1952 ins nahe Frohburg, kurz darauf nach Dresden und schließlich nach Ost-Berlin. Norbert Warnatzsch hat zwei jüngere Schwestern und lebt heute zusammen mit seiner Frau und den beiden Töchtern in Großziethen.

Zum Schwimmsport kam er im Berliner Stadtteil Karlshorst. Ein Lehrer konnte ihn überreden, in der dortigen Halle vorbeizuschauen, wo er schließlich im Alter von elf Jahren zu trainieren begann. Ihm gelang jedoch nicht der Sprung in die Nationalmannschaft, so dass er als Leistungsschwimmer keine Zukunft hatte. Warnatzsch begann daraufhin im September 1965 ein Lehramtsstudium für die Fächer Mathematik und Physik, was ihm letztlich aber nicht zusagte – nach wenigen Monaten brach er es ab. Er erinnerte sich, dass ihn die SG Dynamo Hoppegarten noch zu seiner Zeit als Leistungsschwimmer für den Modernen Fünfkampf (Schwimmen, Reiten, Fechten, Schießen und Laufen) gewinnen wollte und stellte sich dort vor. Dieser Verein war sozusagen die Sportkompanie des Wachregiments „Feliks E. Dzierzynski", zu dessen Aufgaben unter anderem die Durchführung des Wach- und Sicherungsdienstes, Personen- und Objektschutzes sowie die Sicherung von Großveranstaltun-

• Norbert Warnatzsch in der Schwimmhalle des Olympiastützpunkts Schwimmen im Sportforum Berlin-Hohenschönhausen, Dezember 2003, Foto: Oliver Schweinoch

gen gehörten. Das Wachregiment war der Arbeitsgruppe des Ministers (AGM) direkt unterstellt, die wiederum dem Minister für Staatssicherheit, Erich Mielke, unterstand. Die AGM war vor allem für die Einrichtung und Wartung von Schutzbauten, Ausbildung und Einsatz von Spezialkräften sowie für die Durchführung von Sonderaufgaben verantwortlich. Die Einstellung beim Wachregiment war Voraussetzung dafür, dass Norbert Warnatzsch als Moderner Fünfkämpfer bei der SG Dynamo Hoppegarten stationiert werden konnte. Im Frühjahr 1966 verpflichtete er sich für die grundsätzlich geforderten drei Jahre und absolvierte eine achtwöchige Grundausbildung. Anschließend war er ausschließlich als Moderner Fünfkämpfer aktiv.

Es kam schnell zu sportlichen Erfolgen, die das Leben im Wachregiment erleichterten, so dass Warnatzsch beispielsweise nicht mehr kaserniert wurde, sondern zu Hause schlafen konnte. 1967 bei der Junioren-Weltmeisterschaft wurde er Sechster in der Einzelwertung, seine Mannschaft bekam eine Silbermedaille. Für die Olympischen Spiele 1968 konnte er sich nicht qualifizieren, was ihn noch heute etwas zu ärgern scheint. 1969 schließlich kam das Aus für seine Sportlerkarriere. Der Moderne Fünfkampf galt nun auf Beschluss des Turn- und Sportbundes nicht mehr als förderungswürdig. Die entsprechende Abteilung in Hoppegarten wurde aufgelöst. Dieser Umstand führte jedoch nicht dazu, dass Warnatzsch das deprimierende Gefühl beschlich, vor dem Nichts zu stehen; vielmehr bekam er nun die Chance, sich als Schwimmtrainer zu versuchen, was ein seit langem gehegter Wunsch war.

Er blieb beim Wachregiment „Feliks E. Dzierzynski", wechselte aber den Verein. 1969 begann er als Trainer beim SC Dynamo Berlin zu arbeiten, dem 1953 ursprünglich für die Mitarbeiter des MfS, der Deutschen Volkspolizei und der Zollverwaltung gegründeten Club, der zielstrebig zum Elite-Verein ausgerichtet wurde. Von 1953 bis 1993 brachte der SC 330 Olympiasieger und 70 Weltmeister hervor. Mit der Verpflichtung zum Erfolg ging freilich auch ein starker Druck auf Sportler und Trainer einher: „Wenn man Leistungssport betreibt, dann ist damals wie heute immer wieder der Erfolg gesucht. Demzufolge hat man sich

● Norbert Warnatzsch (rechts) und Matthias Lutze bei den DDR-Meisterschaften im Schwimmen, Magdeburg 1980

auch zu engagieren. Es stimmt, die Polizei hatte die Trägerschaft und die Staatssicherheit auch. Natürlich war man unzufrieden, wenn keine Ergebnisse erzielt wurden und ich habe mir auch mal Kritik anhören müssen. Aber das war halt so, damit habe ich gelebt, damit bin ich zurechtgekommen. Es war ja auch mein Ziel, Sportler zu entwickeln."

Norbert Warnatzsch war zunächst bis 1976 verantwortlich für Nachwuchsschwimmer und -schwimmerinnen im Alter zwischen 11 und 16 Jahren. Parallel, zwischen 1970 und 1975, absolvierte er ein Fernstudium an der Deutschen Hochschule für Körperkultur und Sport Leipzig zum Diplomsportlehrer. Anschließend kümmerte er sich als Trainer im Hochleistungsbereich um die Männer des SC Dynamo sowie der Nationalmannschaft der DDR. Zu den bekanntesten und erfolgreichsten Sportlern dieser Zeit zählt der Olympiasieger sowie Welt- und Europameister Jörg Woithe. 1988 übernahm Warnatzsch das Training der Nachwuchsschwimmerinnen im Alter von 11 bis 14 Jahren. Unter ihnen befand sich auch das junge Talent Franziska van Almsick. Als sie 1992 bei den Olympischen Spielen in Barcelona internationale Berühmtheit erlangte, war Warnatzsch allerdings nicht mehr für die Berliner Schwimmerin verantwortlich. Er hatte die Gelegenheit ergriffen und amtierte bereits seit Februar 1991 als Cheftrainer der indonesischen Nationalmannschaft.

Zuvor war es zu der erwähnten Ablehnung wegen Verbindungen zum MfS durch den BSV gekommen. Norbert Warnatzsch sagt dazu: „Letztlich war ich bei der Stasi." Daraus habe er nie einen Hehl gemacht. Allerdings habe er sich nichts vorzuwerfen. „Ich habe nichts weiter gemacht, als immer nur meinen Sport gesehen. Sowohl als Sportler als auch als Trainer. Ich habe mir nie etwas zuschulden kommen lassen." Dies habe auch eine Untersuchung in der damals so genannten Gauck-Behörde ergeben. Die Untersuchung wurde notwendig, weil im Gegensatz zum BSV der Deutsche Schwimm-Verband (DSV) an einer Zusammenarbeit mit Warnatzsch interessiert war und der dem DSV übergeordnete

"Der Blick nach vorne bringt Erfolge" – Ein Porträt des Schwimmtrainers Norbert Warnatzsch

Deutsche Sportbund (DSB) eine Überprüfung aller aus der DDR stammenden Trainer verlangte.

Der DSV delegierte ihn zusammen mit dem Verbandstrainer Frank Schloßmacher nach Indonesien, was zunächst ungewöhnlich wirkt. Norbert Warnatzsch meint, er habe zu dem Zeitpunkt als Nachwuchstrainer keine Spitzenposition innegehabt, überdies sei es übliche Praxis des DSV, im Ausland sportliche Aufbauarbeit zu leisten. Frank Schloßmacher und Norbert Warnatzsch arbeiteten zwar effizient – die indonesische Nationalmannschaft war das erfolgreichste Team bei den "Sea-Games" im November 1991 in Manila – glücklich war er allerdings nicht. Er wollte zurück. Seine Familie war in Deutschland geblieben. "Ich war alleine dort unten, anderthalb Jahre." In Indonesien hörte er, dass die Schwimm-Gemeinschaft Neukölln mit der Wende die Chance sah, weitere Trainer zu engagieren. Warnatzsch bewarb sich um den Posten als Cheftrainer – und wurde genommen.

Er begann seine Tätigkeit im September 1992 und ist seitdem verantwortlich für die gesamte Trainingsarbeit, für kurz- und langfristige Konzeptionen für alle Altersgruppen, für den Einsatz der Trainer und Übungsleiter sowie für die Koordination der Wasserbelegung zwischen den einzelnen Gruppen und Sportarten. Obwohl es durchaus Trainer und Betreuer gibt, die in Abstimmung mit ihm verschiedene Aufgaben übernehmen, ist sein Arbeitspensum beachtlich. Hinzu kommt, dass Warnatzsch seit 2002 Mitglied des Trainerteams der Nationalmannschaft Schwimmen und leitender Trainer am Olympiastützpunkt (OSP) Schwimmen im Sportforum Berlin-Hohenschönhausen ist. Es waren vor allem die Erfolge der von

ihm trainierten Sportler (sechs Gold- und zwei Silbermedaillen) bei der EM 2002 in Berlin, die dazu führten, dass ihm dieser Posten angetragen wurde. Das bedeutet, der Cheftrainer der SG Neukölln ist auch am OSP Schwimmen der Boss. Allerdings ohne vom DSV dafür bezahlt zu werden, was er nicht weiter bedauert. Es gebe dort eben keine Planstelle für ihn, sein Einkommen beziehe er ausschließlich von der SG Neukölln, seinem, wie er sagt, "Heimatverein".

Sein Hauptarbeitsplatz ist jedoch die

• Norbert Warnatzsch mit Frank Schloßmacher in Indonesien; der Herr in der Mitte ist der Bürgermeister von Purwokerto, März 1991

Schwimmhalle im Sportforum. Hier betreut er seine Gruppe, in der unter anderem Torsten Spanneberg und Franziska van Almsick trainieren, die 2002 wegen Norbert Warnatzsch zur SG Neukölln wechselte. Die Halle im leicht schäbigen Sportforum bietet mit ihren acht Bahnen, den Krafträumen, der Möglichkeit der sportmedizinischen Betreuung etc. anscheinend noch immer die besten Bedingungen, um "Sportler zur

Weltspitze zu bringen", wie Warnatzsch sein Ziel umschreibt. Um an diesem Ziel zu arbeiten, steht er morgens um 4.00 Uhr auf und fährt von Großziethen nach Hohenschönhausen. Dort kommt er spätestens um 5.30 Uhr an. Die ersten Sportler erscheinen frühestens eine Stunde später, so dass er genügend Zeit hat, in Ruhe Kaffee zu trinken, Zeitung zu lesen und eventuell ein Kreuzworträtsel zu lösen. "Das ist schon ein Kult", erklärt der begeisterte Kreuzworträtsellöser.

Trainiert wird in der Halle montags bis sonnabends. Die übrige Zeit ist bestimmt durch Auswertungen, Vorbereitungen, konzeptionelle Arbeit, Diskussionen oder Versammlungen. Am Wochenende stehen oftmals Wettkämpfe an, bei denen Warnatzsch in seiner Eigenschaft als Cheftrainer auch andere Gruppen begleitet, als die von ihm betreute. Nebenher muss noch die zurückliegende Trainingswoche ausgewertet und die anstehende geplant werden. "Ein Aufwand ist das schon – das steht fest", kommentiert er das Ausmaß seines Arbeitspensums. Nicht außer Acht zu lassen sind dabei auch die Belastungen durch das Arbeitsumfeld. Beim Training ist neben den hohen Temperaturen auch der Chlorgeruch auszuhalten. Bei einem Turnier – zum Beispiel dem Internationalen Schwimmfest der SG Neukölln im November 2003 – kommt noch ein Geräuschpegel hinzu, der an den Nerven zerrt. Permanent werden Namen aufgerufen, aus den Lautsprechern tönt zu jedem Lauf ein Jingle, vereinzelt gibt es Pfiffe, Rufe, Applaus. "Nach solchen Wettkämpfen bin ich abends fertig, das steht fest", erklärt der Schwimmtrainer des Jahres 2002 dazu und meint: "Da ist aber natürlich auch eine gewisse Routine. Diese Dinge erlebe ich, so lange ich Trainer bin. Ich bin's ja auch gerne und nehme Dinge, die dazugehören, positiv auf. Mich nervt so leicht nichts, was mit Schwimmen, mit Wettkämpfen und mit Training zu tun hat. Das ist einfach mein Hobby und mein Job. Aber die unterschwellige Belastung ist schon gegeben. Allein die Temperaturen, die Zeitdauer und die Konzentration, die nötig ist – die fordern einem schon eine ganze Menge ab."

In Gesprächen mit Norbert Warnatzsch kommt nicht nur sehr schnell seine Begeisterung für den Schwimmsport zum Ausdruck, sondern auch die für ihn große Bedeutung von Fairness, die Möglichkeit, sich in diesem Sinne messen zu können. Dies wird auch deutlich in seinen Äußerungen zu den Doping-Prozessen, vor allem in den 1990er Jahren. Warnatzsch will sich in diesem Zusammenhang nicht über Kollegen äußern, verweist sofort, wenn Namen fallen, auf sich und erklärt, gegen ihn sei auch ermittelt worden. Allerdings habe man das Verfahren ohne Anhörung seiner Person und „ohne Bezahlung von irgendwelchen Geldern" niedergeschlagen. Gleichzeitig gibt es für ihn keinen Zweifel an der Notwendigkeit der juristischen Aufarbeitung, nur sollte sie nicht zur Obsession werden: „Das Leben war so. Es gab die DDR, es gab dieses Sportsystem und jetzt gibt es das eben nicht mehr. Und jetzt sind wir in einem neuen System und da, glaube ich, sollte man doch nach vorn gucken. Nicht immer nur nach hinten gucken und da irgendwie herum rühren. Der Blick nach vorn bringt Erfolge." Ebenso berechtigt empfindet er die Überprüfung der DDR-Trainer durch die Gauck-Behörde, betont jedoch, dass er sich nichts vorzuwerfen habe. So sei er sehr froh, dass man ihn am OSP als leitenden Trainer einsetzt und „nicht Dinge in den Weg geworfen hat, die

nicht fair gewesen wären". In diesem Sinn äußert er sich auch auf die Frage, welches Klischee über Norbert Warnatzsch ihn am meisten ärgere. Er antwortet zunächst mit einem langen Schweigen und meint schließlich: „Der wirbt die Leute ab. Ich habe bis jetzt noch keinen Sportler angesprochen, dass er zu mir kommen soll. Es gibt Stimmen, die das behaupten. Das ärgert mich, weil: Habe ich nicht gemacht, mache ich nicht, will ich nicht, brauche ich nicht!"

• Sprungturm im Sportforum in Berlin-Hohenschönhausen, Dezember 2003, Foto: Oliver Schweinoch

Außerdem wird schnell Norbert Warnatzsch' Bereitschaft offenbar, permanent an sich zu arbeiten, sich zu verbessern, nicht stehen zu bleiben. „Da ist ja nicht nur die Tagesregie mit dem Riesenzeitaufwand, sondern auch die ständige Arbeit mit den Athleten. Die Arbeit am Beckenrand und die Arbeit theoretischer Natur. Man muss bereit sein, zu lernen und nach neuen Erkenntnissen zu suchen. Man muss ja aufpassen, wie der Weltsport sich entwickelt." Rezepte für die alten Erfolge sind selten die der zukünftigen.

In seiner knapp bemessenen Freizeit geht er durchaus mal ins Kino, zu einem Familienfest oder trifft sich mit Freunden. Was jedoch seine Vorlieben abseits des Sports betrifft, so hebt er sein großes Interesse an Computern hervor. Er will sich auch in diesem Bereich „vervollkommnen", wie er sagt, die Programme, die Technik beherrschen, versuchen, immer auf dem Laufenden zu bleiben. In dieselbe Richtung geht die Antwort auf die Frage, welchen Luxus er sich gönnt: „Ich habe mir ein Navigationssystem, fast ein Kinderspielzeug, gekauft und bin begeistert, wie das funktioniert."

Oliver Schweinoch

Die Gespräche mit Norbert Warnatzsch wurden am 3. Dezember 2003 sowie am 8. und 15. Januar 2004 geführt.

ZAHLEN UND FAKTEN 1949 BIS 2003

Aufgrund einer Anordnung des Alliierten Kontrollrats vom 17. Dezember 1946 wurden alle deutschen Turn- und Sportvereine sowie -verbände aufgelöst. Ausgewählte Sportarten konnten nur in so genannten kommunalen Sportgruppen betrieben werden, bis diese am 1. April 1949 aufgehoben und damit die Grundlage für die Wiederaufnahme der Vereinstätigkeit geschaffen wurde.

Zu Zeiten des Kommunalsports betreute das Sportamt 21 Sportgruppen mit ca. 4.700 Sportlern. Nur ein Jahr nach Auflösung des Kommunalsports waren bereits über 10.000 Sportler in mehr als 40 Vereinen organisiert, 1954 waren es 66 Vereine mit 21.840 Mitgliedern. Dieses Niveau wurde bis in die späten 60er Jahre gehalten. Eine Besonderheit dieses Jahrzehnts war jedoch die deutliche Zunahme an Betriebssportgemeinschaften. Wurden 1962 nur zwei erfasst, waren es 1969 bereits 15.

1970 wurden 64 Sportvereine und 17 Betriebssportgemeinschaften mit insgesamt 26.688 Mitgliedern vom Sportamt betreut – 36 Prozent davon waren Frauen. In den Folgejahren war ein starker Anstieg der Vereins- und Mitgliederzahlen zu verzeichnen. Für das Jahr 1976 bedeutete das 34.403 in 70 Vereinen und 27 Betriebssportgemeinschaften angemeldete Sportler und Sportlerinnen. Hinsichtlich der Mitgliederzahlen sollte es bis 2003 kaum Veränderungen geben. Der ehemalige Bezirksbürgermeister Frank Bielka erwähnte zwar in einer Bilanz für die Zeit von 1985 bis 1991 40.000 Sportler und 196 Vereine. Es ist jedoch möglich, dass in dieser Zahl auch diejenigen Freizeitvereine und ihre Mitglieder eingerechnet sind, die in den Beiträgen des Sportamts in den Neuköllner Jahrbüchern keine Erwähnung finden und auch vom Statistischen Landesamt nicht erfasst werden. Was die Anzahl der Turn- und Sportvereine betrifft, wurde 1983 mit 128 (40 davon Betriebssportgemeinschaften) ein mit den heutigen Verhältnissen vergleichbares Niveau erreicht.

Der Bericht des Statistischen Landesamts zum 1. Januar 2003 erfasst 131 Sportvereine in Neukölln, 31 davon sind Betriebssportgemeinschaften. Hinzu kommen Freizeitvereine und Verbände mit besonderer Aufgabenstellung im Landessportbund (zum Beispiel DLRG), die vom Statistischen Landesamt jedoch nicht berücksichtigt werden. Die 131 Vereine haben insgesamt 34.923 Mitglieder (31.445 in Sportvereinen und 3.478 in Betriebssportgemeinschaften). Die Mehrzahl von ihnen sind Männer (22.362 zu 12.561). Zahlenmäßig am stärksten vertreten ist die Gruppe der 7 bis 14-jährigen Jungen und Mädchen (7.421), dicht gefolgt von den 27 bis 40-jährigen Männern und Frauen (7.309). Diese Angaben beziehen sich auf die Vereine und Betriebssportgemeinschaften. Betrachtet man letztere isoliert, ergibt sich allerdings eine andere Verteilung: Hier sind die 27 bis 40-Jährigen am stärksten vertreten (1.238), gefolgt von den 41 bis 50-Jährigen (773).

Im Vergleich mit anderen Berliner Bezirken hat Neukölln hinsichtlich dieser Verteilungen keine Sonderrolle. Bemerkenswert ist höchstens, dass auf die gesamte Stadt bezogen die Gruppe der 7 bis 14-Jährigen (79.530) kleiner als die der 27 bis

40-jährigen (89.705) ist. Dies erklärt sich aus dem Umstand, dass in den Sportvereinen der Bezirke Mitte, Friedrichshain-Kreuzberg, Charlottenburg-Wilmersdorf, Spandau, Tempelhof-Schöneberg und Treptow-Köpenick die 27 bis 40-Jährigen deutlich stärker vertreten sind als die 7 bis 14-Jährigen.

Setzt man die Vereinsmitglieder und die Einwohner eines Bezirks ins Verhältnis zueinander, zeigen sich deutliche Unterschiede zwischen den Bezirken. Es ist jedoch darauf hinzuweisen, dass nicht alle Mitglieder eines Vereins im entsprechenden Bezirk wohnen und hinter den vom Statistischen Landesamt erfassten Mitgliedern nicht notwendig dieselbe Anzahl von Personen steht, da man in mehreren Vereinen Mitglied sein kann und damit entsprechend oft gezählt wird.

Die 34.923 aktiven und passiven Mitglieder der Neuköllner Sportvereine haben an der Gesamtbevölkerung des Bezirks einen Anteil von rund 11 Prozent. Damit liegt Neukölln im städtischen Mittelfeld. Spitzenreiter sind Charlottenburg-Wilmersdorf (20 Prozent) und Spandau (ca. 19 Prozent). Am unteren Ende der Liste befinden sich Marzahn-Hellersdorf (6 Prozent) und Pankow (ca. 7 Prozent). Für diese Unterschiede sind vielfältige Gründe denkbar: Sie könnten sowohl der jeweiligen Alters- und Sozialstruktur als auch dem quantitativen und qualitativen Angebot an Sportvereinen und -stätten geschuldet sein.

Ob das sportliche Interesse die Anzahl der Sportstätten bedingt oder umgekehrt, bleibt freilich Spekulation, festzuhalten ist jedoch, dass der Bezirk Charlottenburg-Wilmersdorf über 134 so genannte Kernsportanlagen (Hallen und Plätze) verfügt. Die geringste Anzahl findet sich in Friedrichshain-Kreuzberg (62), knapp überboten von den Bezirken Marzahn-Hellersdorf (jeweils 89). Spitzenreiter ist Treptow-Köpenick (145). Neukölln verfügt über 63 Klein- und 24 Großspielfelder, fünf Tennisanlagen sowie zwölf 400-m-Rundlaufbahnen (Stand 2000). Mit der Gesamtanzahl von 104 öffentlichen oder vergleichbar nutzbaren Sportanlagen befindet sich Neukölln auch diesbezüglich im städtischen Mittelfeld.

Oliver Schweinoch

Der Text basiert auf folgenden Quellen:
Statistischer Bericht des Statistischen Landesamts, BV/S – j 2003. Sportvereine in Berlin, 1. Januar 2003.
www.statistik-berlin.de
Bilanz des Sports und des Bäderwesens in Neukölln für die Zeit vom 29. Juni 1985 bis 15. Oktober 1991 von Frank Bielka.
Verwaltungsbericht 1. April 1948 bis 31. März 1950 des Bezirksamts Neukölln.
Neuköllner Jahrbücher 1950–1953.
Monatsberichte für den Verwaltungsbezirk Neukölln 1951.
Neuköllner Jahrbücher der Jahre 1960–1983.
www.neukoelln-online.de

VEREINSPORTRÄTS

1. FC Neukölln 1895 e.V.

Im Jahr 1924 fusionierten die beiden Vereine Rixdorfer Fußball-Club Normania 1895 und Rixdorfer Fußball-Club Fortuna 1907 zum 1. Fußball-Club Neukölln 1895. Beide hatten sie etwas vorzuweisen, was der andere nicht besaß: Normania 95 hatte die längere Tradition, meist die spielstärkere Mannschaft und war seit vier Jahren bereits ein eingetragener Verein, hatte also die volle Rechtsfähigkeit. Fortuna 07 hingegen war Inhaber eines Sportplatzes, des Hertzbergplatzes in der Kaiser-Friedrich-Straße (heute Sonnenallee). 1933 gab es Überlegungen des Gauführers, den Verein mit Tasmania und Südstern 08 zu fusionieren. Dazu kam es aber nicht. Während des Kriegs gab es keinen Ligaspielbetrieb, dennoch wurden Spiele zwischen dem 1. FC Neukölln, anderen spielfähigen Vereinen sowie Militärvereinen und Werksvereinen organisiert. Am 27. Mai 1945, nur 19 Tage nach Kriegsende, fand ein erstes größeres Fußballspiel gegen Tasmania mit über 3.000 Zuschauern auf dem Karstadtsportplatz statt. Nach Auflösung der Kommunalsportgruppen wurde der Verein unter dem Namen VfR Neukölln 1949 neu gegründet und spielte auf dem Platz des Vereins Cimbria in der Bergiusstraße. Im Mai 1949 trat er wieder unter dem Namen 1. FC Neukölln an. Ab 1950 spielte er wieder am Hertzbergplatz, dessen Zuschauerkapazität im Sommer 1952 auf 5.000 Stehplätze erhöht wurde. 1953 schaffte der Verein den Aufstieg in die Amateurliga, wobei die Spieler 1955 in der Deutschen Amateur-Meisterschaft den 2. Platz belegten, 1965 wurden sie Berliner Amateurmeister, im gleichen Jahr stiegen sie in die Regionalliga auf und damit in den bezahlten Fußball ein. Der Club war damals aber nicht nur wegen seiner Spielqualitäten gefürchtet, sondern auch wegen seines Platzes, der je nach Witterung mal Schlammloch mal Staubwüste war und viele Unebenheiten aufwies. Im August 1968 erhielt der Platz die ersehnte Rasendecke, die Einweihung brachte eine Rekordbesucherzahl von 6.000 mit sich. 1974 wurde die zweite Bundesliga eingeführt, so dass aus der höchsten Berliner Spielklasse wieder die Amateuroberliga und aus den ehemaligen Vertagsspielern Amateure wurden, was zu großen Veränderungen in der Zusammenstellung der Mannschaften führte. Die erste Mädchenmannschaft des Vereins wurde 1977 gegründet, die zu den erfolgreichsten Mannschaften der Jugendabteilung gehörte. 1979 stieg der Verein in die Landesliga auf. 1981 wurde die erste Damenfußballmannschaft gegründet, die in den nächsten Jahren Meister der Kreisliga, Berliner Hallenmeister, zweimal Berliner Pokalsieger

• Erste Männer-Mannschaft des 1. FC Neukölln 1895 e.V., 2003

und Vizemeister der Oberliga Nordost wurde. Als sie 1990 Berliner Meister wurden, gehörten sie damit zu den Gründungsvereinen der Frauen-Bundesliga. Der damalige 1. Vorsitzende sprach sich zwar gegen den Frauenfußball und deren Teilnahme an der Bundesliga aus, konnte sich jedoch gegen andere Fürsprecher für die Frauen im Verein bei einer extra zu diesem Thema angesetzten außerordentlichen Mitgliederversammlung nicht durchsetzen.

1995 beging der Verein seine 100-Jahr-Feier, ein Jahr später wurde die Frauenfußballabteilung wegen massiver Abwerbungen von anderen Vereinen aufgelöst. Im Juni 2002 scheiterten Verhandlungen über eine Fusion mit dem Platznachbarn NSC Marathon. Die Mitgliederzahl beträgt derzeit 270.

Die Geschäftsstelle befindet sich in der Sonnenallee 181.

Verena Sarah Diehl

Der Beitrag basiert auf der Chronik zur 100-Jahr-Feier des 1. FC Neuköllns, 1995, und einem Gespräch mit Herrn Sprangowski.

Berliner Turnerschaft Korporation
(Turn- und Sportverein e.V.)

Geschäftsstelle und Archiv der Berliner Turnerschaft (BT) befanden sich ab 1911 in den Räumen der städtischen Turnhalle in der Prinzenstraße (Kreuzberg). Das Gebäude wurde im Februar 1945 bei einem Bombenangriff restlos zerstört. Erst seitdem die Geschäftsstelle 1949 in der Wohnung des damaligen Vorsitzenden Kurt Zameitat in der Sonnenallee 152 eingerichtet worden war, hat der Verein seinen Sitz in Neukölln. Allerdings gibt es die über 100 Abteilungen nicht ausschließlich in diesem Bezirk, sondern auch in Kreuzberg, Tempelhof, Tiergarten, Wedding und Spandau. Derzeit befindet sich die Geschäftsstelle in der Buschkrugallee 163, das 1995 eingeweihte und umfangreiche Vereinsarchiv ist in der Sonnenallee 195 untergebracht. Wie viele andere Neuköllner Vereine auch, hatte die BT seit den 50er Jahren ein Vereinsgelände in der Grenzallee gepachtet, musste dieses aber 1996 unter anderem wegen der Verlängerung der Stadtautobahn aufgeben. Ein Ersatzgelände ist zwar erwünscht, aber nicht in Sicht.

Die in Neukölln angebotenen Sportarten umfassen Turnen, Sportgymnastik, Rhönrad, Freizeitvolleyball, Prell- und Faustball sowie Modern Karate.

Die BT wurde am 16. Mai 1863 gegründet und verfügte bald über 800 erwachsene Mitglieder. Aktiv am Vereinsleben teilnehmen durften zunächst nur Männer, da Frauen das Turnen im Verein erst ab 1893 gestattet wurde. Mit dieser Neuerung stieg die Mitgliederzahl, die schon 1888 über 4.000 betrug, bis 1903 auf fast 6.100 an. 1923 schließlich konnten 6.541 aktive und passive Mitglieder gezählt werden – die BT war damit der größte deutsche Turnverein. Dieses Niveau wurde später nie wieder erreicht.

Anfang 1950, wenige Monate nach der Neugründung, wurden ca. 2.300 Mitglieder gezählt, einige Jahre später sogar 4.100. Derzeit sind ca. 2.200 Sportler und Sportlerinnen erfasst. Zu den prominentesten Sportlern der BT zählt der Olympiasieger Alfred Flatow, der 1896 in Athen zur ersten deutschen Olympiamannschaft gehörte. Er starb 1942 im KZ Theresienstadt.

Oliver Schweinoch

Der Beitrag basiert auf der Festschrift zum 140. Geburtstag, Gesprächen mit dem Leiter des Vereinsarchivs Gerhard Hein und der Homepage: http://home.t-online.de/home/berliner.turnerschaft/homepage.htm

● Gretel Oberüber (oben) war 1960 Deutsche Meisterin im Rhönradturnen und ist hier beim Training zu sehen, 1954

LC Stolpertruppe Berlin e.V.

Der LC Stolpertruppe Berlin[1] kann als eingetragener Verein auf fast 25 Jahre Geschichte zurückblicken. Gründungstag war der 10. Dezember 1980, doch die Wurzeln liegen weiter zurück. Anfang der 1970er Jahre trafen sich regelmäßig einige Freizeitsportler, um auf dem Sportplatz in der Stubenrauchstraße in Rudow für das Deutsche Sportabzeichen zu trainieren. Mit der Zeit wuchsen neben der Anzahl der Sportler auch die Ambitionen; die Laufstrecken wurden länger und die lose Gruppierung schickte sich an, Laufveranstaltungen zu organisieren. Problematisch dabei war, dass ein nicht eingetragener Verein bei der amtlichen Vergabe der Sportplätze kaum bedacht wird, was auch für dringend benötigte Räumlichkeiten oder Duschen gilt. So wurde ein Verein gegründet, der in Anspielung auf das Lokal „Zur Stolpertreppe" in Buckow benannt wurde, das für einige Zeit ein beliebter Treffpunkt der Sportler gewesen war.

Der Leichtathletik-Club verfügt derzeit über 260 Mitglieder und richtet mittlerweile mit der 50-Kilometer-Berlin-Staffel jährlich insgesamt vier Veranstaltungen aus. Überdies können Interessierte zu den regelmäßigen Lauftreffs kommen, für das Sportabzeichen trainieren und es schließlich erwerben. Ein besonderes Augenmerk gilt hier der Förderung des Behindertensportabzeichens.

Oliver Schweinoch

Der Beitrag basiert auf Gesprächen mit Lothar Heinrich und Otto Horn sowie dem Mitteilungsblatt des Vereins, Stolper-Blättchen, und der Homepage: www.stolpertruppe.de.

● Die Staffel der Stolpertruppe, Mai 1978

MädchenSportZentrum „Wilde Hütte" e.V.

Das Mädchensportzentrum besteht seit 1994. Die Einrichtung arbeitet nach dem Prinzip des Gender Mainstreaming, das heißt, dass die Gleichstellung der Geschlechter in allen Bereichen im Vordergrund steht. Die zur Verfügung gestellten Organisationsformen, Leistungsprofile und Werte orientieren sich an den Bedürfnissen, Interessen und Fähigkeiten von Mädchen und Frauen. Im Sachbericht des Zentrums heißt es, dass Jungen und Mädchen oft nicht die gleichen Chancen bei der Entwicklung einer persönlichen Identität hätten. „‚Raum haben' ist Bedingung für die Bildung des Selbst" und so soll im Mädchensportzentrum Raum gegeben werden, damit „eine positive Wertschätzung gegenüber Mädchen, Frauen und Weiblichkeit gelebt und durch die Mitarbeiterinnen vorgelebt werden". Es geht explizit nicht darum, den Mädchen Sportarten nahezubringen, die von Jungen bevorzugt werden, sondern sie in ihren eigenen Interessen zu fördern und ihnen ihre Stärken bewusst zu machen. Gerade beim Sport haben Mädchen oft weniger Scheu zu tun, was sie wollen, wenn sie in einer geschlechtshomogenen Gruppe sind.

Die Mitarbeiterinnen stellen fest, dass viele Mädchen wenig Interesse haben, sich dem Leistungsdruck von Sportvereinen unterzuordnen: „Die häufig noch bestehende sehr traditionelle, wettkampforientierte und wenig variable Struktur schreckt auch weiterhin die Mädchen ab, sich längerfristig an einen Verein zu binden", heisst es im Sachbericht. Da das Zentrum die Mädchen in ihrer Individualität unterstützen will und nicht leistungsorientiert arbeitet, gibt es vor allem spaß- und lustbetonte Bewegungsangebote und ein flexibles Kurssystem. Mannschaftssport mit kontinuierlicher Teilnahme erscheint den Mädchen weniger attraktiv. Um diesbezüglich Anregungen zu geben, neue Mädchen anzusprechen und die Zusammenarbeit zu fördern, suchen die Mitarbeiterinnen auch immer wieder das Gespräch mit Vereinen und Schulen.

Inline-Skating, bei dem die sportliche Anstrengung in den Hintergrund und der gemeinsame Spaß im Vordergrund steht, und Streetdance gehören zu den beliebtesten Aktivitäten. Hauptattraktion ist der sieben Meter hohe Kletterturm im Garten. Hier gibt es gemischte Kletterkurse und der Turm wird auch von Jugendlichen anderer Einrichtungen genutzt. Außerdem gibt es noch Kurse in Billard, Internet- und Computerarbeit, Aerobic, Selbstbehauptung und -verteidigung und vieles andere mehr. In den letzten Jahren wurden verschiedene Erlebnisreisen, zum Beispiel zum Skifahren, Surfen oder Klettern, Mountainbiken, Bergwandern und Canyoning, angeboten. Hier stehen gegenseitiges Vertrauen und Unterstützen sowie das Ausgeliefertsein an ungewohnte Situationen im Vordergrund.

Neben Kursen und Reisen gibt es auch offene Treffs, wofür ein eingeschossiges Haus mit Garten zur Verfügung steht. Die Mädchen können hier die Billard-, Computer-, Sport- und Aufenthaltsräume und die Küche frei nutzen. Sie kommen also nicht nur in die Wilde Hütte, um sich an konkreten Kursen zu beteiligen, sondern können die Räume auch als Treffpunkt mit anderen Mädchen, aber auch mit den Mitarbeiterinnen, zum Reden und sich Kennen lernen nutzen. Hier haben die Mitarbeiterinnen auch oft die Funktion der Beraterin bei persönlichen Problemen. Die Themen Schwangerschaft, Liebe, Schule und Familienprobleme nehmen hier einen großen Raum ein. Aufgrund der materiellen Verarmung der Familien ist es keine Seltenheit, dass die Mädchen mit leerem Magen in die Wilde Hütte kommen. Gemeinsames Kochen hat deshalb einen hohen Stellenwert, wobei den Mädchen, die oft an Fast Food gewöhnt sind, auch bewusste und gesunde Ernährung nahe gebracht werden soll.

Viele Angebote fördern das aktive Handeln der Mädchen, auch werden sie oft dazu angehalten,

• Der sieben Meter hohe Kletterturm im Garten des Mädchensportzentrums Wilde Hütte, Wildhüterweg, Mai 2003

eigenständig zu organisieren und sich an Entscheidungen, die die Wilde Hütte betreffen, zu beteiligen. So soll die Eigenverantwortlichkeit und das Selbstbewußtsein der Mädchen gefördert werden. Donnerstags dürfen auch Jungen das Haus besuchen, wenn sie in Begleitung eines Mädchen kommen. Dies schafft Erfahrungen, die dazu ermuntern, typisches Rollen- und Dominanzverhalten aufzugeben. Die Leiterin, Frau Charabé, berichtet, dass oft schon Jungen vor der Tür in der Hoffnung warten, dass sie von Mädchen mit rein genommen werden. Dass das Interesse der Jungen so groß ist, begrüßen die Mitarbeiterinnen, denn ihrer Meinung nach kann Mädchenarbeit nur erfolgreich sein, wenn parallel dazu auch auf die Lebenswelt und die Handlungen von Jungen eingegangen wird.

Die Mädchen kommen zu 75 Prozent aus der näheren Umgebung, sind zu 70 Prozent deutscher Herkunft und überwiegend aus sozial schwachen Schichten. Mädchen ausländischer Herkunft sind aufgrund der umliegenden Bevölkerungsstruktur weniger vertreten und kommen zumeist aus osteuropäischen Ländern sowie aus der Türkei und arabischen Staaten. Der Altersdurchschnitt liegt bei 14 Jahren. Derzeit ist das Zentrum bemüht, auch ältere Mädchen, zum Beispiel durch Werbung in Berufsfachschulen, anzusprechen.

Neben der Wilden Hütte gibt es noch drei weitere Freizeiteinrichtungen für Mädchen in Neukölln: „Szenenwechsel" in der Donaustraße 88; „Reach-Ina" im Reuter-Kiez, Nansenstraße 35; „MaDonna" im Rollberg-Viertel, Falkstraße 26.

MädchenSportZentrum Wilde Hütte, Wildhüterweg 2, 12353 Berlin, Tel. 60 41 09 93 Fax 66 70 53 17, E-Mail: wilde-huette@freenet.de

Verena Sarah Diehl

Der Beitrag basiert auf dem Sachbericht für „Förderung der Jugendarbeit" des MädchenSportZentrums Wilde Hütte Neukölln, 2002, und einem Gespräch mit Frau Charabé.

Neuköllner Rennfahrer-Vereinigung Luisenstadt 1910 e.V.

Die Rennfahrer-Vereinigung Luisenstadt (RVg) wurde am 4. August 1910 in der alten Luisenstadt, im heutigen Kreuzberg, gegründet. Zu dieser Zeit hatte der Verein 18 Mitglieder. Schon vier Jahre später war daraus der größte Verein des Deutschen Straßenfahrer-Verbandes geworden. 1924 erfolgte der Umzug nach Neukölln, 1972 fusionierte die (RVg) mit dem Rennfahrerverein „Panne" Neukölln 1931 und nannte sich fortan Neuköllner Rennfahrer-Vereinigung Luisenstadt 1910 (NRVg).

Sportlich erfolgreich war der Verein nicht nur in den Nachkriegsjahren. Seit einiger Zeit trägt die intensiv betriebene Nachwuchsarbeit offenbar Früchte. Zwischen 1998 und 2003 errangen Sportler der NRVg mehr als 20 Landesmeisterschaftstitel und standen auch bei internationalen Wettkämpfen in den USA und Frankreich auf dem Podest.

Der Verein verfügt derzeit über 169 Mitglieder, von denen ungefähr 40 aktive Radrennsportler sind. Als Vereinsheim fungiert die Gaststätte „Zum Doppelochsen" in der Pätzer Straße 17, wo sich montags ab 19.00 Uhr die Mitglieder versammeln.

Oliver Schweinoch

Der Beitrag basiert auf Informationen der Geschäftsführerin Frau Berthold und der Homepage: www.nrvgluisenstadt.de.

Neuköllner Sport-Club Cimbria 1900 e.V.

Am 19. Juli 1900 gründeten dreizehn Männer den Fußballverein SC Rixdorf 1900, der 1907 in NSC Cimbria 1900 umbenannt wurde. Laut Vorsitzendem der Fußballabteilung, Joachim Schmidt, geht diese Bezeichnung auf den Untergang des gleichnamigen Dampfers 1883 vor Borkum zurück. 327 Auswanderer mit dem Ziel New York ertranken nach der Kollision mit einem britischen Frachter in der eiskalten Nordsee. Einige der wenigen Überlebenden sollen dann die Umbenennung des Vereins vorgenommen haben. Da sich diese Geschichte bis heute nicht genau rekonstruieren lässt, wird der Gründungsmythos wohl fortdauern.

Seit 1933 hat der NSC auch eine Handballabteilung, die aus der zwangsweisen Auflösung entsprechender Arbeitersportvereine hervorging. Es handelte sich um je drei Frauen- und Herrenteams, zu denen sich 1959 eine Kegelabteilung der Frauen hinzugesellte.

Während die erste Fußballmannschaft im vergangenen Jahrzehnt einen Niedergang bis in die Kreisliga C durchmachen musste, sorgte die Freizeitelf von Trabzonspor/Cimbria für Furore. Erst 1998 dazu gestoßen, errang sie 2002 den Titel des Berliner Freizeitmeisters. Der Fußballvorsitzende Joachim Schmidt beklagt gegenwärtig, dass das Vereinsheim „Casino" den Erweiterungsplänen des benachbarten Konzerns Philip Morris weichen muss. Stattdessen erhält der kleine Verein (250 Sportler, davon 140 Fußballer) in der Nachbarschaft zwei moderne Kunstrasenplätze und einen kleinen Imbiss-Stand.

Jörg Beier

Der Beitrag basiert auf Gesprächen mit dem Vorsitzenden der Fußballabteilung, Joachim Schmidt, sowie der Festschrift 100 Jahre N.S.C. Cimbria 1900.

● Die Staffelmeister 1966/67 des NSC Cimbria. Unklar ist, in welcher Liga sie erfolgreich waren.

Neuköllner Sportfreunde 1907 e. V.

Vor fast hundert Jahren beschloss die Stadtverwaltung von Rixdorf, der männlichen Jugend einen Club zu stiften, in dem sie, geschützt vor den Verführungen einer Großstadt, ihre Freizeit sinnvoll gestalten konnte. Wobei unterstrichen wurde, dass die Konfession der Mitglieder keine Rolle spielen sollte. Die Eröffnung des Heims für den Jugend-Club Rixdorf 1907 fand im Mai desselben Jahres statt. Auf dem Programm stand neben Turnen, sportlichen Übungen und volkstümlichen Spielen auch Vorträge, Besuche industrieller Anlagen und Museen sowie die Pflege der Musik und des Gesangs.

1914 – Rixdorf nannte sich seit zwei Jahren Neukölln – hatte der Club 250 Mitglieder, die sich dem Fußball und vor allem der Leichtathletik widmeten. Zu Vorträgen und musikalischen Darbietungen kam es nur noch sehr selten. 1917 nahm die Sportabteilung des Jugendclubs den Namen Sport-Vereinigung Hellas 1907 an. Drei Jahre später vereinigte sie sich mit dem 1912 gegründeten Neuköllner Sport-Club – es entstanden die Neuköllner Sportfreunde 1907 (NSF). Zu ihnen stieß 1919 der Berliner Hockey-Club Stern. 1925/26 hatte der Verein 450 Mitglieder. Als 1933 die Arbeiter-Sportvereine verboten wurden, schlossen sich viele ihrer Mitglieder den Sportfreunden an. Ebenfalls hinzu kamen die Kegler von Blau- Weiß 1932 und vom KSK Rot Weiß 1924, so dass 1936 eine Verdoppelung der Mitglieder in den letzten zehn Jahren festgestellt wurde.

Da laut Festschrift viele Sportler sich den Nationalsozialisten nicht anpassen wollten, wurden die NSF gezwungen, ihren Namen in Neuköllner Sport-Club zu ändern. Der Sportbetrieb konnte bis 1945 unter großen Einschränkungen aufrechterhalten werden. Schon 1947 gelang die Neugründung als Sport-Club Neukölln. Nachdem 1949 weitere Vereine eine Lizenz beantragen konnten, verlor der SCN viele Abteilungen und mit ihnen Mitglieder. Von der Idee, einen Neuköllner Großverein zu bilden, musste Abstand genommen werden. Daraufhin nahm der Verein den Namen Neuköllner Sportfreunde 1907 an. 1949 verfügte er über die Abteilungen Leichtathletik, Handball, Hockey, Fußball, Boxen, Kegeln, Basketball, Frauen-Gymnastik und Rugby.

Derzeit zählt der Verein ca. 2.000 Mitglieder, die unter anderem American Football, Baseball, Handball und Hockey spielen, in der einzigen Boxabteilung Neuköllns trainieren oder in der Koronarsportgruppe die Folgen eines Herzinfarkts zu lindern suchen. Für diese Arbeit wurde der Verein vom Landessportbund und der Ärztekammer Berlin mit dem „Gütesiegel Gesundheitssport" ausgezeichnet.

Das Vereinsheim der Sportfreunde befindet sich in der Straße 12 Nr. 1.

Oliver Schweinoch

Der Beitrag basiert auf der Festschrift zum 75-jährigen Jubiläum und den Informationen der Homepage: www.neukoellner-sportfreunde.de.

Radfahrerverein Möwe Britz 1897 e.V.

Die Gründungsversammlung der Möwe Britz 1897 e.V. fand am 12. Mai 1897 im Bethge'schen Lokal in der Chausseestraße (heute Britzer Damm) statt. Bereits ein Jahr später schloss sich der Verein dem Deutschen-Radfahrer-Bund an. Noch vor dem Ersten Weltkrieg machte sich der Verein mit Erfolgen im Kunst- und Reigenfahren einen Namen. In den 1920er Jahren hatte er über 100 Mitglieder und seit 1924 eine eigene Vereinszeitung. Nach dem Zweiten Weltkrieg wurde der Verein am 31. März 1949 wiederbelebt, aber in den 50er Jahren stagnierte er aufgrund von mangelndem Interesse und geringer Mitgliederzahl. Daher wandte er sich vermehrt dem Breitensport zu und erzielte neue Erfolge. Seit 1984 wurden nach längerer Pause wieder Radrennen veranstaltet, zu denen Teilnehmer aus dem ganzen Bundesgebiet kamen. 1988 wurde die erste Britzer Möwentour veranstaltet, wo man sich laut vereinseigener Chronik noch „von Ampel zu Ampel quälte". Nach der Wende wurde dann bei den Touren das Berliner Umland ausgiebig genutzt. Rad-Touren-Fahren und Touristisches Wander-Fahren sind eine Spezialität des Vereins. Das seit den 80er Jahren regelmäßig ausgetragene Rennen „Rund um die Hufeisensiedlung" ist ein weiteres Aushängeschild des Vereins. In den 90er Jahren stiegen die Mitgliederzahlen erneut an, wobei, laut Vorsitzenden Herrn Toepfer, es allerdings kaum Zulauf von Jugendlichen gebe und der Altersdurchschnitt der Mitglieder sehr hoch sei.

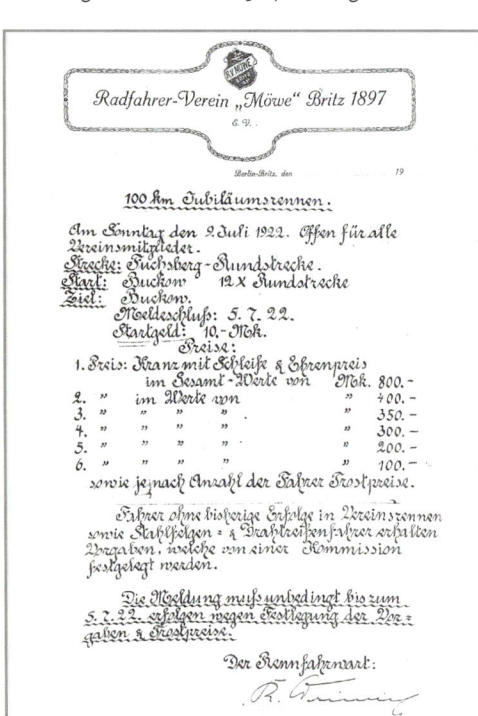

Verena Sarah Diehl

Der Beitrag basiert auf einem Gespräch mit Herrn Toepfer und der Festschrift 100 Jahre Radsport Radfahrer-Verein Möwe Britz 1897 e.V., 1997, und „Klingeldreher und Strampelbrüder. Radfahren in Neukölln", Katalog zur gleichnamigen Ausstellung des Heimatmuseums Neukölln, Berlin 1997.

● Ankündigung des 100-km-Jubiläumsrennens zum 25-jährigen Bestehen des Radfahrer-Vereins Möwe Britz 1897 e.V., 1922

Rudergesellschaft Wiking e.V., Berlin

Wiking war zunächst eine am 18. Januar 1896 gegründete Organisation, in der sich verschiedene Vereine als Unterabteilungen versammeln konnten. Man versprach sich davon die Steigerung der sportlichen Leistungsfähigkeit und nicht zuletzt die Möglichkeit bemerkenswerter gesellschaftlicher Ereignisse. Doch schon 1903 blieb von diesem Konzept kaum mehr als die Idee übrig: Die meisten Unterabteilungen traten aus, was zur Folge hatte, dass nunmehr Wiking vor allem aus ehemaligen Mitgliedern des Union-Ruder-Club und dem Ruder-Verein Amicitia Berlin bestand. Dies war jedoch nicht der folgenschwerste Einschnitt in der Vereinsgeschichte. Dieser stand der Rudergesellschaft noch bevor. Der Wunsch, nach 1945 ins feudale Bootshaus in Niederschöneweide in der Oberförsterei Grünau zurückkehren zu können, wurde nicht erfüllt. Den Ruderern wurde – laut Vereinsgeschichte – dadurch klar, dass ihr Verein in West-Berlin neu erstehen musste.

Am 16. März 1950 erteilte der Oberbürgermeister Berlins eine erneute Vereinslizenz, so dass sich einige ehemalige Mitglieder in einem Lokal in der Sonnenallee zur Gründungsversammlung trafen. 70 Männer erklärten ihren Beitritt und wenig später lebte auch die Eintragung im Vereinsregister wieder auf. Fehlten nur noch ein neues Bootshaus und Boote, denn die Vereinsflotte existierte nicht mehr. Abhilfe wurde durch den damaligen Bürgermeister Neuköllns, Kurt Exner, geschaffen. Er stellte der Rudergesellschaft Wiking ein Gelände mit Bootshaus am Britzer Hafen zur Verfügung. Schon im April 1951 wurde das Gebäude übergeben und zwei neue Boote getauft. Im Gegenzug erklärten sich einige Vereinsmitglieder bereit, die Ruder-Ausbildung für Neuköllner Schüler zu übernehmen. Durch Exners Entscheidung bekam Wiking die Möglichkeit für eine erneute sportliche Vereinstätigkeit und die Neuköllner Schulen die Möglichkeit des Ruderns als Schulsport, die auch heute noch in Zusammenarbeit mit der Rudergesellschaft besteht.[2] Zu den sportlichen Erfolgen zählt der Verein nicht nur über tausend Siege, sondern auch eine bronzene Medaille bei den Olympischen Spielen 1936, die der Wiking-Achter gewann. Reine Vereins-Achter sind heutzutage bei derartigen Veranstaltungen jedoch nicht mehr denkbar.

Die Rudergesellschaft Wiking ist noch immer am Britzer Hafen (Haarlemer Straße 45e) zu finden und hat derzeit ca. 200 Mitglieder. Neben Rudern werden auch ein Lauftreff und Basketball angeboten. Frauen bleiben sportliche Aktivitäten allerdings verwehrt. Wiking versteht sich als reiner Männerverein.

Oliver Schweinoch

Der Beitrag basiert auf der Festschrift zum 100-jährigen Jubiläum, Gesprächen mit Herrn Schwarzkopf und der Homepage: www.rgwikingberlin.de.

• Sprintregatta auf dem Ruderfestival der RG Wiking, Grenzallee, Oktober 2003

Vereinsporträts

SV Tasmania Gropiusstadt 1973 e.V.

Der Stammverein Tasmania[3] wurde 1900 in Rixdorf gegründet. Als Namensgeber fungierte die damals britische Insel Tasmanien, die heute zu Australien gehört. Nach dem Zweiten Weltkrieg sorgte der Verein für Schlagzeilen, als er Anfang der 60er Jahre klar den Berliner Fußball dominierte. Nach einer kurzen Krise gelang dann 1965 der Sprung in die junge Bundesliga, weil Hertha BSC die Lizenz entzogen worden war. Um im Kalten Krieg wenigstens eine Berliner Mannschaft erstklassig spielen zu lassen, hievte der DFB kurzerhand Tasmania in die erste Liga. Entsprechend schloss der Verein die Saison mit dem bis heute nicht unterbotenen Resultat von 15:108 Toren ab.

Als Nachwirkung dieses Fiaskos musste Tasmania 1900 Konkurs anmelden und gründete sich als SV Tasmania Gropiusstadt 1973 neu. Zwar konnte die Herrenmannschaft nur bis in die Verbandsliga vordringen, dafür spielt die A-Jugend mittlerweile ganz oben in der Bundesliga mit Hertha und TeBe.

Tasmania 73 ist ein reiner Fußballverein mit 700 Mitgliedern, davon 350 Jugendlichen. Sämtliche Jugendklassen (F–A) sind genauso vertreten wie ein Damenteam, drei Herrenmannschaften sowie je ein Altliga- und Seniorenteam.

Jörg Beier

Der Beitrag basiert auf Angaben von Präsident Detlef Wilde und der Homepage: www.stern.de (40 Jahre Bundesliga).

Schwimm-Gemeinschaft Neukölln e.V. – Berlin

Am 13. Februar 1997 beschlossen die Freien Schwimmer Neukölln, der Schwimm-Club Neukölln und die Schwimm-Union Neukölln die Fusion zur Schwimm-Gemeinschaft Neukölln e.V. – Berlin.[4] Verbunden waren die drei Stammvereine jedoch schon seit Jahrzehnten. So nutzte man seit der Eröffnung 1959 gemeinsam das Sportbad Britz. Dieser Bau war notwendig geworden, da

das Bundesgesundheitsamt 1956 die bis dahin übliche Praxis der Berliner Schwimmvereine, in den Kanälen zu schwimmen, aus seuchenhygienischen Gründen unterbunden hatte.

1969 schlossen sich die Schwimmer der Vereine zu einer Startgemeinschaft zusammen und führten fortan sämtliche Aktivitäten gemeinsam durch. Die Vereine blieben erhalten und gleichberechtigt, konnten nun aber die Trainingsflächen effektiver nutzen. Außerdem schnitt man bei Wettkämpfen durch die Konzentration der talentiertesten Mitglieder besser ab.

Der älteste Stammverein der SG Neukölln ist die Schwimm-Union. Sie wurde 1898 in Rixdorf gegründet. 1904 entstand die Abteilung Rixdorf des Schwimmclub Vorwärts. Ein Jahr darauf wurde diese Abteilung ein selbständiger Verein. 1912 benannte man sich in Arbeiter Schwimmverein Neukölln um. 1920 schließlich erfolgte die Namensänderung in Freie Schwimmer Neukölln.

● Schwimmerinnen der SU, dem ältesten Stammverein der Schwimm-Gemeinschaft, im Damenbad in „Stolzenburgs Volksbadeanstalt", um 1909

Die Freien Schwimmer waren Mitglied im Arbeiter Turn- und Sportbund und wurden 1933 verboten. 1950 gelang ihnen die Neugründung. Die Schwimm-Union war 1945 von den Alliierten aufgelöst worden und bekam ebenfalls 1950 die begehrte Lizenz. Der dritte Stammverein der SGN – der Schwimm-Club Neukölln – wurde 1949 von ehemaligen Mitgliedern, unter anderem der Schwimm-Union und der Berliner Turnerschaft, ins Leben gerufen.

1992 stellte die SG Neukölln Norbert Warnatzsch[5] als Cheftrainer ein. War der Verein bis dahin zwar auch erfolgreich, jedoch in gewisser Weise ein „schlafender Riese" gewesen, so zeigte er in den folgenden Jahren sein Potential. Unter Warnatzsch stiegen 2000 sowohl die Damen als auch die Herren erneut in die erste Schwimm-Bundesliga auf und im Folgejahr gewannen beide die Meisterschaft. Auch 2002 und 2003 belegten die Damen den 1., die Herren den 2. und 3. Platz. Mittlerweile befindet sich eine ansehnliche Zahl an Kadersportlern in den Reihen der SG. Sehr erfolgreich ist außerdem die Wasserballabteilung, sowohl eine Herren- als auch eine Damenabteilung spielt in der jeweiligen Bundesliga. Die größte Herausforderung für den Verein besteht daher wohl darin, das Niveau im Leistungssport zu halten oder gar zu steigern sowie den Freizeit- und Breitensportlern nicht das Gefühl zu geben, vernachlässigt zu werden.

Die SG hat derzeit ca. 4.500 Mitglieder und ist damit einer der größten Vereine Berlins. Das Vereinsheim und das Sportbad befinden sich in Britz, Kleiberweg 3.

Oliver Schweinoch

Der Text basiert auf Gesprächen mit Walter Rettig, Gerd Scholtz und Medhat Sawy sowie der Jubiläumsschrift von 1998 und der Homepage: www.sg-neukoelln.de.

Sportverein Buckow 1897 e.V.

Gründungstag des SV Buckow 1897 e.V. war der 17. Oktober 1897 im Gastwirtshof Koitzsch, wo mehrere junge Männer einem Aufruf von Karl Müller gefolgt waren, um über die Gründung eines Turnvereins zu beraten. Während des Ersten Weltkriegs gab es keine Vereinsaktivität, er wurde aber 1919 von den beiden Lehrern Noak und Arndt, zunächst als reiner Leichtathletikverein, wieder ins Leben gerufen. Als Sportplatz

• Mitglieder des Männerturnvereins SV Buckow vor dem Gasthof „Zum deutschen Kaiser", um 1900

diente eine Wiese am Buckower Damm Ecke Achternhöfen. In den ersten Jahren hatten sie nur etwa 20 aktive Mitglieder. Als Ausgleichsport wurde bald Handball eingeführt. Zu einem Eklat kam es Anfang der 30er Jahre, als der Verein sich um politische Neutralität bemühte und auf der Hauptversammlung beschlossen wurde, sich nicht an der Einweihung einer neuen schwarz-weiß-roten Standarte der Buckower Reitvereins zu beteiligen. Das hatte zur Folge, dass etwa die Hälfte der Mitglieder austrat. Ab 1933 gab es vierteljährliche Rundschreiben, in denen die Mitglieder dazu angehalten wurden, sich enger an den Verein zu binden und „Disziplin- und Interessenlosigkeit […] zu geißeln". Vor den Olympischen Spielen wurden die Mitglieder dazu aufgefordert, den in diesen Wochen sich in Berlin aufhaltenden Ausländern zu zeigen, „was in Deutschland für ein Geist herrscht". Bei einem Fußballspiel gegen die Leibstandarte Adolf Hitler 1936 verlor der Verein jedenfalls 6:23. Zwischen 1937 und 1947 ist die Vereinsaktivität nicht dokumentiert. 1948 ging ein Schreiben an ehemalige Mitglieder mit der Aufforderung, sich am Wiederbeleben des Vereins zu beteiligen. 1949 gab es in den Sparten Handball und Leichtathletik wieder drei Männermannschaften, eine Frauenmannschaft und drei männliche Jugendmannschaften. Durch das Spielen in der Oberliga war der Breitensport vernachlässigt worden und 1957 war die Mitgliederzahl bedenklich gesunken, darunter kein einziges weibliches Mitglied. Anfang der 60er Jahre wurde die Jugendabteilung aufgebaut. Durch diesen „Generationswechsel" stieg die Anzahl der Mitglieder Ende der 60er Jahre wieder auf 320. In den 70er Jahren gab es auch wieder Frauen- und Mädchenmannschaften.

Die Jugendabteilung war so erfolgreich, dass in den 80er Jahren mehrere Spieler von anderen Vereinen abgeworben wurden. Am 30. August 1997 beging der Verein seine 100-Jahrfeier.

Verena Sarah Diehl

Der Beitrag basiert auf der Festschrift 100 Jahre SV Buckow 1897 e.V., 1997.

Sportverein Stern Britz 1889 e.V.

Der klare Sternenhimmel am 3. Mai 1889, dem Gründungstag, soll zum Namen des Vereins inspiriert haben. Zunächst spielte man auf dem Tempelhofer Feld, das zugleich Truppenübungsplatz war, so dass das Feld für jedes Spiel neu aufgebaut werden musste. Ab 1900 beteiligte sich der Verein an Städteturnieren und war an der Gründung des Berliner Fußball Verbandes (damals noch Verband Brandenburger Ballspielvereine) beteiligt. 1933 kamen viele Sportler aus den von den Nationalsozialisten aufgelösten Arbeitersportvereinen in den Verein. Nach dem Zweiten Weltkrieg nahm er mit vier Männermannschaften am 8. Juli 1950 unter Vorsitz von Heinz Szymanek die Arbeit wieder auf.

Das Vereinsheim lag am Dammweg, als Kabinenhaus diente ein Luftschutzbunker. Durch die Vergrößerung der Jugendabteilung wurde der Dammweg zu klein und so spielte man auch am Karstadtsportplatz an der Karl-Marx-Straße. Viele Freundschaften zu anderen Vereinen in Frankreich und den Niederlanden wurden geknüpft und so organisierte der Verein bald viele Reisen ins Ausland. 1972 wurden auf den bisherigen

Sportplätzen des Vereins Neubauten errichtet, so dass dem Verein der gerade fertiggestellte Platz am Kölner Damm zugeteilt wurde, wodurch er viele Mitglieder und Zuschauer verlor. Am 15. Juni 1973 fusionierte der Verein mit der Spielvereinigung Britz Süd 49, die ebenfalls am Kölner Damm spielten. Bei dieser Neuformierung wurde beschlossen, sich statt Fußballclub nun Sportverein zu nennen, um möglicherweise auch andere Sportarten aufnehmen zu können. 1976 wurde dann auch eine Handball-Mädchenmannschaft gegründet, der bald weitere folgten. 1983 wurde eine Tischtennisabteilung gegründet, die aber bald wieder auseinanderbrach, da die Trainingshalle des Vereins nicht für Wettkämpfe zugelassen war. 1988 wurde die erste Fußball-Frauenmannschaft des Vereins gegründet. Zwischenzeitlich gab es noch eine Dart-, Tanz-, Schwimm- und Judo-Abteilung. Derzeit hat der Verein noch eine Aerobic Abteilung, eine Gruppe für Orientalischen Tanz und überdies die einzige Fechtabteilung in Neukölln. Am 23. Oktober 2003 wurde der Förderverein Fußball der 1889er e.V. gegründet, der vor allem zum Ziel hat, die Jugend im Verein zu fördern.

Verena Sarah Diehl

Der Beitrag basiert auf den Festschriften 110 Jahre SV Stern Britz 1889 e.V., 1999; SV Stern Britz 1889 e.V., 100 Jahre, 1989 sowie SV Stern Britz 1889 e.V., Stern aktuell, Dezember 2003.

Tennis-Club Blau-Weiß Britz 1950 e.V.

Auch wenn der notarielle Eintrag ins Vereinsregister erst am 4. Mai 1953 erfolgte, lässt sich nachweisen, dass der Verein bereits am 3. März 1950 seinen Spielbetrieb aufnahm und sich gleich an den Berliner Verbandsspielen beteiligte. Eigentlich wollte der Gründer des Vereins, Otto Streu, nur Mitglied im Tennisclub Weiß-Rot

• Die Mannschaft von Stern 89 auf dem Tempelhofer Feld, um 1904

werden. Als er sich dafür anmelden wollte, war der dafür Zuständige aber gerade selbst beim Tennisspielen und wollte sein Spiel nicht unterbrechen. Das daraus folgende Wortgefecht zwischen den beiden Herren endete mit der Bemerkung, dass Herr Streu, wenn er nicht bis zum Spielende warten wolle, doch einfach seinen eigenen Verein gründen solle. Gesagt, getan – Herr Streu gründete mit Hilfe des Stadtrats Willi Birnbaum binnen kürzester Zeit seinen eigenen Verein, an den der Club Weiß-Rot nun zwei seiner fünf Sandplätze an der Buschkrugallee abtreten musste. Die Mitgliederzahl stieg so rapide an, dass bereits 1953 insgesamt fünf Plätze gepachtet wurden und Ende der 70er Jahre die Anlage eigenständig um einen weiteren Platz erweitert wurde. Anfangs musste noch die Infrastruktur der Sportanlage an der Buschkrugallee mit genutzt werden, bevor eigene Anlagen, zunächst sehr provisorisch und in Eigenregie, gebaut werden konnten. So gab es noch kein eigenes Clubhaus, es wurde erst 1969 an der Stelle eingeweiht, wo sich früher eine Holzbaracke für Platzpflege-Utensilien und Liegestühle befand. 1979 wurden die Plätze grunderneuert, 1983 aber machte ein Abwasserrohrbruch die völlige Erneuerung der Plätze notwendig. Dank einer 1992 gebauten Tragluftdoppelhalle ist seither das Spielen auch bei schlechtem Wetter möglich.

Obwohl der Verein zu den kleineren in Berlin zählte, schaffte er es doch kontinuierlich, in der 2. Verbandsklasse zu spielen. Ende der 60er Jahre begannen andere Vereine sogar, Mitglieder abzuwerben; Hajo Abel, einem damals leistungsstarkem Spieler des Vereins, wurde vom TC Mariendorf zum Beispiel ein Moped versprochen. Seit den 50er Jahren bot der Verein auch als Unterabteilung Tischtennis, Handball und Turnen an. Daneben bildeten sich Tanzgruppen sowie Kegelmannschaften und eine Tennis-Fußballmannschaft.

Verena Sarah Diehl

Der Beitrag basiert auf dem Jubiläumsmagazin 50 Jahre TC Britz 1950 e.V., 2000.

Tennis-Club Weiß-Rot e.V.

Die Vereinsgeschichte des Tennisclub Weiß-Rot Neukölln spielt sich nicht ausschließlich in Neukölln ab. Wie einige andere Vereine auch, zum Beispiel die Rudergesellschaft Wiking, siedelte sich der Club erst nach dem Zweiten Weltkrieg endgültig in Neukölln an. Seinen Ursprung hat der Verein in der 1928 ins Vereinsregister eingetragenen Tennisabteilung des Stadtsportvereins Berlin. Der TC ist dessen Rechtsnachfolger, so dass er 2003 sein 75-jähriges Jubiläum feiern konnte.

1933 wurde der Verein in Tennisclub am Flughafen umbenannt, sein Sitz war Tempelhof. Nach 1945 ruhte das Vereinsleben, bis 1949 ehemalige Mitglieder die Tennisabteilung eines Neuköllner Vereins bildeten, der in der Jubiläumsschrift nicht weiter erwähnt wird und an dessen Namen sich auch niemand zu erinnern scheint. Eventuell handelte es sich um den Sport-Club Neukölln. Noch im selben Jahr beschloss man die Abspaltung. Der TC Weiß-Rot wurde im Winter 1949 lizenziert. Die Gründungsversammlung fand am 23. März 1950 statt. Der Sitz des Vereins ist seitdem Neukölln.

Gespielt wurde bis 1953 unter anderem auf dem Jahn-Sportplatz und an der Buschkrugallee. Am 2. Mai konnte die in Eigenleistung errichtete Anlage in der Hannemannstraße eingeweiht werden. Auf dem Gelände befanden sich zunächst fünf Tennisplätze, als Clubhaus diente eine ehemalige Wehrmachtsbaracke. Fünfzig Jahre später befinden sich auf dem clubeigenen Gelände acht Sand- und drei Hallenplätze. Der Verein hat derzeit ca. 400 Mitglieder und 22 Mannschaften für Verbandsspiele angemeldet.

● Einweihung der Tennis-Anlage des TC Weiß-Rot an der Hannemannstraße, Mai 1953

● Mitglieder des Turnvereins Jahn Rudow, um 1907

Besonders wichtig ist dem Tennisclub Weiß-Rot Neukölln die Jugendarbeit. Der Verein weist auch daraufhin, dass Tennis keine elitäre Veranstaltung ist – nicht nur Zweifler können sich davon bei kostenlosen Schnupperstunden überzeugen lassen.

Oliver Schweinoch

Der Beitrag basiert auf Gesprächen mit Frau Fritze, der Festschrift zum 75. Jubiläum und der Homepage: www.tc-weiss-rot.de.

Tisch-Tennis-Club Berlin-Neukölln e.V.

Der TTC hat seinen Ursprung in der Tischtennisabteilung des Vereins für Volkssport Neukölln. Dieser Verein wurde 1951 als Nachfolger des Vereins für Volksgesundheit neu gegründet. Ende der 50er Jahre fusionierte man mit dem VfL Jahn Berlin-Britz und dem TSV Neukölln-Britz zum TSC Berlin 1893. Kurioserweise unterhielt dieser Verein viele Jahre lang zwei Tischtennisabteilungen, da sich die ehemaligen Spieler oder die Leiter der Abteilungen, genau läßt sich das nicht mehr feststellen, vehement gegen die Fusion aussprachen. 1979 schließlich trennte sich die ehemalige Abteilung des VfV vom Turn-Sport-Club und gründete den TTC Berlin-Neukölln.

Erster Vorsitzender der erwähnten Abteilungen seit 1951 sowie des TTC bis 2001 war Horst Fischer. Sein ehrenamtliches Engagement wurde 1998 mit der „Verdienstmedaille des Verdienstordens der Bundesrepublik Deutschland" belohnt. Horst Fischer ist mittlerweile Geschäftsführer, den Vorsitz hat seine Tochter, Frau Engel, übernommen.

Die erfolgreichste Sportlerin des TTC ist Jutta Schultz. Sie gewann 166 Berliner sowie drei Internationale Einzelmeistertitel und acht Mal die Deutsche Meisterschaft, um nur einige zu nennen. Momentan ist sie Europameisterin der Seniorinnen. Aber auch die Jugendarbeit kann sich sehen lassen. So tummelt sich zum Beispiel in der 2. Damenmannschaft vielversprechender Nachwuchs: Sarah Diekow und Soraya Domdey zählen zu den besten Mädchen im Deutschen Tischtennis-Bund.

Der TTC, der zum familienfreundlichsten Verein Berlins 2002 gekürt wurde, hat derzeit ca. 200 Mitglieder. Trainiert wird in den neuen Hallen in der Karlsgartenstraße.

Oliver Schweinoch

Der Beitrag basiert auf Gesprächen mit Herrn Fischer und Frau Engel sowie auf den Jubiläumsschriften des TTC und des TSC.

Turn- und Sportverein Rudow 1888 e.V.

1888 gab es in Rudow noch keine Turnhalle, aber einen Turnverein – den Männerturnverein Jahn Rudow, gegründet am 22. September 1888. 15 Jahre später wurde der Verein in Turnverein Jahn Rudow umbenannt. Es dauerte 16 Jahre, bis eine Frauenturngruppe eingerichtet wurde. Ob Frauen unabhängig von dieser Gruppe schon vor 1919 im Verein aktiv sein durften, geht aus der Vereinschronik nicht hervor. Die Zeit des Nationalsozialismus überstand der Verein, ohne verboten zu werden, jedoch wurde ab 1939 der Sportbetrieb stark eingeschränkt. Die Neugründung gelang am 8. Oktober 1949 unter dem heutigen Namen.

Der Turn- und Sportverein Rudow 1888 hat zur Zeit rund 4.500 Mitglieder und bietet in verschiedenen Sportstätten unter anderem folgende Sportarten an: Tischtennis, Tennis, Karate, Judo, Fuß-, Volley-, Hand- und Basketball, Dart, Leichtathletik sowie Kegeln und Badminton. Der Verein bezeichnet die Förderung des freiwilligen, unbezahlten Leistungs-, Breiten-, Ausgleichs- und

Freizeitsports für alle Sportarten und Altersstufen als eine seiner wichtigsten Aufgaben. Die Jugendarbeit soll hierbei einen besonderen Schwerpunkt bilden. 2003 wurde der TSV vom Landessportbund in der Kategorie „Vereine mit über 1.000 Mitgliedern" als jugendfreundlichster und seniorenfreundlichster Verein des Jahres 2002 ausgezeichnet.

Die Geschäftsstelle befindet sich in der Prierosser Straße 30.

Oliver Schweinoch

Der Beitrag basiert auf Informationen der Homepage: www.tsv-rudow.de.

Turn-Sport-Club Berlin 1893 e.V.

1893 erblickte nicht nur der Architekt Walter Gropius das Licht der Welt, sondern auch der Verein für naturgemäße Lebens- und Heilweise Neukölln, was zumindest für den Sport in diesem Bezirk eine ungleich größere Bedeutung hatte. Das Anliegen des Vereins bestand darin, den Arbeitern und deren Familien im Bezirk Möglichkeiten der Körperkultur und Gesundheitspflege anzubieten. 1922 wurde der Name in Verein für Volksgesundheit geändert, 1934 schließlich in Prießnitz Verein für naturgemässe Lebens- und Heilweise. 1951 wurde als Nachfolger der Verein für Volkssport Neukölln 1893 in das Vereinsregister eingetragen. Er ist der älteste Stammverein des TSC. Die anderen Stammvereine des 1957 gegründeten Turn-Sport-Clubs sind der Verein für Leibesübungen Jahn Berlin-Britz 1906 und der Turn- und Sport-Verein Neukölln-Britz 1950.

Letzterer setzte sich unter anderem aus ehemaligen Mitgliedern der Freien Turnerschaft Neukölln Britz und dem Arbeitersportverein Neukölln zusammen.

Der TSC hatte im Gründungsjahr mehr als 800 Mitglieder, die magische 1.000 wurde 1971 erreicht, 1977 waren 2.110 Mitglieder zu verzeichnen. Auch im Jubiläumsjahr 1993 konnte ein ähnlich hoher Wert ermittelt werden – zehn Jahre später waren es ca. 1.500 Sportler.

Ebenfalls beeindruckend ist die Anzahl der Abteilungen. Man startete 1957 zunächst mit 20, von denen aber einige schnell zusammengelegt wurden oder gänzlich verschwanden. 2003 gab es ähnlich viele Möglichkeiten der körperlichen Ertüchtigung: Von Wirbelsäulengymnastik über Badminton, Jazzdance und Turnen bis zu Prell- und Faustball, Aerobic und Leichtathletik. Als besonders außergewöhnlich darf das erste offizielle Inline-Basketball-Team bezeichnet werden, auch wenn es für diese Sportart noch keine Liga gibt.

Oliver Schweinoch

Der Beitrag basiert auf der Festschrift zum 100. Geburtstag und der Homepage: www.tsc-berlin.de.

Turn- und Sportverein Neukölln 1865 e.V.

Der Turn- und Sportverein Neukölln (TuS)[6] war einer der ersten Vereine, die vor der Aufhebung des Kommunalsports durch die Alliierten 1949 eine Lizenz erhielten. Die Gründungsversammlung fand am 13. August 1947 statt. Daher konnte der TuS im Gegensatz zu den noch ruhenden Vereinen schon deutlich früher damit beginnen, ein geordnetes Vereinsleben zu organisieren. Zu den ersten Abteilungen des TuS Neukölln 1865 e.V. gehörten Rhönrad, Tischtennis, Fechten und Handball.

Der TuS Neukölln ist als Nachfolgeverein des 1865 gegründeten Männer-Turn-Verein „Jahn" Rixdorf anzusehen, womit sich auch die Jahreszahl im heutigen Vereinsnamen erklärt. Weitere Stammvereine sind der Turnverein „Friesen" zu Neukölln, gegründet 1887, und der VfL Neukölln-Märkische Union, der 1926 ins Leben gerufen wurde.

Die ersten Jahre des Vereins waren von Umzügen geprägt. Ihm wurde 1951 zunächst der Jahn-Sportplatz vom Bezirksamt zugesprochen, zwei Jahre später übernahm der Bezirk den Platz, woraufhin der TuS mit Entschädigungsgeldern die Turnhalle in der Werbellinstraße, ehemals Zietenstraße, aufbaute, wo schon der MTV Jahn seine Halle hatte. 1958 erhielt der Verein vom Bezirk das Sommerbad an der Grenzallee, das geschlossen wurde, weil aus seuchenhygienischen Gründen das Schwimmen im Kanal nicht mehr erlaubt war. Auf dem Gelände, „Platz an der Sonne" genannt, fanden bis in die späten 90er Jahre hinein festliche Aktivitäten sowie Faust- und Handballspiele statt – bis der Bau einer Autobahn dem ein Ende setzte. Der Verein verfügte damit nicht mehr über ein eigenes Gelände. Die Geschäftsstelle befindet sich heute in der Lipschitzallee am dortigen Sportplatz.

Die Rhönradgruppe nimmt seit kurzem wieder an Wettkämpfen teil. Außerdem gibt es eine aktive Abteilung für den zwar traditionsreichen, nunmehr aber eher exotischen Faustball. Die übrigen Abteilungen sind Aerobic und Aquarobic, Basketball, Geräteturnen, Gymnastik, Judo, Leichtathletik, Radsport, Sportkegeln, Tanz, Triathlon, Volleyball, Wandern, Chorgesang, Seniorengruppe, Kinder- und Jugendsozialarbeit und Wassergymnastik.

Auch bezüglich der Mitgliederzahlen hat sich der TuS positiv entwickelt: Aus den ursprünglich über 200 Mitgliedern sind mehr als 1.000 geworden.

Auf eine Besonderheit sei noch verwiesen: Der Verein veranstaltet seit 2001 jährlich einen so genannten Tower-Run. Hier geht es darum, das höchste Wohnhaus Deutschlands (Fritz-Erler-Allee 120) mit 465 Stufen über 29 Etagen in Bestzeit zu bezwingen.

Oliver Schweinoch

Der Beitrag basiert auf der Jubiläumsschrift zum 125. Geburtstag, Gesprächen mit Herrn Bork und Frau Kirkoff und der Homepage: www.tus-neukoelln.de.

Anmerkungen
[1] Vgl. „Von der Maisbirne bis zum Staffelstab – Objekte erzählen Neuköllner Sportgeschichte(n)" in diesem Band.
[2] Vgl. „Schulsport – Von der Wehrertüchtigung zum Fitnessprojekt" in diesem Band.
[3] Vgl. „Die Achterbahnfahrt der Neuköllner Tasmanen" und „Elf Freunde müsst ihr sein – Porträts der A-Jugend von Tasmania Gropiusstadt 1973" in diesem Band.
[4] Vgl. Anmerkung 1.
[5] Vgl. „Der Blick nach vorn bringt Erfolge – Ein Porträt des Schwimmtrainers Norbert Warnatzsch" in diesem Band.
[6] Vgl. Anmerkung 1.

• Die 1. Männerabteilung des Turnvereins Jahn Neukölln 1865, ältester Stammverein des TuS Neukölln, 1925

AUTORENVERZEICHNIS

Ursula Bach, geb. 1955, Dipl.-Politologin, zeit- und regionalgeschichtliche Ausstellungs- und Buchprojekte. Veröffentlichungen und Projektbeteiligungen unter anderem am Multimedia-Gedenkort zum Widerstand in Neukölln 1933–1945 im Rathaus Neukölln (2000).

Jörg Beier, geb. 1965, Dipl.-Politologe, zuletzt wissenschaftlicher Mitarbeiter der Rosa-Luxemburg-Stiftung, Schwerpunkt Einwanderungspolitik, zurzeit wissenschaftlicher Mitarbeiter im Heimatmuseum Neukölln.

Monika Bönisch, geb. 1946, Dr. phil., Studium der Kunstgeschichte und Anglistik an der FU Berlin. Seit 1986 zuständig für Archiv und Sammlung im Heimatmuseum Neukölln.

Verena Sarah Diehl, geb. 1978, Dipl.-Museologin, freie Autorin, gibt Bücher im Verbrecher Verlag heraus. Derzeit studiert sie Afrikawissenschaften und Gender Studies in Berlin.

Katja Döhnel, geb. 1971, Studium der Museumskunde in Berlin, tätig im Kunst-Depot der Gedenkstätte und Museum Sachsenhausen, 2002 bis 2003 wissenschaftliche Mitarbeiterin im Heimatmuseum Neukölln.

Prof. Dr. Gunter Gebauer, geb. 1944, lehrt am Institut für Philosophie der Freien Universität Berlin. Studium der Philosophie, Linguistik, Sport sowie Allgemeine und Vergleichende Literaturwissenschaften in Kiel, Mainz und Berlin. Seit 1978 Professur für Philosophie und Sportsoziologie an der Freien Universität Berlin.

Udo Gößwald, geb. 1955, Dipl.-Politologe, Studium der Politikwissenschaften und Europäischen Ethnologie, Lehrbeauftragter im Fach Europäische Ethnologie an der Humboldt Universität zu Berlin, seit 1985 Leiter des Heimatmuseums Neukölln.

Kirstin Grunert, geb. 1970, M.A., Studium der Kulturwissenschaft, Neuere/Neueste Geschichte und Soziologie an der Humboldt Universität Berlin, zurzeit wissenschaftliche Volontärin des Heimatmuseums Neukölln.

Christa Jančik, geb. 1950, Studienrätin für Geschichte und Französisch, seit 1986 Museumslehrerin des Heimatmuseums Neukölln.

Gunter Keil, geb. 1943; Dipl.-Sportlehrer/Studienrat; Sportpädagoge im Kick-Projekt Berlin.

Ute Keller, geb. 1960, Dipl.-Pädagogin. Studium der Erziehungswissenschaft in der Studienrichtung Rehabilitationspädagogik an der Humboldt Universität Berlin. Zuletzt Mitarbeit in einem DFG-Projekt zur historischen Bildungsforschung. Von 2003 bis 2004 wissenschaftliche Mitarbeiterin im Heimatmuseum Neukölln.

Holger Maraun, geb. 1966, Studium der Kulturwissenschaft, Kunstwissenschaft und Geschichte. Schwerpunkte: Architekturgeschichte, Denkmalpflege und Museumsarbeit.

Alexandra Penzel, geb. 1973, Studium der Museumskunde an der FHTW Berlin, Praktikantin am Heimatmuseum Neukölln 2003.

Jutta Plewe, M.A., Historikerin, Referentin für Rehabilitations- und Behindertensport, Event-Managerin von Sportveranstaltungen, Übungsleiterin im Behindertensport, zurzeit wissenschaftliche Mitarbeiterin im Heimatmuseum Neukölln.

Rudolf Rogler, geb. 1946, Lehrer an der Anna-Siemsen-Oberschule und am Heimatmuseum Neukölln.

Bärbel Ruben, geb. 1960, Dipl.-Historikerin, 1991 bis 2002 Leiterin des Heimatmuseums Hohenschönhausen, seit 2002 wissenschaftliche Mitarbeiterin im Heimatmuseum Neukölln.

Gerd Scheuerpflug, geb. 1957; Dipl.-Psychologe, Entwicklungshelfer für den Deutschen Entwicklungsdienst.

Oliver Schweinoch, geb. 1973, Dipl.-Sozialwissenschaftler, zurzeit wissenschaftlicher Mitarbeiter des Heimatmuseums Neukölln.

Victoria Schwenzer, geb. 1968, Studium der Europäischen Ethnologie und Neueren deutschen Literatur in Tübingen, Barcelona und Berlin. Zurzeit wissenschaftliche Mitarbeiterin für Lehr- und Forschungsmanagement an der Humboldt-Universität zu Berlin und Mitarbeit an einem Forschungsprojekt zum Thema Rassismus und Rechtsextremismus im Profifußball.

Matthias Wolf, geb. 1968, Redaktionsleiter und Geschäftsführer der Berliner Fernsehproduktionsfirma „media akzent" und freier Autor mit Schwerpunkt Fußball-Berichterstattung für mehrere Zeitungen, vor allem für die Berliner Zeitung und FAZ.

Raymond Wolff, geb. 1946, Germanist, von 2002 bis 2004 wissenschaftlicher Mitarbeiter im Heimatmuseum Neukölln.

BILDNACHWEIS

1. FC Neukölln, S. 178
Archiv der Berliner Turnerschaft, S. 35, 179
Archiv der Neuköllner Sportfreunde S. 158, 159 (rechts), 160
Bayer Leverkusen, S. 140
BSV Hürtürkel e.V., S. 116, 117, 118, 119
Bundesarchiv, S. 46, 58, 60 (links), 65, 66
Dpa, S. 142
Fritz-Karsen-Schule, S. 86
Glatzel, Walter, S. 141
GutsMuths, J. Chr. Fr.: Das Klettern. In: Gerd Steins: Olympische Spiele vor dem Hallischen Tore. Bibliophile Raritäten aus der Geschichte des Turnens, hrsg. v. Sportmuseum Berlin, Sporthistorische Blätter 6, Berlin 1995, S. 78 (links)
Hajos, E. M.; Zahn, L. (Hg.): Berliner Architektur der Nachkriegszeit, Berlin 1928, S. 151
Heimatmuseum Neukölln, S. 8, 13 (rechts), 14, 15, 17, 18, 20, 21, 22–25 (links), 26 (links), 27, 29 (rechts), 30 (links), 31 (rechts), 32, 33, 34, 45, 49 (rechts), 50, 53, 56 (Mitte), 57 (links und Mitte), 62, 68, 70, 71, 76, 83, 87, 88, 90 (rechts), 94, 112, 128–138, 144–149, 150, 152, 153, 154, 156, 159 (links), 167 (rechts), 172, 184, 188, 191
Heimatmuseum Neukölln/Rudolf Lewy, S. 69, 73, 74, 75
LC Stolpertruppe, S. 26 (rechts), 180
Leitfaden für den Turnunterricht in den Preußischen Volksschulen, Berlin 1895, S. 78 (Mitte und rechts), 79, 80, 81
Mädchensportzentrum Wilde Hütte, S. 181
Märkisches Museum Berlin, S. 48
Matthias-Claudius-Grundschule, S. 84
Museum für Kindheit und Jugend, Nachlass Lindtner, S. 92, 93
Neuköllner Sportfreunde, Boxabteilung, S.19
NSC Cimbria 1900, S. 98, 100, 101, 102, 182
Pfister, Gertrud; Steins, Gerd: Sport in Berlin. Vom Ritterturnier zum Stadtmarathon, Berlin 1987, S. 99
Privatbesitz Seval Aslanboga, S. 113, 115
Privatbesitz Hans-Günther Becker, S. 123, 125 (links)
Privatbesitz Anita Borrusch, S. 164, 167 (links)
Privatbesitz Ilona Buß, S. 162
Privatbesitz Christel Freitag, S. 16, 28, 29 (links)
Privatbesitz Uwe Friedrich, S. 51, 52
Privatbesitz Helga Kalähne, S. 56 (rechts), 61, 161
Privatbesitz Gunter Kell, S. 95, 96
Privatbesitz Wolfgang Klötzke, S. 122
Privatbesitz Renate und Horst Krinowsky, S. 168, 169, 170
Privatbesitz Helmut Müller, S. 25 (rechts)
Privatbesitz Hans Neumann, S. 56 (links), 60
Privatbesitz Rosl Persson, S. 36–43
Privatbesitz Regina Seegardel, S. 24
Privatbesitz Ruth Stübert, S. 30 (rechts), 31 (links)
Privatbesitz Norbert Warnatzsch, S. 173, 174
Privatbesitz Detlef Wilde, S. 126, 127
RG Wiking, S. 185
Saurbier, Bruno: Geschichte der Leibesübungen, Frankfurt a.M., 8. erw. Aufl., 1972, S. 77
Schulze-Marmeling, Dietrich: Fußball – Zur Geschichte eines globalen Sports, Göttingen 2000, S. 110
Senatsverwaltung für Stadtentwicklung und Umweltschutz, Abt. III, Landschaftsentwicklung, Freiraumplanung – Gartendenkmalpflege: Die historische Entwicklung des Volksparks Hasenheide, Dokumentation, bearbeitet von Rainer Stürmer, Berlin, o.D., S. 155
SG Neukölln, S. 186
Sportmuseum Berlin, S. 67, 104, 105, 107, 108, 124, 125 (rechts)
Steins, Gerd: Wo das Turnen erfunden wurde ... Friedrich Ludwig Jahn und die 175jährige Geschichte der Hasenheide, Berliner Forum, 6/86, S. 47, 49 (links)
Stiftung Archiv der Akademie der Künste, Archivabteilung Musik, S. 57 (rechts)
SV Stern Britz 1889, 90 (links), 189
TC Weiß-Rot Neukölln, S. 190
TuS Neukölln 1865 e.V., S. 193
TV Karstadt, 6/04, S. 13 (links)
Ullstein Bilderdienst, S. 106
Verein Stern Britz, S. 90 (links)
Versehrten-Sportverband Berlin und Versehrten-Sport-Verein Neukölln (Hg.): 10. Bundes-Sitzball-Turnier Berlin, 2. Mai 1964, S. 165

REGISTER

Personenregister

Abel, Hajo 190
Adenauer, Konrad 105
Ahizer, Kenan 116, 120
Almsick, Franziska, van 173f.
Arndt, Helmut 164, 169
Asamoah, Gerald 109
Aslanboga, Seval 114f.
Asma, Tolgay 137f.
Aurel, Marc 28

Ball, Rudi 68
Basikow, Klaus 124, 126
Bäsler, Hans-Jürgen 122, 126
Bauwens, Peco 105
Beckenbauer, Franz 106ff., 122f.
Becker, Boris 170
Becker, Hans-Günther „Atze" 122, 125f.
Becker, Rudolf 169ff.
Belözoğlu, Emre 137
Best, Heinrich 151
Binici, Ugur 132
Blech, Erna 20f.
Bonhof, Rainer 108
Bosetzky, Horst 122f.
Brecht, Bertolt 60
Breitner, Paul 108
Busch, Rudi 170
Buß, Martin 162
Buytendijk, F. 111

Cajkowsky, Zlatko 122
Calmund, Rainer 141

Canellas, Horst 106
Carlos, Roberto 128, 135
Caux, Heinrich 171
Çay, Hüseyin 116ff., 120f.
Cetintas, Gokhan 138
Comenius, Jan Amos 77
Czeslik 169

Daum, Christoph 109
Delling, Gerhard 109
Demirel, Mithat 6, 18
Demirel, Süleyman 117
Devers, Gail 6
Diekow, Sarah 191
Dogan, Ercan 135
Domdey, Soraya 191
Don Giovanni 12
Dörfel, Charly 123
Droas, Erwin 64
Dudow, Slatan 60

Edel, Peter 66
Eiselen, Ernst 79
Eisenberg, Christiane 92
Elisabeth II. 22
Engler, Peter 127
Engler, Rudolf 62
Erbay, Selami 120
Euripides 14
Exner, Kurt 28, 164, 185

Fechner, Andreas 113
Ferdinand, Rio 133
Fichte, Johann Gottlieb 59
Fiebach, Helmut 127
Figo, Luis 132
Finken, Herbert 106

Flade, Siegfried 62
Flatow, Alfred 179
Freese, Ernst 154
Freitag, Alfred 27ff.
Friedrich, Adolf 59
Friedrich Wilhelm III. 50, 52
Friesen, Friedrich 50

Gladis, Walter 169
Glocker, Konrad 153
Goebbels, Josef 71, 104
Goethe, Johann Wolfgang von 33
Goßler, Gustav von 80
Grabowski, Jürgen 108
Graßmann, Mücke 61
Griffith-Joyner, Florence 10
Gundel, Gertrud 164, 167, 171
Gundel, Werner 171
GutsMuths, Johann Christoph Friedrich 78

Halbritter, Otto Karl 151
Haller, Helmut 105
Hardenberg, Karl August Fürst von 47, 50
Havemann, Robert 164
Hein, Gerhard 34f.
Heinrich, Ingrid 113ff.
Heinrich, Lothar 27
Heise, Max 25
Hempel, Erich 62
Hentschel, Willi 64
Herberger, Sepp 104ff.
Heuß, Theodor 105
Hildebrand, Timo 130
Hindenburg, Paul von 67, 73
Hinz, Margret 167
Hippokrates 14
Hirschfeld, Magnus 38

Hitler, Adolf 53, 67, 69, 71
Höckert, Michael 167, 170
Hodann, Max 60
Hoeneß, Ulli 108
Hoenischer, Friedemann Günther 171
Hoffmann, E.T.A. 51
Hoffmann, Kurt 42
Hölzenbein, Bern 108
Honeyball, Nettie 110
Hornfischer, Kurt 40
Hüffner, Kurt 40
Humboldt, Wilhelm von 48
Huston, John 104

Itter, Iljas 19

Jahn, Friedrich Ludwig
6, 35, 47 ff., 70 f., 77, 79, 90, 92
Johnson, Ben 10
Juskowiak, Horst 105
Juvenal 82

Kahn, Oliver 91
Kaiser, Günter 170
Kalähne, Helga 60
Kalähne, Kurt, 161
Kalinowski, Natali 19
Kempa, Hans 42
Kerrsch, Richard 169
Klein, Michael 111
Klenke, Gerd 170
Klepke, Günter 22 f.
Kliensmann, Jürgen 131, 138
Kloninger, Hannelore 112
Kloss, Günter 20 f.
Koch, Adolf 38, 40
Kohl, Helmut 108, 117

Kollhof, Helene 47, 50
Konieczka, Klaus 126
Körner, Theodor 50
Kornowsky, Bruno 61
Kotzebue, August 51
Kowalke, Alfred 65
Krankl, Hans 106
Krinowsky, Horst 169 f.
Kruse, Axel 124
Külekçi, Zafer 116, 119
Kumovic, Mirko 134
Kurtzrock, Karl 70
Kurzhals, Hartmuth 17
Kuzorra, Ernst 103 f.

Landauer, Kurt 103
Lasson, Gerhard 164
Lengies, Helmut 61 f.
Lewy, Immanuel 73 ff.
Lewy, Rudolf 68, 73 ff.
Libuda, „Stan" 106
Löwenstein, Kurt 73, 75
Lübke, Heinrich 106

Maier, Sepp 108, 122 f.
Malitz, W. 29
Maradonna, Diego 107, 132
Marcelinho 120
Marjanovic, Aleksander 129
Matthäus, Lothar 138
Matur, Mehmet 68, 116, 121
Mauruschat, Fritz 122
Meyer, Günter 19
Mielke, Erich 173
Mühlenkamp, Heinz 171
Müller, Gerd 107 f., 122
Müller, Helmut 25 f.

Napoleon I. 48, 50 f.
Netzer, Günther 106, 109
Neuberger, Hermann 106
Neumann, Dieter 120
Neumann, Hans 60
Neumann, Wolfgang 127
Neuville, Olliver 109
Nickel, Bernd 166 f.
Nickels, Oliver 165
Niketta, Klaus 19
Nitzschke, Alwin 59

Oates, Joyce Carol 20
Oberüber, Gretel 179
Ottey, Merlene 6
Ottke, Sven 170
Overath, Wolfgang 107 f.
Owens, Jesse 68

Pasch, Johann Georg 77
Pelé 104
Pennig, Gilbert 169
Persson, Rosl 36 ff.
Persson, Sven 42
Peschke, Eckhard 122
Pfeil, Werner 62
Piechowski, Paul 92
Plautus 33
Pohl, Herbert 62
Posinski, Hans Joachim 122, 125
Preuß, Franz 57
Preuß, Max 39 f.
Prinz, Birgit 111

Rahn, Helmuth 104
Ramelow, Carsten 6, 124, 140 ff.
Reichel, Ken 128

Reichel, Mario 132, 134, 136
Rellstab, Ludwig 79
Ribbek, Erich 109
Riefenstahl, Leni 71
Rocchigiani, Graciano 6, 19
Rocchigiani, Ralf 6, 19
Rochler, Erich 65
Ronaldo 123, 136
Rosemeyer, Bernd 104
Rosenfeldt, Wolfgang 127
Rousseau, Jean Jaques 77
Rudel, Hans-Ulrich 106

Sacco und Vanzetti 60
Samson, Kurt 54, 70
Sand, Ulli 123
Sänger, Willi 59, 62
Scharnhorst, Gerhard Johann von 47
Schier, Gerda 167
Schliebener, Hans 28
Schloßmacher, Frank 174
Schmeling, Max 104
Schmidt, Mark 131
Schnellinger, Karl-Heinz 105
Scholl, Mehmet 138
Schön, Helmut 104, 106f.
Schönberg, Max 59
Schostock, Alexander 130
Schulze-Marmeling, Dieter 111
Schumacher, Karl-Heinz 169
Schumacher, Toni 107
Schwarzenbeck, Georg 108
Schwarzenegger, Arnold 11, 21
Seegardel, Regina 23
Seelenbinder, Werner 6, 58, 62, 64ff., 83, 155
Seeler, Uwe 105, 123
Seikrit, Ernst 59

Senesi, Sahr 124
Senesi, Sahr 85
Shankley, Bill 109
Sindelar, Matthias 104
Soner, Orthan 136
Spanneberg, Thorsten 174
Specht, Lotte 110
Stallone, Sylvester 104
Stein, Freiherr von 47
Stein, Ulli 107
Stoitchkov, Hristo 108
Stojikovic, Dragan 134
Stolp, Günther 28
Stolpe, Walter 62
Streu, Otto 189
Stübert, Ruth 29
Suckow, Peter 19
Sylvestrzak, Horst 28
Szepan, Fritz 103
Szymanek, Heinz 122f., 188
Szymaniak, Horst 105, 126

Talazus, Horst 122, 126
Thießen, Holger 142
Thom, Hans 39f.
Torchala, Oktawian 133
Tornow, Gerhard 166
Tschackert, Karl 60f., 161
Tschammer und Osten, Hans von 68, 70

Uhrig, Robert 65
Urkal, Oktay 6, 19
Usbeck, Ingo 123, 127

Vogts, Berti 108
Völler, Rudi 109

Wagler, Ottokar 151, 153
Walter, Fritz 104f.
Warnatzsch, Norbert 172ff., 187
Weiß, Else 34f.
White, Kelly 10
Wilde, Detlef 124, 186
Wilke, Otto 59
Woithe, Jörg 173
Wollgast, Georg 61f.
Wusterhausen, Marion 112
Wutzky, Emil 151f.

Zepmeisel, Gustav 58
Zidane, Zinedine 129
Ziege, Christian 6, 140ff.
Zimmermann, Herbert 105
Zoschek, Elfriede 65
Zoschke, Johannes 65

Vereins- und Organisationsregister

1. FC Lübars 112
1. FC Neukölln 1895 112, 117, 178
1. FC Nürnberg 103
1. FFC Frankfurt 111
1. SV Galatasaray Berlin 116

AC Milan 142
Alba Berlin 6, 18
Amateurbox-Club Neukölln 62
Arbeiter-Athletenbund Deutschland (AABD) 57f., 64
Arbeiter-Athletik-Sport-Club (ASC) 61
Arbeiter-Radfahrer-Bund Solidarität 55ff.
Arbeiterschachbund 57
Arbeiter-Schwimmverein Neukölln 57, 187
Arbeiter-Sport- und Kulturkartell 39
Arbeiter-Sportkartell 57
Arbeitersportverein Fichte 6, 57ff., 60, 62
Arbeitersportverein Neukölln 192
Arbeiter-Turn- und Sportbund (ATSB) 55f., 58f., 61, 187
Arbeiter-Turnerbund (ATB) 55
Arbeiterturnverein Fichte 56
Arbeiter-Wassersport-Verband 58
Arbeitsgemeinschaft Berliner Versehrtensport 166

Bar Kochba 75
Bayer 04 Leverkusen 140f.
Berliner Fußballverband (BFV) 96, 112f., 116f., 140, 188
Berliner Schwimmverband (BSV) 92, 122, 172
Berliner Turnerbund 25
Berliner Turnerschaft (BT) 34f., 179
Beşiktaş Istanbul 120

Betriebssportgruppe der Deutschen Telefon Werke 42f.
Bewegung Integrale 165
BFC Meteor 112
BFC Südring Kreuzberg 138
Borussia Dortmund 85, 134
Borussia Mönchengladbach 7
Britannia 102
British Ladies 99, 110
BSC Rehberge 118
BSV Grün Weiss Neukölln 112
BSV Hürtürkel 116ff.
Bund für soziale Hygiene, Körperkultur und Gymnastik 42
Burgund Birlik 121

Cesky sportoni club 91
CF Barcelona 129, 132
Conferderation of Independent European Female Football 110

Deutsche Burschenschaften 50
Deutsche Turnerschaft 25, 55
Deutscher Alpenverein 43
Deutscher Basketballbund (DBB) 18
Deutscher Bund 50f.
Deutscher Fußball-Bund (DFB) 102ff., 105ff., 110f., 122
Deutscher Schwimmverband (DSV) 173f.
Deutscher Sportbund 113, 117, 173f.
Deutscher Sportverein 62, 65
Deutscher Turnerbund 53
Deutscher Verband für Freikörperkultur 43
DJK Schwarz-Weiß Neukölln 112
Dresdener FC 99
Dynamo Dresden 104
Dynamo Kiew 104

Eintracht Südring 132

FC Bayern München 103, 108, 122f., 128, 131f., 142f.
FC Blau-Weiß 134
FC Magdeburg 106
FC Middlesborough 143
FC Neukölln 95, 129
FC Schalke 04 103
FC Stern 90f.
FC Südstern 08 140
FC Tasmania „Belle Alliance" 91
Fenerbahçe 120
FIFA 104, 110
Football Association 99, 110
Freie Schwimmer Neukölln 31, 55, 57f., 60ff., 187
Freie Sport Union (FSU) 61
Freie Turnerschaft Berlin 59
Freie Turnerschaft Britz 59
Freie Turnerschaft Lichtenberg 59
Freie Turnerschaft Neukölln 57, 60
Freie Turnerschaft Neukölln-Britz 63
Freie Turnerschaft Rixdorf-Britz 55ff., 58f., 192
Freiwilligen Erziehungsbeirat für die Jugend 158

Galatasaray Istanbul 7, 120f.
Gemeinschaft der alpinen Bergsteiger 43
Göktürkspor 117
Grün-Weiß Neukölln 7, 88, 113

Herakles-Verband 14
Hertha BSC 6, 97, 103, 105f., 120ff., 129f., 132, 135, 138, 141f., 186
Hertha Zehlendorf 124, 140f.
Hilalspor 117
Hinter Mailand 107

Hoeneß nein danke 107
Hür Türk 117

Institut für Körperkultur 42
Inter Mailand 137
Interessengemeinschaft zur Wiederherstellung der Einheit im Arbeitersport 56
Internationales Olympisches Komitee (IOC) 67
Izmirspor 116

Jugend-Club Hellas 160
Jugend-Club Neukölln 158 ff.
Jugend-Club Rixdorf 1907 160 f. 183
Jungdeutschland-Bund 159

Kampfgemeinschaft für Rote Sporteinheit 56, 61 f.
Karlsruher SC 123 f., 126
KICK 6, 95 ff.
Kombinat Kleinhirn 107
Kraft- und Ringsportverein Berolina 58
Kraft- und Ringsportverein Eichenkranz 57

Landessportbund 176
LC Stolpertruppe Berlin 26 f., 180
Leffers Sportstiftung 18
LG Süd / Berlin 163
Lustig und Fidel 57

MädchenSportZentrum Wilde Hütte 180 f.
MaDonna Mädchentreff 113 f., 181
Manchester United 133
Männer-Turn-Verein Jahn Rixdorf 55
Märkische Spielvereinigung 57
Möwe Britz 1897 184

Neuköllner Sportfreunde 1900 162
Neuköllner Sportfreunde 1907 (NSF) 6, 19, 61 f., 73 f., 88, 112, 158 ff., 183
Neuköllner Sport-Klub 163
NRvG Luisenstadt 182
NSC Cimbria 6, 19, 61 f., 73 f., 88, 112, 162, 178, 182

Polizeisportverein Neukölln 112
Pro-FF 111

Real Madrid 128 f., 132
Reichsausschuß für Leibesübungen 103
Reichsausschuß jüdischer Sportverbände 68
Rixdorfer F.C. Normania 91
Rixdorfer FC Fortuna 1907 178
Rixdorfer FC Normania 1895 178
Rixdorfer FC Tasmania 122
Rote Sporteinheit 56
Rot-Sport-Vereine 56, 58 ff.
Rot-Weiß Neukölln 112
Rudergesellschaft Wiking 86, 184, 190
Ruder-Verein Amicitia 184
Rüstig-Vorwärts 57
RVg Luisenstadt 27

SC Berolina 58, 62, 65 f.
SC Dynamo Berlin 172 f.
SC Dynamo Hoppegarten 172 f.
SC Lurich 64
SC Rixdorf 1900 91
SC Schwarz-Weiß Spandau 112
Schwarz-Weiß Neukölln 116
Schwimm-Club Neukölln 31, 186 f.
Schwimmclub Vorwärts 55, 187
Schwimm-Gemeinschaft (SG) Neukölln 31 f., 88, 174, 186
Schwimm-Gesellschaft Neukölln 30
Schwimm-Union-Neukölln (S.U.N.) 29, 31, 186 f.

Schwimmverein Vorwärts Neukölln 59
Sport- und Wanderverein Neukölln 59, 62
Sportclub Berolina 58, 64
Sport-Club Neukölln 190
Sportclub Sperber 12 57
Sportfreunde Neukölln 7
Sportjugend Berlin 95 f.
Sportverein Stern Britz 1889 188
Sport-Vereinigung Hellas 07 160, 162, 183
Sportvereinigung Ost 65
Südstern 08 178
SV Buckow 1897 188
SV Rudow 133
SV Yeşilyurt 124

Tasmania 6, 102, 105 f., 178, 186
Tasmania Gropiusstadt 1973 7, 119, 128, 140 f., 186
TC Rot-Weiß Neukölln 43
Tennis Borussia 124, 137, 141
Tennis-Club Blau-Weiß Britz 1950 189
Tennis-Club Weiß-Rot 190
Tischtennis-Club Berlin-Neukölln 191
Tottenham Hotspur 142
Touristenverein Naturfreunde 57
Trabzonspor 182
TSC Berlin 1893 191
TSV Helgoland 114
TSV Neukölln-Britz 63, 191
TSV Rudow 7, 25, 84, 128, 142
Türkel 117, 120
Türkiyemspor 117, 120, 136 ff.
Türkspor 116
Turn- und Sportclub (TSC) Berlin 23 f.
Turn- und Sportverein Neukölln 1865 (TuS) 17 f., 192
Turn- und Sportverein Neukölln-Britz 1950 192

Turn- und Sportverein Rudow 1888
(TSV Rudow) 25, 191
Turn-Sport-Club Berlin 1893 192
Turnverein Fichte 59
Turnverein Friesen 37, 61, 161, 192
Turnverein Jahn Neukölln 193
Turnverein Jahn Rixdorf 161
Turnverein Jahn Rudow 25

Union Südost 112

Verein der Saunafreunde 42f.
Verein für Leibesübungen
Jahn Berlin-Britz 1906 192
Verein für naturgemäße Lebens-
und Heilweise (Prießnitz-Verein) 38
Verein für Sport und Jugendsozialarbeit (VSJ) 83
Versehrten-Sport-Verein Neukölln (VSV) 164ff.
Versehrtensportverein
Wedding/Reinickendorf 167
VfB Britz 131
VfB Concordia Britz 1916 112
VfB Lichterfelde 117, 119
VfB Neukölln 112, 178
VfB Stuttgart 130, 132
VfL Jahn Berlin-Britz 191
VfL Neukölln-Märkische Union 192
Volkssport Neukölln 60
Vorwärts Neukölln 58
Vorwärts Rixdorf 58
VSV Britz 165

Weibernetz 168

Zentralverein Fichte 58

IMPRESSUM

Dieses Buch erscheint als Begleitband
zur Ausstellung
„Neukölln bewegt sich"
8. Mai 2004 bis 2. April 2005
Heimatmuseum Neukölln
Ganghoferstraße 3–5
12043 Berlin
www.museum-neukoelln.de

Ausstellung
Gesamtleitung: Udo Gößwald
Konzeption und Ausstellungsleitung:
Kirstin Grunert, Markus Steffens
Wissenschaftliche und konzeptionelle Mitarbeit:
Monika Bönisch, Verena Sarah Diehl, Christa
Jančik, Ute Keller, Holger Maraun, Jutta Plewe,
Rudolf Rogler, Bärbel Ruben, Oliver Schweinoch,
Raymond Wolff

Rauminstallation „Tasmania":
mesh design: Tom Duncan, Noel McCauley
Drehbuch: Barbara Hoffmann, Markus Steffens,
nach einer Idee von Udo Gößwald
Regie, Produktion und Schnitt:
Tom Duncan, Noel McCauley
Kamera: Jenny Barth

Redaktion Ausstellungstexte: Oliver Schweinoch
Gestaltung Ausstellungstexte: Claudia Heckel
Plakat und Programmheft:
formarbeit: Silvio Benzler, Julia Kissel
Reproduktionen: Friedhelm Hoffmann
Scans: formarbeit – Silvio Benzler

Ausstellungssekretariat: Brigitte Martinke
Mitarbeit: Bruno Braun, Heike Hörseljau
Andreas Ernst, Malte Holler
Ausstellungseinrichter: Ronald Koltermann
Ton- und Medientechnik: Gunter Birnbaum
Ausstellungsbau: Dieter Schulz und Mitarbeiter

Katalog
Herausgeber: Udo Gößwald im Auftrag des
Bezirksamts Neukölln von Berlin, Abteilung
Bildung, Schule und Kultur,
Kulturamt / Heimatmuseum
Redaktion: Barbara Hoffmann
Fotoserien im Farbteil:
Malte Jäger, Denise Vernillo
Gestaltung, Umschlag,
Scans und Bildbearbeitung:
formarbeit: Silvio Benzler, Julia Kissel

Herstellung: Klingenberg Buchkunst Leipzig

© 2004 bei den Herausgebern für die Gesamt-
ausgabe, für die Texte bei den Autoren, für die
Abbildungen bei den Urheberrechtsinhabern

ISBN 3-9809348-0-2